# 第三次工业革命与资本主义生产方式的变迁

王亚玄 著

安徽师范大学出版社
ANHUI NORMAL UNIVERSITY PRESS

·芜湖·

图书在版编目(CIP)数据

第三次工业革命与资本主义生产方式的变迁 / 王亚
玄著. -- 芜湖:安徽师范大学出版社, 2024.10

ISBN 978-7-5676-6710-5

Ⅰ.①第… Ⅱ.①王… Ⅲ.①产业革命—研究②资本
主义社会—生产方式—研究 Ⅳ.①F419②F03

中国国家版本馆CIP数据核字(2024)第062680号

## 第三次工业革命与资本主义生产方式的变迁

王亚玄◎著

DI-SAN CI GONGYE GEMING YU ZIBEN ZHUYI SHENGCHAN FANGSHI DE BIANQIAN

责任编辑:陈 艳    责任校对:刘 翠 李晴晴
装帧设计:张 玲 冯君君   责任印制:桑国磊
出版发行:安徽师范大学出版社
     芜湖市北京中路2号安徽师范大学赭山校区

网   址:http://www.ahnupress.com/
发 行 部:0553-3883578  5910327  5910310(传真)
印   刷:安徽联众印刷有限公司
版   次:2024年10月第1版
印   次:2024年10月第1次印刷
规   格:700 mm × 1000 mm  1/16
印   张:18.5
字   数:261千字
书   号:978-7-5676-6710-5
定   价:58.00元

凡发现图书有质量问题,请与我社联系(联系电话:0553-5910315)

# 目　录

# 绪　论

## 一、选题的背景、问题的提出与选题的意义

### （一）选题的背景与问题的提出

自20世纪中期起，以信息技术为代表的新技术浪潮开始在以美国为首的资本主义国家"酝酿"并"生长"。战后发达国家垄断资本的快速发展，以及垄断资本集团之间愈来愈激烈的竞争，为此次技术革命提供了坚实的物质基础和激励机制。跨国公司作为垄断组织的主要实现形式，通过持续地进行技术创新、开发新产品和构建新商业模式来增强自身的竞争力、占领市场以获取超额利润。同时，20世纪70年代兴起的新自由主义以经济全球化为背景，以资本金融化为主要表现形式，在40多年里主导了大部分资本主义国家的积累模式。以美、英为首的资本主义国家实行的新自由主义政策，客观上使它们成功地走出了滞胀危机。在此过程中，发达国家通过金融化、技术革命、资本的空间转移等方式不断"修复"新自由主义积累体制中的内在矛盾。然而，这些暂时性的"修复"方式不仅未能解决资本主义经济的基本矛盾，还为新的矛盾与危机的爆发创造了空间。[①]

2008年的金融危机对资本主义经济体造成了巨大的冲击。危机爆发后，以美国为代表的大多数国家的失业率持续上升，经济逐渐陷入萧条。随之而来的全球经济衰退更加揭示了新自由主义模式的弊端和不可持续性，倘若不对此前占主导地位的新自由体制进行结构性重

---

① 孟捷：《新自由主义积累体制的矛盾与2008年经济—金融危机》，《学术月刊》2012年第9期，第65—77页。

构，资本主义便不能摆脱当前经济萧条的困扰。[①]从资本主义历史发展的实践来看，虽然经济危机是资本积累的必然结果，但是在一定时期内资本主义社会可以通过制度变革、技术创新等方式达到短期的经济繁荣。事实上，金融危机之后，一些发达国家确实通过经济政策的调整、金融监管的加强、产业和经济结构的优化等手段，使其积累模式有所转变。[②]尤其是以美国、德国为代表的老牌资本主义强国提出了第三次工业革命相关理论和实践（如美国重振制造业战略、工业4.0以及欧洲工业5.0等）并延续至今，其核心在于利用新一轮技术革命和产业变革促进经济复苏，实现经济的再一次繁荣。自第三次工业革命及其相关概念提出以来，关于它的争论逐渐成为社会各界的焦点，总体看来可以概括为以下三个方面：第一，第三次工业革命的实质究竟是什么；第二，第三次工业革命对传统的资本主义生产将产生怎样的影响；第三，第三次工业革命能否使资本主义国家走出衰退，以及中国的应对方略。限于篇幅和逻辑连贯性，本书主要聚焦于第三次工业革命的内涵与实质，其对资本主义生产方式的影响，以及对社会主义生产方式的展望。

## （二）选题的意义

### 1.理论意义

技术创新作为经济活动重要的组成部分，一直以来都是经济学界关注的焦点。然而，由于主流经济学的方法论局限，学界对技术创新的研究大多囿于对经济表面现象的解读，对技术变革与具体生产方式转变的层面，却缺乏必要的关注和解释力。相较于新古典经济学对交

---

① 赵峰：《新自由主义与当前的经济危机：一个政治经济学分析》，《教学与研究》2009年第12期，第39—45页。

② 李其庆：《世界经济危机与资本主义发展模式的演变》，《政治经济学评论》2010年第2期，第17—22页。

换领域的过度关注，马克思主义政治经济学则更加偏向于对生产领域展开研究。虽然马克思没有系统地对技术创新和工业革命进行过表述，但马克思本人对技术的思考贯穿于他的大部分著作。技术包含于马克思关于生产和劳动的各类概念中。科学技术是第一生产力，而生产力与生产关系的互动关系又是马克思主义唯物史观的核心命题，如何把生产力和生产关系的研究更好地结合起来，如何在坚持历史唯物主义和唯物辩证法的基础上研究技术革命对资本主义生产领域产生的影响，是政治经济学需要解决的重大问题。因此，科学地运用历史唯物主义要求从事政治经济学研究的学者，必须对技术的特征、技术的具体形式，以及技术创新可能对生产领域带来的变革等问题作出合理的、符合马克思主义政治经济学方法论的回答。以技术变迁作为一个逻辑起点去研究资本主义生产方式的演变，具有重要的理论价值。正是基于此，本书试图通过对不同理论视角下技术与社会互动机制，以及技术革命视域下当代资本主义的演变的总结和比较，建立一个基于马克思主义政治经济学的分析框架，并以此为基础分析"第三次工业革命"对资本主义生产方式演变的影响。

2. 现实意义

通常意义说来，发达国家和发展中国家往往对应着不同的技术能力和技术条件。经济实力较高的发达资本主义国家通常在技术层面上也占据着种种优势，但是由于前沿技术创新的风险较大，后发国家可以利用发达国家的技术转移和技术扩散实现经济发展，避免创新中的高成本与高风险。同时，由于不存在对传统技术的路径依赖，后发国家还可以直接通过前沿技术创新，实现跨越式发展。中国处于社会主义初级阶段，大力发展生产力，满足人民对美好生活的需要并实现共同富裕是这一阶段的主要任务。2008年金融危机后，中国经济逐渐从快速增长阶段过渡到新常态，发展的动力需要从传统的扩大要素投入转为依靠科技创新驱动。

　　然而，从既有的文献和论述来看，不论采用何种划分标准，学者们对于第一次工业革命和第二次工业革命无论在时间、含义和内容方面都有着相当大的共识。但是由于对划分或定义工业革命究竟使用何种标准，学术界并未产生普遍认同的理论，导致应采取什么样的视角和方法来分析工业革命的内容和实质长期存在争论。面对蓄势待发的新一轮科技革命和产业变革，分析并研究其包含了什么样的新兴技术和产业，核心促进因素是什么，究竟对生产领域会带来何种变革等问题，有助于我国在后危机时代尽快占领技术制高点，培育发展新动力，拓展发展新空间，构建产业新体系，深入实施创新驱动发展战略，从而使我国在国际分工中取得优势，实现经济的高质量发展。

　　此外，分析技术创新对生产方式可能产生的影响，不仅有助于我国更好地在技术、经济等物质层面上不断推动技术创新，以实现国民经济稳定、可持续增长，还可以促使社会各界关注技术创新对社会层面产生的影响。例如：如何在生产力发展的条件下，使人民共享发展的成果。同时，我国作为社会主义国家，把握资本主义生产方式下技术创新的实质及其对生产方式产生的影响对我国如何建设社会主义也具有重要的实际意义，有助于我们探索并构建社会主义生产方式。

## 二、研究方法和研究范围的界定

### （一）研究方法

　　本书以第三次工业革命及其对资本主义生产方式的影响作为研究对象，主要涉及技术创新、生产组织和劳资关系等经济社会变量和范畴之间长期、动态的演变过程。在研究过程中既有抽象的、质的分析，也有具体的、量的分析。因而本书采用的研究方法主要有以下几种。

第三次工业革命与资本主义生产方式的变迁

### 1.历史唯物主义方法

马克思主义认为：人类社会发展是一个自然史的过程，始终处在不断变化过程中。从这个角度看，技术变迁如此，当代资本主义的演变也是如此。虽然"技术革命""工业革命"范畴的广泛使用使人们对技术的演化过程产生了一种断裂式的印象，但实际上从技术发展史来看，技术变革是一个连续并不断变化的过程。资本主义具体的生产组织形式和劳资关系也是在一定技术条件下、一定社会发展阶段上的概念，具有历史性和暂时性。但是，技术对于企业生产组织和劳资关系变迁的影响在一切时代都有共同的标志和特点。作为科学认识世界的方法论，牢牢掌握和运用历史唯物主义，有助于把握上述共同点及背后的经济规律，正确理解当代资本主义生产领域的种种新变化。

### 2.经济理论分析和历史分析相结合的方法

对现有经济理论的把握为准确深刻地理解技术变革与生产方式的变迁提供了重要的洞见，即技术和具体生产方式在一切时代的共同的规定性。但是此类理论上的共同的规定性必须结合一定的历史条件和实践内容。当前，由于研究方法论的缺陷，一些学者往往倾向于忽视对历史的考察或不具备恰当的历史感，从而导致他们的研究结论在历史事实面前无法立足。[①]缺乏在历史背景下研究问题的能力，会导致一些学者囿于空洞的理论知识和唯心主义视野，有碍于对现实实践做出正确的分析和判断。因此，在分析技术创新、工业革命与生产方式变迁的问题时，应在掌握基本经济理论的同时发掘并运用恰当的历史资料，使理论符合现实。

### 3.比较分析法

由于技术创新是一个不断演化、发展的过程，那么在不同历史阶段技术变革的性质和特征可能有所区别。因此，需要运用比较分析的

---

① [美]约瑟夫·熊彼特，朱泱、孙鸿敝、李宏等译：《经济分析史》（第一卷），北京：商务印书馆，1991，第31—32页。

方法对技术与生产方式的变迁做出相应分析。具体看来，本书涉及的比较分析主要有以下几个层次：第一，不同理论的比较。通过比较不同理论视角下生产方式的定义，技术与社会的互动机制，以及技术变革视域下当代资本主义的演化，可以为构建马克思主义政治经济学的分析框架提供一定的理论参考。第二，历史中数次技术浪潮之间的比较。例如，通过比较20世纪中期逐渐兴起的以信息技术为核心的技术变革与2008年金融危机后欧美发达国家大力推行的新一轮技术革命，可以分析并总结出技术变革的实质及其对具体生产方式影响的异同，而这正是本书展开分析的关键。第三，不同国家和不同时期之间的比较。国家间通常都存在着彼此不同的技术特征和技术演进轨迹，并且不同国家和不同时期的生产组织和劳资关系的主导形式始终处于不断变化中。因此，相应研究不能局限于某一国家、某一时期，而应该从不同国家和时期的分析比较中，总结出资本主义生产方式下技术创新、生产组织和劳资关系演变的规律。

4.案例分析与描述性统计相结合的方法

本书采用案例分析与描述性统计相结合的方法。除了在理论上阐述第三次工业革命的实质及资本主义生产方式的变迁以外，还需要运用案例，以及数据资料表现上述对象的演变过程。在分析技术变革时，本书采用描述性统计的方法分析新技术革命的内涵，即各项技术领域的专利指标、新能源运用情况等。对于劳资关系而言，本书利用国际投入产出、世界银行、国际劳工组织等多个数据库构造出多个指标，如劳动力内部收入差距、劳动收入占比、资本技术构成和价值构成等，并分析这些指标的变化趋势。

（二）研究范围的界定

由于技术变革或工业革命与资本主义生产方式的变迁及其相关问题所涉及的概念和范围很广，为了在分析中避免不必要的误解并集中研究核心问题，在这里先对本书研究主题的范围进行界定。

第一，本书研究的是第三次工业革命对资本主义生产方式的作用机制及其具体影响。诚然，除技术因素以外，还有很多原因会影响到生产方式的变迁，如政策制度、资源禀赋和对外开放程度等。但本书主要聚焦于技术革命的基础性作用，以及其对资本主义国家占据主导地位的生产方式变迁的决定性影响。

第二，生产方式作为马克思主义政治经济学中一个颇有争议的概念，其内涵在学界一直没有定论。本书认为生产方式具有二重性，生产方式的变迁既是生产的技术组织形式的重塑，同时也是社会生产的核心条件，即劳动与资本关系的变革。无论是马克思主义理论，还是当代资本主义演变的具体历史实践，都在某种程度上印证了这一观点。因此，本书分析的资本主义生产方式的变迁涵盖了当代资本主义的主要生产技术组织形式和劳资关系的演变，以及它们相互之间的影响。

第三，本书研究的技术变革或第三次工业革命是指兴起于20世纪中期并一直延续至今的科学技术变革，其中重点以广义的生产制造技术、数字信息技术及其不断深化改良为主要的研究对象，但同时也会涉及其他领域技术创新成果和影响。

第四，本书研究组织形式和劳资关系的变迁，是指发达资本主义国家占据主导地位的企业组织和劳资关系的演变。由于除了物质技术的影响因素以外，企业组织和劳资关系还会受到上层建筑层面的影响，如产业政策、再分配政策及法律法规等。例如，北欧一些国家通过福利主义的政策改善了本国的劳资关系。为保持文本研究的逻辑统一性，上述国家政策和制度层面的影响机制并不在本书的讨论之列。

## 三、结构和内容安排

本书以马克思主义政治经济学为理论基础，借鉴西方学者的研究成果，采用规范分析与实证分析相结合的方法，对第三次工业革命与资本主义生产方式的变迁进行了研究。本书共分为七个部分，大致安排如下。

绪论，主要介绍了选题的研究背景、问题的提出及其意义，本书的研究方法及研究范围的界定。

第一章解读第三次工业革命，主要对第三次工业革命的实质展开研究，在比较和总结了几种关于第三次工业革命的定义，以及新技术革命是否已经到来的不同观点后，对第三次工业革命的实质及其所包含的新技术集群的特征展开了分析，具体考察了一些发达经济体推动新技术革命的实践及其共性特征。

第二章首先对生产方式、技术与社会互动机制，以及技术变革视域下当代资本主义演变的相关文献进行了综述。本书认为把握生产方式的含义既要从马克思经典著作出发，也要从当代资本主义演变的历史实践入手。在此基础上，笔者构建了一个基于马克思主义政治经济学的分析技术创新、企业生产组织与劳资关系演变的理论框架。

第三章从福特主义生产组织出现的危机及其转变入手，从资本主义演变的核心矛盾和内在逻辑出发，分析了企业生产组织内外对福特制危机的应对及其局限。随后，运用马克思资本循环理论，考察了新一轮技术革命（即第六次技术浪潮）对企业生产组织的改进，并分析了未来企业生产组织的演变方向。

第四章延续第三章的逻辑理路，从福特主义劳资关系的形成和瓦解入手，总结了后福特主义各类生产组织中劳资关系的特征，并结合信息技术革命对劳资关系变迁的影响的相关理论争论和现实回顾，研究新一轮技术革命背景下未来劳资关系的走向。

在前四章研究的基础上，第五章试图对第三次工业革命背景下社会主义生产方式的构建展开讨论，首先回应了近年来关于大数据、人工智能背景下计划经济与市场经济之争，通过对计划经济可行性（可行性社会主义）争论的历史溯源，研究了新技术条件下市场和计划机制可能的演变，随后从社会主义生产目的、社会主义创新的二重激励，以及社会主义相对价值生产等范畴入手，探讨了新技术革命背景下社会主义生产方式的实现路径。最后一部分为结语。

# 第一章

# 解读第三次工业革命

# 第一节 围绕第三次工业革命的争论

## 一、何为第三次工业革命？

根据《新帕尔格雷夫经济学大辞典》对工业革命（或产业革命）的阐释，"工业革命"一词最先出现于法国经济学家热罗姆·阿道夫·布朗基的著作。随后，这一概念又因著名历史学家汤因比的研究而广为流传。然而随着该词被逐步抽象化，其定义开始变得较为模糊，并且在运用于不同的对象（例如特定某国或整个工业世界）时，差异巨大。从狭义上理解的工业革命特指一定时期内某国或者某产业的工业产量的迅速增长。但当工业革命这一概念涉及整个工业世界时，学者们常常试图用它解释整个资本主义经济的短期（8到10年）甚至长期（约50年）波动。①

虽然关于工业革命范畴的一些理论和实践运用存在着很多争议，但总体上无论在时间、含义还是内容等方面，学者们对于历史上的第一次工业革命和第二次工业革命都有着相当大的共识。2008年的金融危机使得以美国为代表的大多数发达国家陷入经济衰退，伴随着失业率逐渐升高和经济结构失衡，经济增长的未来充满不确定性。从资本主义演化的历史实践来看，虽然经济危机是资本积累的必然结果，但是在一定时期内资本主义社会可以通过科学技术创新、积累体制变

---

① ［英］约翰·伊特韦尔、默里·米尔盖特、彼得·纽曼编，陈岱孙主编译：《新帕尔格雷夫经济学大辞典》（第二卷），北京：经济科学出版社，1996，第812页。

革，甚至对外战争等方式恢复短期的经济繁荣。目前，以美国、德国为代表的老牌资本主义强国相继提出了有关促进本国先进技术、基础科学，以及制造业发展的理论和实践（如"工业4.0""先进制造伙伴计划""无尽前沿法案""国家先进制造业战略"等），其关键在于利用持续的技术创新和产业变革抵御产业空心化的趋势，促进先进制造业"本土化"，从而拉动经济增长，实现经济的再一次繁荣。但由于学者们对于工业革命史的观察角度和侧重点并不相同，加之判断某些技术创新是否能够构成一次工业革命在学界并无统一的理论标准，因此，关于第三次工业革命的内涵①，不同的学者之间存在着一些分歧。例如，究竟此次新技术变革是完全不同于以往的技术革命，还是仅仅是在原有技术基础上的升级？此次新技术变革究竟包括什么样的创新，这些创新有着什么样的特点，新技术在未来将采取何种扩散形式？具体看来，就第三次工业革命的实质和内容而言，学者们提出了以下几种观点。

第一种关于第三次工业革命的观点以学者杰里米·里夫金为代表。在其出版的《第三次工业革命》中，里夫金指出：化石能源的枯竭是一种长期不可逆的趋势，因此当前建立在煤炭、石油等不可再生资源基础上的全球经济亟须改变其动力支撑。通过对历次工业革命发展历程的追溯，里夫金总结出通信技术与能源技术的组合往往是爆发重要技术变革的标志，意味着重大经济转型的来临。例如，第一次工业革命中蒸汽动力和印刷机的结合，以及第二次工业革命中电信技术与内燃机的结合。对于第三次工业革命而言，则是新一代网络信息技术和可再生能源的融合。里夫金相信能源机制和信息技术塑造了文明的本质，因此分布式的信息技术和可再生能源的结合是第三次工业革

---

① 需要注意的是，一类观点认为20世纪中期兴起的信息技术浪潮已经构成了第三次工业革命，因此他们把目前发生的新技术革命和产业变革称为"第四次工业革命"。如后文所述，这类观点实际上忽视了此次新技术革命与信息技术浪潮的内在联系。

命的基础和本质。与上述观点类似，一些国内学者也认为能源动力技术的变革是引发工业革命的关键，[1]其引领作用来源于能源技术创新将在其扩散过程中推动关联领域的技术突破。[2]他们从"绿色革命"的角度出发，认为第三次工业革命是以可再生能源为基础，以智能电网系统为主导的技术变革。[3]2020年，随着中国"碳达峰"和"碳中和"目标的提出，越来越多的学者开始关注世界范围内的新能源革命和能源转型，在这一过程中必然需要新能源相关技术的持续突破和扩散。[4]

第二种关于第三次工业革命的观点主要来源于社会观察家和学者们对于生产过程的考察。与上述强调通信技术和可再生能源结合的观点不同，这类学者认为此次工业革命是数字化、智能化生产和以大规模定制为主导的生产方式的变革。2012年4月英国杂志《经济学人》发表了标题为《制造业：第三次工业革命》的文章。作者麦基里主要依据工业生产制造过程中的根本性转变对历史上的数次工业革命进行了划分。具体来说，随着18世纪晚期英国纺织业的快速机械化，第一次工业革命表现为"工厂制"迅速替代传统的家庭手工作坊，成为商品生产的主要组织形式。20世纪初爆发的第二次工业革命是"福特制"的流水生产线使得大规模标准化的生产成为可能。而第三次工业革命则是建立在大规模定制的智能生产方式之上的。他们认为随着新制造技术（以3D打印为代表的增材制造技术）、新材料、新型机床和

① 戚聿东、刘健：《第三次工业革命趋势下产业组织转型》，《财经问题研究》2014年第1期，第27—33页。
② 蔡跃洲、李平：《技术—经济范式转换与可再生能源产业技术创新》，《财经研究》2014年第8期，第16—29页。
③ 刘振亚：《智能电网与第三次工业革命》，《科技日报》2013年12月5日第3版。
④ 魏文栋：《能源革命：实现碳达峰和碳中和的必由之路》，《探索与争鸣》2021年第9期，第23—25页；王永中：《碳达峰、碳中和目标与中国的新能源革命》，《社会科学文摘》2022年第1期，第5—7页；杨雷：《新能源革命的国际经验与启示》，《人民论坛·学术前沿》2021年第14期，第52—61页。

机器人的普及和优化，生产少量多批次产品的成本会逐渐下降，进而消费者的个性化需要能够得到满足。

　　与上述观点类似，一些国内学者试图以工业生产所依赖的主导型制造系统的技术特征来定义工业革命。[①]他们认为第三次工业革命的内容包括：第一，生产制造的快速成型。与第一次和第二次工业革命分别以机械化和流水线生产为代表不同，以3D打印技术为代表的新型制造装备区别于以往的"添加型制造"技术，将大幅度降低单位生产的成本，缩短生产周期，从而大大提高生产效率。[②]增材制造具有"通用技术"的特征，最突出地体现了数字技术和数字经济的本质和潜力。第二，整个生产系统的数字化、智能化。[③]主要表现为利用新型数字信息技术监测和控制整个产品生产和流通过程。第三，新材料的使用。与水泥、钢铁等传统材料相比，复合材料、纳米材料等新型材料不论是质量、耐用性还是性能都有了较大程度的提升。[④]在主导生产制造体系不断优化改进的带动下，与其相关的辅助技术也会得到相应的提高和发展。[⑤]总而言之，智能制造是第三次工业革命的核心技术。[⑥]

　　第三种观点认为第三次工业革命以更先进的数字信息技术（如物联网、大数据和云计算）的开发和运用为标志。随着通信技术进一步发展，互联网更快融入人们的生活。人们不仅可以共享互联网上发布

---

　　① 黄群慧、贺俊：《"第三次工业革命"与中国经济发展战略调整——技术经济范式转变的视角》，《中国工业经济》2013年第1期，第5—18页。

　　② 郑言：《第三次工业革命》，《政策瞭望》2012年第7期，第54—56页。

　　③ 徐梦周、贺俊：《第三次工业革命的特征及影响》，《政策瞭望》2012年第10期，第46—47页。

　　④ 芮明杰：《新一轮工业革命正在叩门，中国怎么办？》，《当代财经》2012年第8期，第5—12页。

　　⑤ 中国社会科学院工业经济研究所课题组：《第三次工业革命与中国制造业的应对战略》，《学习与探索》2012年第9期，第93—98页。

　　⑥ 本刊编辑部：《周济院士：智能制造是第四次工业革命的核心技术》，《智能制造》2021年第3期，第25—26页。

的信息数据，还可以获取全世界的工业设备、电信设备、汽车等网络形成的巨大数据库。新一代的数字信息技术是20世纪中期兴起的信息技术革命的进一步深化。[①]例如，2011年，在德国汉诺威工业展上提出的"工业4.0"概念，其本质就是通过在嵌入式系统的基础上发展起来的信息物理系统（CPS，Cyber-Physical System），促成实物与服务的联通网络，从而实现以较低的成本进行大规模定制化的智能生产。相较于前两种观点，第三种观点认为新一代的数字信息技术将成为此轮技术革命的支柱。第三次工业革命在他们看来，其实就是更加先进的数字信息技术在现实生产、生活中的全面运用。[②]

第四种观点来自国外一些康德拉季耶夫长波的研究者，以及新熊彼特派经济学家。根据对多种长波理论的总结分析，他们依靠历史上数次技术变革中"动力部门""支柱部门"[③]的转变对工业革命的发展历程做出了下述划分：第一次工业革命以棉纺织业和蒸汽机革命为特征（1760年至1850年）；第二次工业革命以电力、内燃机及石油技术革命为特征（1850年至1950年）；第三次工业革命以计算机和信息通信技术革命为特征（1950年以来）。他们认为：一项技术的生命周期往往超过一个世纪，因此第一次和第二次康德拉季耶夫长波构成了第一次工业革命，第二次工业革命则由第三次和第四次长波组成，而第三次工业革命是第五次长波和其延续。[④]佩蕾丝通过对康德拉季耶夫长波理论的研究分析了近240年来五次重大的技术爆发，勾勒出与康

---

① ［英］维克托·迈尔-舍恩伯格，盛杨燕、周涛译：《大数据时代：生活、工作与思维的大变革》，杭州：浙江人民出版社，2013，第40页。

② 侯自强：《新技术革命的支柱——新一代信息技术》，《科学与社会》2012年第1期，第16—21页。

③ 生产关键要素（或称为"核心投入品"）的部门为一次技术革命中"动力部门"。而以核心投入和某些补充投入为基础的新产品，能够刺激新兴产业的产生，这些新产业即"支柱部门"（如棉纺、蒸汽机、铁路、电力器材、汽车、计算机等）。

④ ［英］克利斯·弗里曼、弗朗西斯科·卢桑，沈宏亮主译：《光阴似箭：从工业革命到信息革命》，北京：中国人民大学出版社，2007，第150页。

德拉季耶夫长波相似的技术创新浪潮。但是对于第六次技术革命，她却并没有更为详细阐述，只是提及这是一次以生物技术、纳米、生物电子和新材料为核心的技术革命。然而这次技术革命的具体发生时间和地点还是一个问号。

第五种观点实际上试图在某种程度上综合以上几种对第三次工业革命不同的认识。这些学者采纳了佩蕾丝、弗里曼等新熊彼特经济学家关于技术革命与长波的分析框架，认为第三次工业革命应该由第五次技术革命浪潮（即信息通信技术革命）和此次正处于黎明期的新技术革命浪潮（第六次技术浪潮）共同组成。①通过对此次技术创新集群内容的分析，他们指出2008年金融危机后学者们普遍讨论的所谓第三次工业革命，实际上是20世纪中期开始的第五次长波的继续，也就是第六次长波（技术革命）。②上述各类新技术可以被纳入一个完整的框架，此次新技术革命既包含了里夫金所强调的新能源技术，还应当包括以增材制造技术、物联网、大数据等为基础的智能化制造业革命等多种新技术形式。③

此外，里夫金在其另一部著作《零边际成本社会：一个物联网、合作共赢的新经济时代》中深化并且补充了自己的观点，里夫金大致描述了可能对未来社会发展趋势产生重要影响的四个重要方面，即物联网、能源互联网、微信息化制造和网络教育，它们均以新型网络信息技术为核心。具体来说，物联网是由通信互联网、能源互联网和物流互联网协同组成的有机整体。他认为物联网通过将传感器和驱动器

---

① 贾根良:《第三次工业革命与新型工业化道路的新思维——来自演化经济学和经济史的视角》,《中国人民大学学报》2013年第2期,第43—52页;贾根良:《第三次工业革命与工业智能化》,《中国社会科学》2016年第6期,第87—106页,第206页。

② 朱启贵:《第三次工业革命浪潮下的转型选择——中国经济升级版的内涵、动力与路径》,《人民论坛·学术前沿》2013年第7期,第32—41页,第83页。

③ 王昌林:《对第三次工业革命几个问题的认识》,《宏观经济管理》2013年第6期,第18—19页。

嵌入物品本身，可以帮助人们更加广泛地收集大数据，并且利用高级分析方法创建预测算法和自动化系统，将价值链的边际成本降低并接近为零，极大地推动生产力发展。同时，随着太阳能、风能、地热能、生物能、水能等可再生能源技术日趋完善且与先进的网络技术联合构成能源互联网时，作为现代社会几乎一切生产和生活行为基础的能源供给便可能接近零边际成本。而这一点是在以化石燃料能源为基础的现代工业生产生活中不可能实现的。网络的分布式、协同和横向规模化特性将改变在前两次工业革命中形成的生产模式。以 3D 打印为代表的微信息化制造方式以其"开源""增材""去人工""本地制造"等特点将使产品生产和流通的边际成本再次接近于零。最后，随着大量免费、开放式的网上课程不断增多，人们可以随时获得几乎零边际成本的教育资源，并且获得相关认证。与资本主义旨在把学生培养为产业工人的传统教育模式不同，接近于免费的网络教育可以使人们更加自由全面地发展。①

　　通过上述一系列观点可以看出，学者们对第三次工业革命实质和内容的理解存在很大差异。无论是新能源和互联网技术的结合、制造业的智能化、大数据等先进信息技术的发展，还是纳米技术、生物技术等更加广泛的运用，大部分学者都将对工业革命的关注重点放在某单一领域的技术创新，并且随着时间的推移，一些学者还在不断补充和调整自己的观点。造成这一现象的原因主要在于：其一，关于如何定义工业革命的实质和发展阶段，学术界存在不同的标准及分析框架；其二，由于此次技术变革本身还处于"黎明期"，与之相关的各种创新技术虽然发展迅速但依旧处于酝酿阶段，对于哪种类型的技术在此次技术变革中将成为主导目前还不是十分明朗。因此，这导致大部分研究者只能够抓住本次工业革命中某个领域的技术创新展开分

---

　　① [美]杰里米·里夫金，赛迪研究院专家组译：《零边际成本社会：一个物联网、合作共赢的新经济时代》，北京：中信出版社，2014，第68—75页。

析。以贾根良教授为代表的国内学者试图把此次新技术变革中的新能源、智能制造等技术集群纳入新熊彼特经济学家对于技术革命与长波的分析框架，即把第五次技术浪潮和此次正在酝酿的第六次技术浪潮合称为第三次工业革命，具有一定的合理性。但是其研究缺乏对第六次技术革命浪潮中各类具体技术创新的内在特征、演化路径，以及经济历史背景的分析，以至于没能说明第五次技术浪潮和第六次技术浪潮之间的区别与联系，新技术浪潮的演变动力和机制及为何这两次技术浪潮能被合称为第三次工业革命。

## 二、新技术革命到来了吗？

奥地利经济学家熊彼特（J. A. Schumpeter）认为，在资本主义持续演化的历史进程中，每一次危机实际上都暗含着重大技术创新的可能性。通过对多次产业革命的分析，熊彼特指出技术创新是导致资本主义长期波动的主要原因，技术革命一方面带动了经济的持续增长，但另一方面也会造成所谓的"创造性毁灭"[1]。因此，资本主义的创造性与毁灭性是同一枚硬币的两面。在2008年全球性金融危机之后，很多专家学者认为全球正在进入一个结构性调整和变革的时期。时至今日，保护主义、政治分裂、地区冲突等现象仍频繁发生，外生的疫情冲击对世界各国经济及技术变革造成了不利的影响，还有一些发达国家运用"非技术创新"的手段保证本国的经济稳定和增长，却对其他国家造成了损害。从本质上来看，全球化的大趋势以及以和平、发展、合

---

[1] 熊彼特指出,经济创新过程是改变经济结构的"创造性破坏过程"。经济创新不断地从内部使这个经济结构革命化,不断地破坏旧结构,不断地创造新结构。这个创造性破坏的过程就是资本主义的本质性事实。有价值的竞争不是价格竞争,而是新商品、新技术、新供应来源、新组合形式的竞争,也就是占有成本上或质量上具有决定性优势的竞争,这种竞争打击的不是现有企业的利润边际和产量,而是它们的基础和它们的生命。

作为主题的时代潮流没有改变，在新一轮工业革命正处于由导入期向拓展期转变的关键阶段，全球治理方式也需要进行相应的变革。[①]同时，发达国家在经济、科技上占据优势的整体状况在短时期内也不会改变。历史经验表明，全球性经济危机往往催生重大科技创新突破和科技革命。当前世界正处于科技创新突破和技术革命的前夜，一些重要的科学问题和关键核心技术发生革命性突破的先兆已日益显现。

然而，也有一些学者对新一轮工业革命提出了质疑，认为以上述各类技术革新为基础的第三次工业革命并未到来。具体看来，他们认为生产技术发生重大变革是工业革命发生的条件。但是目前看来，此次工业革命对生产成本、产业结构以及生产组织方式等方面并未产生颠覆性的影响，从各种技术创新的特征来看也难有可行性。实际上，工业革命是一场由技术到产业、工业结构，最后影响到经济社会的巨大变革，它以技术的创新，新产业、新基础设施的出现或升级以及工业结构的调整为表现形式。从前两次工业革命的历史实践可以总结出：生产技术的重大突破是工业革命发生的前提条件。无论是何种技术形式的创新，只有当其能够直接运用于实体经济时，工业革命才会发生。这就要求这些技术的性能和质量足够成熟可靠，特别是具有经济上的可行性（即以相对低的成本被市场所认可），才能普遍适用于生产当中。

因此，如果按照上述标准，把判断工业革命是否发生的依据落脚在生产方式是否发生重大转变，即生产成本出现大幅下降，产业结构发生重大调整以及生产组织方式出现重大变革，[②]那么工业革命已经到来的观点确实值得商榷。从具体各项技术创新的发展来看，以能源—信息为基础的分布式能源生产和分配系统的技术尚不成熟可靠，

---

① 谢伏瞻:《论新工业革命加速拓展与全球治理变革方向》,《经济研究》2019年第7期,第4—13页。

② 王海燕、周华东、郝君超:《"即将到来的"第三次工业革命真的会发生吗:对里夫金等人主要观点的评述》,《中国科技论坛》2014年第2期,第98—103页。

无法改变现有的工业生产方式；仅凭能源来源方式的改变无法直接引发生产方式的转变；互联网技术与新能源技术的结合对实体工业的影响难以预计；智能制造技术成本过高，并且智能制造技术是否能在短期内替代人力是值得怀疑的；自动化的提高并不能节约人力，仅仅是改变人力的用途；等等。

之所以会产生上述两种截然不同的观点，同样是因为学者们从不同的角度出发来分析第三次工业革命，并且对于工业革命的判断标准尚有许多争议。"革命"一词从字面上看来容易引起人们的误解（这两个字的政治寓意是指与过去分离，重建一种新秩序的激进行为），语义上看来好像工业革命是对前一段工业发展时期的颠覆或断裂，技术创新是少数天才发明家的思想在充分发挥的状态下偶然出现的。这种技术创新的英雄史观略去了技术上的微小调整和改进，一味强调特定个人对重大技术突破的贡献。但实际上，技术在历史中总是呈波浪形的方式演变，科学技术的创新和发展具有连续性。

在对"工业革命"概念的把握上，应该恰当使用唯物辩证法这一科学的方法论。马克思强调，发明是一种建立在许多微小改进基础之上的技术累积的社会过程，而不是少数天才人物个人英雄主义的杰作。纵观工业发展的历程，虽然产业结构和生产组织方式的转变是工业革命变化的结果，但实际上这一转变并不像"革命"一词一样疾风骤雨。例如，电动工具和气动工具都继承了早期石器的一些原理和发展规律。也许目前看来构成上述第三次工业革命的技术集群还并不成熟，可事物的发展应遵循质量互变的规律，质变总是由微小的变化慢慢积累开始，技术变革也是如此。没有前期技术的积累，创新并不会像神话英雄般出现。技术在其发展应用前期的不稳定、不成熟并不能证明其在今后经济社会中毫无潜力。例如，芯片等微电子产品在技术发展的初期，性能并不稳定，生产成本也十分昂贵。但随着技术改进、生产工艺不断改良和生产规模的扩大，其可靠性不断增强，成本

也迅速下降。以集成电路为例，1963年每片集成电路的价格还在31.6
美元，到1968年就陡降至2.33美元，大大地提高了各部门各行业采用
集成电路的经济可行性。

从表1-1可以看出，随着时间的推移，微电子技术的发展使计算
机的运算能力大幅度提升，并且由于技术的不断进步，其运算速度至
今仍在不断提高。近年来，人工智能技术的持续性突破与高算力
（GPU）芯片的高速发展密不可分。同时，经济上的可行性已经体现
在新技术集群的方方面面。据数据统计，1960年，在美国存储十亿字
节需要花费200万美元，而到了20世纪80年代便减少至20万美元，
到21世纪初继续降至7.7美元。由于云存储技术的出现，在2017年这
一成本已经低至2美分。[1]

表1-1 1944—1981年计算机计算能力的增长

| 年份 | 模型 | 计算速度（算术乘法次数/秒） |
|------|------|--------------------------|
| 1944 | Harvard Mark 1 | 0.4 |
| 1946 | ENIAC | 45 |
| 1951 | UNIVACI | 270 |
| 1953 | IBM701 | 615 |
| 1961 | IBM7074 | 33700 |
| 1963 | CDC3600 | 156000 |
| 1965 | IBM360/375 | 1440000 |
| 1972 | CDC Cyber176 | 9100000 |
| 1976 | Grayl | 80000000 |
| 1981 | CDC Cyber205 | 800000000 |

资料来源：OTA（1983）[2]

---

[1] ［英］托马斯·达文波特、尼廷·米塔尔：《AI应用别再轻轻点水》，《哈佛商业评
论》2023年第2期，第35页。

[2] 转引自［英］克利斯·弗里曼、弗朗西斯科·卢桑，沈宏亮主译：《光阴似箭：从工
业革命到信息革命》，北京：中国人民大学出版社，2007，第325页。

根据佩蕾丝的技术—经济范式理论，技术革命和范式的生命周期大约每半个世纪一个轮回，它或多或少服从于任何创新都具有的周期性曲线。[①]尽管重大创新的酝酿期可以很长，但它们可能随时发生。由于科学和技术生产的相对自主性，总有不同领域的潜在创新等在幕后。因此，处于不同开发阶段的许多种重要技术可能已经存在于经济之中了，只是它们的用途很少或很窄。某些技术只有当它们汇合在一起形成一场革命时，其潜力才会完全显现。所以，在压力和需求给定的条件下，一组新的重大技术可以逐渐从现有的技术开发中一起出现。因此，在考察工业革命时，不能以生产方式还未发生巨大变革或者技术尚不成熟可靠就断言技术变革并未到来。此外，对于第三次工业革命的研究也恰恰是因为其还处于"黎明期"，很多技术和产业依旧处于发展的初期，因此对于中国是否能通过此次技术变革实现"弯道超车"，从而赶超发达国家，具有重要的实践意义。

## 第二节　第三次工业革命的实质

### 一、第三次工业革命释义

虽然每一次工业革命都有其相应的技术演化路径和特征，但通过观察历史上数次工业革命所形成的有限的周期现象，仍然能够总结出其运动的一般规律。根据上述已有的研究可以发现，学界关于定义工业革命以及判断工业发展阶段的方法主要可以分为三种：第一，以主

---

① ［英］卡萝塔·佩蕾丝，田方萌、胡叶青、刘然等译：《技术革命与金融资本：泡沫与黄金时代的动力学》，北京：中国人民大学出版社，2007，第35页。

要"通用型技术"①"核心投入品"以及"支柱产业"的转变作为发生技术革命的依据；第二，以工业动力源和通信方式的变革为依据；第三，以主导生产制造系统的技术特征为依据。研究者从上述不同的关注点和判断标准出发，试图勾勒出历次工业革命的特征。然而，以上各种方法也各有其局限性。

在历史上的数次技术浪潮中，随着通用技术的推广，社会主要的生产制造系统也会发生相应改变；工业的主动力源和信息传递的结合形式也会由于与新通用技术的不断融合发展而产生变革；工业动力系统的改进升级也会不断推动工业制造系统变迁。因此，以单一标准判断工业发展阶段虽然可以保证在逻辑一致的前提下描绘工业革命的脉络，但其缺点在于：如果处于工业革命初始阶段，观察视角上的一元论很难全面地判断新一轮工业革命的实质。根据《新帕尔格雷夫经济学大辞典》关于工业革命的解释，每一次工业革命的发生，都必须有一个创新的产业集群作为支持。按照熊彼特的观点，虽然渐进的技术创新有其重要性，但是新技术的出现和扩散是一个不均衡的过程，即存在"创新蜂聚"现象。他指出：那些完全未经考验的新事物所面临的各种社会阻力一旦被克服了，人们将不仅更加容易地重复相同的事情，并且也更加容易地从不同侧面做类似的事情。所以说，初始的成功总会产生一个集群。学者凯斯德根据熊彼特的理论，同样把不断变化创新蜂聚描述为一个集群。

美国学者利皮特认为，需要重视两组革命性的技术变迁。第一组是以电脑、微处理器、无线电设备以及互联网的广泛应用为基础的信息和通信技术。第二组是生物工程、纳米技术和机器人的出现。②随

---

① 布雷斯纳汉、特拉基腾伯格和赫尔普曼提出的"通用型技术"(General-purpose Technologies,GPTs)概念,指的是一种宽泛的、体现基础性和通用性并与专业技术相区别的技术,在日常生活中应用广泛,对于组合创新来说是特别重要的原件类型。

② [美]维克托·D.利皮特,刘小雪、王玉主等译:《资本主义》,北京:中国社会科学出版社,2012,第94页。

着时间的推移，它们改变世界的潜力会越来越显著。本书选取了在技术创新领域具有代表性的十三个国家①。由于上述各个国家都有各自独特的技术路径和创新领域，因此它们在每年专利授权数中占比最多的前十个技术领域不尽相同。但是通过计算可以得出包含上述十三个国家数量较多的十二个技术创新领域（如图1-1所示），可以对全球技术创新的趋势有一个大致的了解。

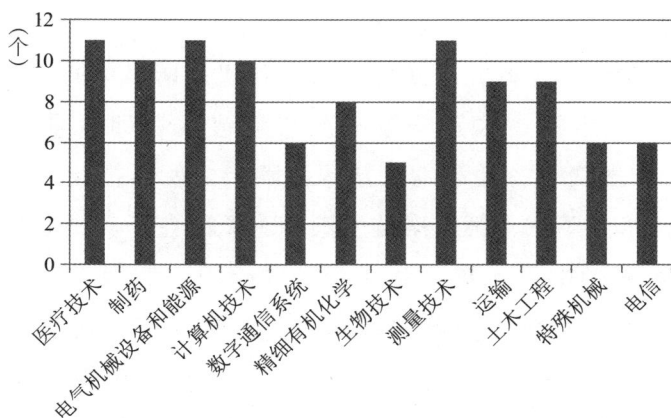

图1-1　代表性的十三个国家专利授权量相对较多的领域

数据来源：根据世界知识产权组织数据计算得出

通过图1-1可以看出，虽然制药和医疗技术的创新在大部分国家都占比较高，但由于它们不属于生产性的技术，其影响仅仅局限于可能延长人类平均寿命，因此似乎不能作为此次技术变革的核心。同样占比较高的还有电气机械设备和能源、计算机技术、测量技术、运输、土木工程，这些技术与特殊机械、电信、数字通信系统、生物技术的有机结合可以对当下的产业结构和人类的生活方式产生巨大影响，构成新技术革命的基础。

2010年至2020年高收入国家不同技术领域的专利授权数量的动态

---

① 即美国、日本、韩国、德国、法国、澳大利亚、瑞典、英国、意大利、荷兰、加拿大、俄罗斯以及瑞士，这些国家在2012年中的专利授权数均超过一万件。

变化可以看出类似的特征和趋势，近年来专利授权总量较多的领域为能源电气机械、数字通信、计算机技术、医疗技术、运输等。尤其是计算机技术以及相关的数字通信领域专利授权量十分庞大，从某种程度上可揭示出这些领域技术创新高度活跃。因此，根据现有理论和历史事实，此次危机后的技术革命不仅仅是某一个方面的技术变迁在某一个产业的发展，而是诸多新技术蜂聚形成的创新产业集群。

通过上述关于第三次工业革命的争论，同时结合技术史和工业发展历程，笔者认为学者们在2008年金融危机后所讨论的"第三次工业革命"实际上指的是区别于第五次技术浪潮（即信息通信技术变革）[1]的新技术变革，即第六次技术浪潮。之所以把此次正在酝酿发生中的新技术变革称为第六次技术浪潮，原因在于其核心技术特征与第五次技术浪潮中技术集群存在着一些差异，应做出区分。整体看来，此次技术浪潮将形成新的技术形式和创新产业集群，包括以风能、太阳能为代表的新能源技术，以人工智能、物联网、云计算为代表的新型数字信息技术，以可重构制造机床、灵活机器人以及3D打印等为代表的先进制造技术。更重要的是，在第六次技术浪潮的不断发展和推进过程中，上述技术形式将彼此融合，共同演化，从而对经济、社会、文化等多个方面产生重要的影响。由于第五次技术浪潮与此次新技术变革，即第六次技术浪潮二者之间不论在技术特征，还是演变路径等方面都存在着相应的联系，因此它们共同组成所谓的第三次工业革命。

具体看来，把第五次技术浪潮作为第三次工业革命的开端具有一定的合理性。虽然一些学者曾对于这一次技术变迁是否具有革命性展开过激烈的讨论，但是绝大多数学者都接受了这次技术变革的事实。

---

① 学界习惯把20世纪70年代逐渐兴起的技术变革称为信息通信技术革命，但这一技术变革从广义上看并不仅仅包括信息技术，它还应包括激光技术、新材料、新的制造机床（如PLC可编程逻辑控制器）在生产中的应用与扩散等。

原因在于：此次技术变革是建立在电子计算机、软件、微电子、互联网和移动电话等新技术和新产业基础之上的，这些核心技术跟前两次工业革命相比有着巨大的差异。其核心投入品（微电子技术）和支柱部门（计算机、软件产业和电信业）与前两次工业革命比较起来也有着很大的不同。从历史事实和经验研究数据来看，在第五次技术浪潮的影响下，资本主义国家产生了新的工业集群，企业的组织形式也发生了巨大的转变。20 世纪 80 年代快速发展起来的以信息通信技术为基础的技术变革使美国等发达资本主义国家的劳动生产率[①]、利润率和利润份额进一步提高。以美国为例，上述产业在美国 20 世纪 90 年代经济的飞速发展中占据了巨大的份额，并且使这些经济体出现了显著的经济增长。此外，全球化的不断深入也为这一次技术变革的普及助力。甚至当时一些学者认为，由新技术革命造成的美国自 20 世纪 90 年代的经济高涨可能预示着一个新的经济长波的开始。[②]

从具体的技术形式来看，第五次技术浪潮（信息通信技术变革）与第六次技术浪潮之间既有联系也有区别。例如，以大数据、物联网、云计算为代表的新型数字信息技术作为此次技术浪潮的核心，其本身就是建立在第五次技术浪潮的各项技术和基础设施之上的。物联网以互联网为基础设施，是传感器、互联网、自动化技术和计算机技术的集成，主要由感知层、网络传输层和信息处理层构成，某些物联网需要以互联网作为平台进行信号传输。射频识别（Radio Frequency

---

[①] 虽然以罗伯特·索洛为代表的学者发现并提出了"生产率悖论"，但毋庸置疑的是，从经济整体层面看，劳动生产率确实实现了跃迁。

[②] 高峰：《"新经济"，还是新的"经济长波"？》，《南开学报》（哲学社会科学版）2002 年第 5 期，第 41—54 页。

Identification，RFID）技术①作为构建物联网的关键技术，本身是一种无线通信技术，其研发以20世纪70年代第五次技术浪潮兴起为基础，并且随着信息技术革命的推进得到了不同规模范围内的应用。但广义的物联网不仅仅局限于互联网技术所促成的人与人之间的信息交流，它还包括了物与物（或机器对机器）、人与人、人与物之间广泛的链接和信息交流。物联网和互联网二者又存在着一定的差异，具体表现为：第一，范围和开放性不同。互联网是全球性的开放网络，而物联网目前是区域性的网络。第二，信息采集的方式不同。互联网依靠网关、路由器、服务器等，而物联网则是运用传感器等嵌入设备把物体的信息连接到网络之上。第三，网络功能不同。互联网仅仅是传输信息的网络，而物联网则是实物信息收集和转化的网络。②又如，在此次技术浪潮中，新型制造技术3D打印的核心，即激光烧结技术（Laser Sintering Technology）也同样是以第五次技术浪潮中兴起的激光技术作为基础的。这一技术是传统的激光技术在生产中的进一步发展，激光烧结作为快速原型设计理念的技术解决方案，是商品快速开发的一项重要的工具。基于三维数据，它能够在几天内就制造出功能完全的原型、模具或模型，有助于大大减少产品投入市场的时间。

从危机后对于第六次技术浪潮的各类观点和实践来看，此次技术变革的核心投入品依旧是半导体、集成电路和芯片。在信息通信技术基础上兴起的新型数字信息和智能技术将成为此次技术创新集群中的核心。因此，把此次正在兴起的技术变革与20世纪70年代兴起的以信息技术为代表的技术革命纳入统一框架，合称为第三次工业革命的

① 射频识别技术，又称无线射频识别，是一种通信技术，可通过无线电信号识别特定目标并读写相关数据，而无须识别系统与特定目标之间建立机械或光学接触。射频标签是产品电子代码（EPC）的物理载体，附着于可跟踪的物品上，可全球流通并对其进行识别和读写。RFID技术作为构建物联网的关键技术近年来受到人们的关注。

② 国务院发展研究中心技术经济研究部：《物联网：影响未来》，北京：中国发展出版社，2011，第2—3页。

观点具有一定的合理性。

## 二、新技术集群的核心内容和特征

### （一）新型数字信息技术

新型数字信息技术是以20世纪80年代中期兴起的传统信息通信技术为基础的升级，如大数据、云计算、物联网、人工智能技术等。它以网络为核心并进行延展，使其更加深入人类社会的生产和生活。新型数字信息技术之所以能成为第三次工业革命的核心，是因为它属于典型的通用技术。按照克拉夫茨对通用技术的定义，新型数字信息属于初始阶段具有巨大的改进空间，并且能够得到广泛运用的技术类型。在上述关于第三次工业革命的诸多观点中，不论新技术变革采取何种形式，新型数字信息技术始终处于核心的位置。通用技术与其他产业中技术的结合又会带来新的创新效应，技术间彼此互动会形成新的演化路径。例如，在以能源互联网为核心的第三次工业革命中，需要数字信息技术为电力产能的监控、调拨和分配提供必要的技术支持。在制造业的智能化中，新型数字信息技术更是其必不可少的组成部分，不论是通用公司（GE）提出的工业互联网（Industrial Internet），还是德国的工业4.0，其关键也在于将新一代数字技术与工业融合，通过新型的网络信息系统对整个生产流程进行改造。

具体来看，新一代的数字信息技术可以分为两个主要的技术类型。

第一个是由大数据、云计算、物联网等构成的工业互联网技术集群。工业互联网实际上是数据、硬件和智能软件的流通与互动，通过将传感器、仪器仪表嵌入机器，并且连入网络层的物联网技术。工业互联网从智能设备中获取数据，并且利用大数据分析工具对数据进行存储和分析。与传统数据分析通常局限在一个封闭的公司系统内不同，工业互联网运用开放平台可以达成工厂数据或消费者数据到企业系统的实时传输，将原本分离的企业资源计划（ERP）和客户关系管理（CRM）的数据，甚至社会网络等外部的、分散的数据整合起来。工业互联网的终极技术构想是通过智能互联最终可以使机器之间相互交换信息，自主完成生产合同，导入并且迅速灵活地完成生产流程。因此，基于新型数字信息技术的工业互联网可以大大地降低成本、优化资产利用率、提高设备效能等，从而使得企业利润存在着广阔的上升空间。通过通用电气的统计报告可以看出，工业互联网给主要部门带来巨大价值（如表1-2所示）。

表1-2 工业互联网主要部门的潜在收益（1%的力量）

| 行业 | 部门 | 节约种类 | 15年内的估计价值（单位：10亿名义美元） |
|------|------|----------|------------------------------------|
| 航空 | 商用 | 节约1%的燃料 | 300亿美元 |
| 电力 | 天然气发电 | 节约1%的燃料 | 660亿美元 |
| 医疗 | 整体系统 | 系统效率提高1% | 630亿美元 |
| 铁路 | 货运 | 系统效率提高1% | 270亿美元 |
| 石油、天然气 | 勘探与开发 | 资本支出降低1% | 900亿美元 |

资料来源：通用电气工业互联网报告

因此，在以利润为导向的资本主义生产方式下，工业互联技术在各个行业内都有着巨大的发展潜力。智能物联网以射频识别技术为核心，除了将工业生产中的机器设备相互联系起来之外，还可以用它将工业产品（特别是中间产品）互相连接，成为智能互联产品。其变革性影响在于让工业产品的部分价值和功能脱离产品的物质实体而存在，赋予产品一系列新的功能，即监测、控制、优化和自动。每一类功能都以前一类功能为基础，如：一个产品要拥有控制能力，必须先具备监测能力，以此类推。智能互联产品的四大功能不仅大大地开拓了产品创新的范围，并且具有显著的"锁定"（lock-in）效应，会形成更加强烈的路径依赖，有助于企业利润的提升（如图1-2所示）。

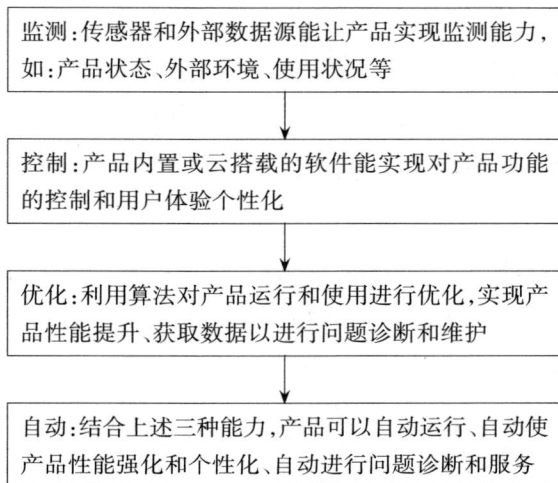

监测：传感器和外部数据源能让产品实现监测能力，如：产品状态、外部环境、使用状况等

控制：产品内置或云搭载的软件能实现对产品功能的控制和用户体验个性化

优化：利用算法对产品运行和使用进行优化，实现产品性能提升、获取数据以进行问题诊断和维护

自动：结合上述三种能力，产品可以自动运行、自动使产品性能强化和个性化、自动进行问题诊断和服务

图1-2　智能互联产品的功能

　　第二个则是以人工智能为统称的新技术集群。目前来看，人工智能技术的快速发展主要依托于三大要素：一是算法。当代人类经济社会的顺利运行离不开各种算法提供的重要支撑。当下流行的机器学习通过颠倒常规算法输入和输出的顺序，利用学习算法制造其他算法。[①]算法的质量是决定人工智能技术水平的重要因素。二是数据。大数据的存在和广泛运用，可以使计算机更加擅长于解决人类智能的问题。不同于传统人工智能（即通过了解人类产生智能的过程，让计算机模仿人类的思路），自20世纪70年代起，采用数据驱动和超级计算方法开始成为机器智能的另一条主要发展路径。在这一技术路径中，智能系统的质量会随着数据量的积累变得越来越高。而大数据所具有的大量、多维度、及时性、完备性等特征使得智能问题转变为数据问题。机器可以利用大数据，通过数据获得信息和知识，从而获得

---

　　① ［美］佩德罗·多明戈斯，黄芳萍译：《终极算法：机器学习和人工智能如何重塑世界》，北京：中信出版社，2017，第9页。

智能。①三是高算力芯片。既然目前人工智能技术以复杂的算法和海量的数据处理能力为依托，那么具备强大计算能力的芯片就成为人工智能技术向前发展的核心条件之一。目前以英伟达（NVIDIA）为代表的芯片厂商所提供的GPU等产品，是从事人工智能研究与开发的公司的必备"生产资料"。整体看来，算法的研发、大数据的获取以及高算力芯片研发与制造构成了当下以人工智能为统称的新技术集群。

2022年末，由OpenAI研发并发布的ChatGPT，引起社会各界的强烈关注。作为一种由人工智能技术驱动的自然语言处理工具，ChatGPT已经几乎能够做到与人类进行顺畅对话，并且与人类的常识、认知、需求、价值观保持一致，同时它还具备撰写文案、代码、翻译等能力。实际上，此次ChatGPT依旧依托于上述人工智能的三大要素。从本质上看，ChatGPT的主要突破是第一次出现了"智慧的涌现"（Emergence of Wisdom），即基于极大的训练数据，具备了外推到新领域的能力，比如通过阅读人类编写的代码，抽象出推理链条的能力，从而在自然语言的对话过程中尝试进行推理。如果从算法角度考察，ChatGPT实际上并未实现较大突破，其最主要的还是通过算力和数据的突破，尤其是算力，使人工智能出现了极大的进展。然而，算力的大小实际上是建立在技术能力与大规模资金投入的基础上的。例如ChatGPT目前模型的参数规模是同业一般模型的万倍以上，OpenAI大致需要数千张GPU芯片同时进行训练，单次实验的成本可能达到百万美金以上。

## （二）新能源技术

很多学者在考察工业革命时，往往聚焦于生产制造领域，却忽视了能源革命与制造革命之间的微妙联系。新能源技术之所以能成为第

---

① 吴军：《智能时代：大数据与智能革命重新定义未来》，北京：中信出版社，2016，第63—75页。

三次工业革命的重要组成部分，原因有以下几点。

首先，每一次工业革命的形成都必须要有能够支撑由技术创新导致的生产扩大的动力系统。动力系统的变革和迅速发展为工业革命中核心产业的资本积累提供了必要的能源支持。例如，马克思指出：生产力的快速发展使得劳动的分工和组织形式逐渐从基于简单协作的工场手工业演变为机器大工业，而这一演变过程需要能源系统的大规模变革为其提供充沛的动力源。恩格斯在晚年的书信中揭示了以"电"的发现和运用为标志的第二次工业革命的意义。[①]他指出："德普勒的最新发现在于，能够把高压电流在能量损失较小的情况下，通过普通电报线输送到迄今连做梦也想不到的远处……这一发现使工业彻底摆脱几乎所有的地方条件的限制。"[②]从第一次工业革命中的水力到蒸汽力，发展到第二次工业革命中的电气化和内燃机动力，每一次动力系统的变革都意味着新的工业革命的开始。虽然电气、内燃机动力和其相关的核心技术展现了较长的技术生命周期，并且目前看来也并没有即将被取代的迹象，但是电力系统的动力来源已经开始从煤、石油等化石能源向太阳能、核能、风能以及其他可再生能源转变。值得注意的是，在此次新技术集群中发挥核心作用的数字信息技术实际上是一种"增能"技术：未来巨量的数据中心、数据处理、数据传输等需求意味着巨大的耗电量。[③]因此，能源领域的革命势在必行。

其次，从长期的角度看，目前作为电气化和内燃机主要动力来源的化石能源终究有限。在对第三次工业革命性质综述的第一个观点中，里夫金对世界石油长期价格趋势的考察在某种程度上说明了这一问题的实质：化石能源正在变得越来越稀缺。更重要的是，化石能源

① 王志林、余冰：《恩格斯晚年书信中对"第二次工业革命"揭示的经济学意义》，《理论月刊》2010年第5期，第16—19页。
②《马克思恩格斯选集》（第四卷），北京：人民出版社，2012，第556页。
③［日］藤原洋，李斌瑛译：《精益制造030：第四次工业革命》，北京：东方出版社，2015，第34页。

无节制地使用会对生态系统造成巨大的破坏，因此以此种能源形式为支持的价值生产和资本积累模式必然会受到环境的极大制约，出现不同于资本主义传统矛盾的第二重矛盾：生态危机。从某种程度上看，新能源技术的发展也是为了解决资本过度积累所导致的生态矛盾。

最后，近几十年来新能源技术的不断发展使其在社会层面的应用和扩散具备了经济上的可能性。在新能源技术的加速研发、国家层面政策支持（电力补贴、产业扶持等）以及规模经济的作用下，一些新能源的发电成本已经接近于化石能源。据国际可再生能源机构（IRENA）报告称，到2025年太阳能和风能发电的平均成本有望大幅下降，到那时全球太阳能光伏发电和陆上风电平均成本约为每度电5—6美分。不少发达国家的制造业工厂已经开始探索完全通过新能源提供动力支持。例如：美国阿拉巴马州的阿佩尔钢铁（Apel Steel）是一家传统钢铁厂，但它也是全球第一家由离网型太阳能供电的工业工厂。工厂的管理者一直在探索减少碳排放的同时，保障发电的自给自足。

通过考察1960年至2014年高等收入国家及中国可替代能源和核能[①]占能源使用总量的百分比以及高等收入国家可再生能源发电量占总发电量的比例（不包括水电）可以看出，高等收入国家可替代能源和核能占能源使用总量的百分比从20世纪70年代至90年代出现了一个大幅度的提升。进入21世纪后，则一直稳定在12%—14%，近年来缓慢增长至14%（如图1-3所示）。

---

① 可替代能源和核能指的是在生成过程中不会产生二氧化碳的非碳水化合物能源，包括水能、核能、地热能和太阳能等。

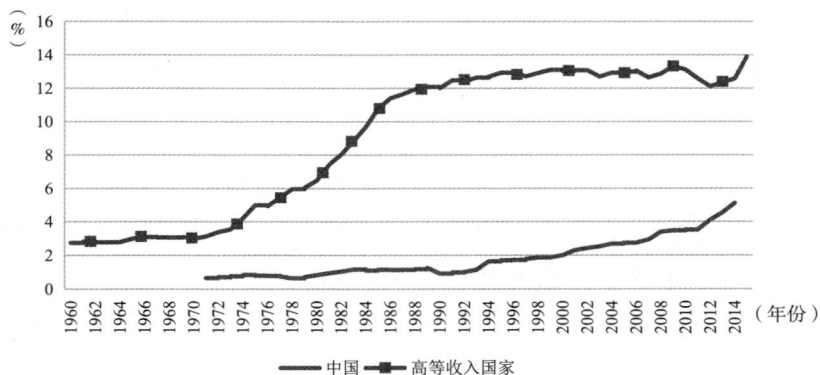

图1-3 高等收入国家及中国可替代能源和核能占能源使用总量的百分比
（1960—2014年）

数据来源：世界银行数据库

如果把指标限定为发电量，高等收入国家可再生能源发电量占总发电量的比例（不包括水电）在最近半个世纪呈现上升趋势，达10%（如图1-4所示）。尤其是北欧一些国家的无污染能源占能源总量比重已经超过50%，有些甚至达到70%左右。对中国而言，可替代能源和核能占能源使用总量虽然与高收入国家仍然有一定差距，但总体也呈现出逐渐提高的趋势。

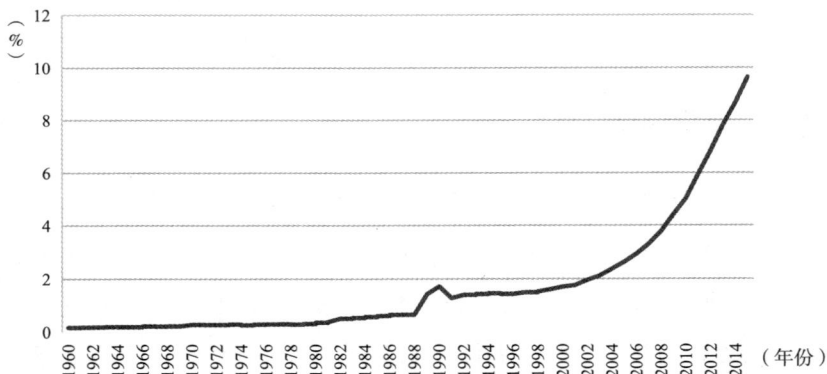

图1-4 高收入国家可再生能源发电量占总发电量的比例
（不包括水电）（1960—2014年）

数据来源：世界银行数据库

总体看来，虽然核电技术具有较大发展前景，但由于核安全问题永远如悬于顶上的"达摩克利斯之剑"，而可控核聚变技术距离现实应用仍存在较大差距，因此其发展规模一直受到政府或社会层面的约束。近年来，太阳能和风能的发电成本逐渐降低，与煤炭等化石燃料已相差无几。例如，光伏产业中 HJT、TOPCon、IBC 等多种光伏电池技术路线的互相竞争，能源转化率已有很大突破。当然，利用太阳能发电还存在着供电不稳定、电厂资本运营损耗过高等缺点，但随着储能技术、电网技术等关联领域技术的不断突破和发展，目前存在的技术难题应该能够持续得到解决。因此，未来能源结构的发展方向应该是太阳能、地热能、风能、可燃性再生资源和废弃物以及更安全高效的核能等无污染的可再生能源。从数据上来看，这些发达国家在清洁能源和新能源技术的使用方面无疑已经走在发展中国家之前。总的看来，此类新能源技术有着非常好的发展潜力，能源使用类型的转变已经逐渐成为不可逆的潮流。值得注意的是，大范围地使用新能源仅仅是生产方式革命性转变的第一步。新型技术之间的有效结合才是工业革命的关键。因此，还需要把新型数字信息技术与新材料技术、新能源系统相结合，把电力系统改变为能够实时调配、互相分享的能源网络，如此才能进一步推动新一轮工业革命，实现可持续发展。

## （三）新型制造技术

一些国内学者借鉴了马克思的工业革命理论，即工业革命或工业化实际上是由技术进步引起的"工具机"对人类劳动的替代，认为工业革命的起源和标志是"工具机"的革命。[①]其所带来的技术变革将使狭义概念上的生产方式即生产的劳动方式发生变化。具体到本次"第三次工业革命"，生产过程中的"工具机"革命表现为新型的制造

---

① 贾根良：《第三次工业革命：来自世界经济史的长期透视》，《学习与探索》2014年第9期，第97—104页。

技术，主要包括以下两个方面。

第一种新型的制造技术表现为新型制造装备的创新，例如：机器人、3D打印等。生产过程中资本对于人力的替代是资本主义生产方式发展的长期规律。从历史上看，历次工业革命中制造业的技术创新路径一直是劳动分工的不断深化，从而使用更先进高效的机器替代劳动者。目前，更精密的机器人与自动化技术正在改变人类的生产和生活。有人操控的机器、遥控机器与自主机器人三种机器模式通过互相反馈和补充共同演化，[①]将重塑生产制造过程。

本次技术革命中表现为更加灵活的机器的大规模应用和以3D打印为代表的新制造设备的创新，这将改变制造业的生产工艺。3D打印其实代表了一种新型制造方式的发展方向，其核心为激光烧结技术，通过将材料层层电解沉积的方法来生产产品，即"添加型制造"。具体来说，在传统制造中，如果要制造某种产品，则需要模具、机器、厂房、工人等大量的固定资本和流动资本。如果想要降低成本，就必须利用规模经济，扩大产量以生产更多的产品。但如果利用3D打印技术，规模经济将变得不再那么重要，每次利用3D打印的单位成本都是一样的。

总体看来，虽然3D打印仍在技术创新的酝酿期，到目前为止3D打印暂时还不具备在制造业内全面应用的能力，但以3D打印为代表的增材制造技术标志着未来大规模定制制造技术的演进方向。随着技术的进步，新型制造技术革命已经初现端倪，增材制造技术的有关专利在近年来呈井喷式增长，在一定程度上体现了其发展的潜力。虽然3D打印技术在多数企业中仅用于生产中产品原型或模具的制造，但是根据盖特纳（Gartner）公司的分析，当一项技术采用比例达到20%时，它可能就已经成为主流的技术形式。从总体上来看，在报告受访

---

① [美]戴维·明德尔，胡小锐译：《智能机器的未来》，北京：中信出版社，2017，第334—335页。

企业中已经有66.7%的制造企业在不同的范围内采用了3D打印技术，另外有24.7%的企业计划在未来采用此项技术（其中5.2%计划在下一年采用，10.3%计划在未来三年内采用），只有8.6%的企业没有采用此项新型制造技术的计划。可以看出，如果3D打印技术的打印成本、效率、质量等方面能够继续进步，使用这项新型制造技术的企业将越来越多。根据统计，2021年全球3D打印市场规模达到152.44亿美元，相比2020年增长19.5%，2018—2021年平均增长率为20.4%，其中，3D打印专用材料、装备和3D打印服务总产值达到122.5亿美元。经过多年发展，3D打印产业迈入成长加速期，3D打印在全球范围内呈现快速增长态势。相关机构预测，全球3D打印市场有望在2025年突破1200亿美元。

第二种关于生产制造方面的技术革命体现在新型数字信息技术（如物联网、云计算和大数据等）与生产制造系统的融合，是新一代互联技术向工业的渗透。以德国的工业4.0为代表，此种新型制造技术不仅仅是采用先进的制造装备，而是要在制造业领域内构建物理—信息系统，从而彻底改变工业生产组织。通过以物联网、服务联网等技术为基础的物理—信息系统，工厂之间可以实现智能联接，协同互动。拥有嵌入式感应装置的智能产品可以即时产生数据信息流，企业在对大数据进行分析和归并后，再对其进行可视化和交互处理。随后，通过大数据分析得出的关于产品和制造流程的优化决策，再实时传递回智能工厂，从而提高生产的效率。[1]无论是智能机器、3D打印等新生产工艺的运用，还是新型数字技术对制造系统的改造，都大大地节约了生产时间，节约了劳动力。同时这些技术创新能够使生产中残次品的比重大大降低，从而节约了固定和流动资本。此外，规模经济变得无足轻重能够较大地缩减工厂的规模，从而节约土地。目前，

---

① 黄阳华：《德国"工业4.0"计划及其对我国产业创新的启示》，《经济社会体制比较》2015年第2期，第1—10页。

不论发达国家还是中国，工业互联网正不断改造工业生产过程，实践中大量代表性企业涌现（如通用电气、西门子以及海尔等），通过构建工业互联网平台，进行制造业的转型升级。

综上所述，由于第三次工业革命还处于黎明期，其各项技术创新仍在量变积累过程中，第三次工业革命正缓缓地拉开帷幕。后危机时代背景下的第三次工业革命是以新型数字信息与智能技术为核心，以新能源技术为动力支撑，以新型制造技术为表现形式的创新技术集群。这些技术彼此融合和交互应用会产生革命性的影响。从本质上来说，此次第三次工业革命将依旧是"组合创新"①的典型。例如，通过以物联网为代表的新型互联网技术将工厂联接起来，形成工业大数据平台，同时这些工厂将利用新能源作为动力支撑，以新型制造技术为核心制造大规模定制化的商品，形成新的工业生态，这一"组合创新"将大大提高生产率的水平。由于本书主要着眼于第三次工业革命与资本主义生产方式的变迁，因此，本书更加聚焦于第三次工业革命中对生产领域产生重大影响的技术创新，并且由此分析和判断未来资本主义生产方式，尤其是企业生产的组织形式和劳资关系的走向。

## 第三节　发达经济体推动新技术革命的实践

在经济全球化的背景下，发达国家将一些本国的制造业转移至新兴经济体所在区域，通过相对低廉的劳动力成本，获得竞争优势，但却造成发达国家的制造业不断萎缩，出现产业空心化、实体经济和虚拟经济发展失衡等问题。以美国为代表的发达国家在金融危机后经济

---

① "组合创新"（combinatorial innovation）指的是，人们持续创新将一种技术或一系列技术形成各式各样的技术单元（component），然后再将它重新组合起来，形成新的技术和产品。

陷入持续低迷，实体经济受到巨大冲击。例如：美国三大汽车制造商的通用和克莱斯勒先后申请破产保护。2009 年，美国失业率一度达到 10.2%，为 1983 年以来的历史最高点。一方面，为应对经济危机的负面影响，发达国家需要通过技术变革重新实现经济复苏、调整经济结构并增加就业。另一方面，为了应对不断崛起的新兴经济体的挑战，发达国家试图通过技术变革重新建立制造业以及整个工业体系对新兴经济体的竞争优势，以便继续保持其在全球产业发展中的领先地位。因此，在危机后它们不约而同地密集推出了一系列与新技术革命相关的产业政策和技术创新系统性工程，具有代表性的如下。

## 一、美国重振制造业战略

作为危机后的复兴手段，大多数发达国家提出要对制造业进行升级，通过强化实体经济来实现促进经济增长和增加就业岗位的目的。其中，美国政府的制造业发展战略十分具有代表性。从奥巴马开始一直到拜登政府，对制造业以及实体经济的重视已成为美国民主党和共和党的共识。具体看来，奥巴马于 2009 年至 2010 年先后制定并签署了美国制造业振兴框架报告、制造业促进法案、2040 年制造业规划等多个工业复兴方案与计划。但重振制造业并不是简单地把原来离岸外包生产的制造业重新吸引回国内，而是重点对制造业进行升级，使制造业重新获得全球市场竞争力。在 2011 年和 2012 年，美国总统科技顾问委员会 PCAST 先后发布了《保障美国在先进制造业的领导地位》以及《先进制造业国家策略方针》的报告，即"AMP 1.0"（Advanced Manufacturing Partnership）。随后该委员会于 2014 年 10 月又发布了加速美国先进制造业的报告，该报告俗称"AMP 2.0"。在上述法案的基础上，奥巴马政府于 2014 年又通过了振兴美国制造业和创新法案。随后，特朗普政府于 2018 年发布了美国先进制造业领先地位战略。2021

年拜登上台后，继续强调制造业回流的重要性。2021年1月，拜登政府发布关于确保未来由美国工人在美国制造的行政令。为了降低对其他国家半导体行业的依赖性，拜登政府发布了"2021年美国创新和竞争法案"，支持美国芯片产业的发展。2022年8月，拜登政府连续发布《芯片与科学法案》《通胀削减法案》，试图加快关键产业链的本土化进程。

## 二、德国工业4.0

作为高科技战略2020行动计划的一部分，工业4.0（Industry 4.0 Project）是德国政府确定的十个"未来项目"的其中之一。工业4.0是德国政府为确保制造业的未来，保持德国的生产率和竞争力，同时让德国保持具有全球竞争力的高工资经济体的重要举措。

德国拥有世界上最具竞争力的制造业，并且也是全球制造装备生产的领先者，创新的制造技术和复杂工业流程的管理是其核心竞争力。工业4.0作为一种新型的工业化形式，区别于以往分别以机械、电力和传统信息技术为基础的工业革命，其实质是物联网（Internet of Things）和服务联网（Internet of Services）与制造设备的联接。工业4.0以物理信息系统（Cyber-Physics System）为核心，将建立一种把组织、仓储系统和生产设备融合起来的全球网络。工业4.0将促成新的价值创造方法和商业模式，尤其是它可以为中小企业和创业者创造供应、开发和提供下游服务的机会。

德国工业4.0计划包括如下三方面的基本内容。第一，工业的智能化大大提升。在工业4.0阶段，新型的"智能工厂"借助工业互联网可以使个人客户的需求被满足，意味着即使是单件商品的制造也可以有获得利润的可能。动态商业和管理流程使生产即使在最终环节，也可以产生改变，即有能力可以对弹性化的中断做出反应，并且有效地处理供应商不稳定的问题。第二，嵌入式制造系统和智能互联产品，可以推动社会的全面智能化。依托于物理—信息系统，智能工厂生产出可以实时生成数据的"智能产品"。每一个产品都是独一无二、可辨认的，通过嵌入式系统，企业可以知道其位置、当前的状态和达到目标群可变化的路径。嵌入式制造系统通过工厂和企业的纵向网络化以及不同价值网络的横向连接对整个价值链进行端到端的管理。第三，工业4.0平台还建议在全国范围内实施"双领先"战略，即领先的市场和领先的供应商策略，以提高产出效率，并且有利于德国产品和技术的出口。在"双领先"战略架构内，既存的通信技术需要适应制造业的特殊需要而持续被开发；不同的企业需要紧密合作，促成价值链和价值网络中不同企业的融合。此外，在工业4.0的实施过程中，还需要注意以下问题：标准化和参考架构的建立，提高管理复杂系统的能力，对工业4.0相关综合基础设施的支持，生产和数据的安全性问题，生产组织和设计，工人的培训和持续的职业发展，监管框架和资源利用效率等。

总的看来，工业4.0是从集中生产向分散生产的范式转变，它将嵌入式系统生产技术和智能生产工艺流程连接在一起，为从根本上改变工业、生产价值链和商业模式（如"智能工厂"）的新技术时代铺平了道路。

## 三、欧洲工业5.0

距离德国工业4.0提出已有10多年时间，其倡导的智能制造、企业数字化与平台化转型、工业互联网等高速发展。近年来，在疫情、政治分裂、区域战争等因素的冲击下，世界大部分经济体依旧面临衰退的压力。虽然发达国家已重新认识到制造业在促进经济增长、创造就业、优化经济结构等方面的积极作用，但重振制造业计划中大量自动化技术的运用、工业高能耗以及对化石能源的巨大依赖性使得未来制造业的可持续发展并不明朗。2021年4月，欧盟公布了《工业5.0：迈向可持续、以人为本和富有弹性的欧洲工业》（Industry 5.0： Towards a Sustainable，Human-centric and Resilient European Industry），以此确定了其工业5.0的基本理念。这一规划是对德国工业4.0和日本社会5.0政策的充分借鉴。

工业5.0具有三大核心要素。第一，可持续。工业5.0相较于传统发展规划和产业政策更加关注建立严格的可持续标准以维护生态价值，具体措施包括：发展循环经济、提升绿色技术能力、减少能耗和温室气体排放、提高资源利用效率等。第二，以人为本。传统的工业4.0强调利用数字化和自动化技术对制造业进行改造，却导致普通工人出现就业危机。而工业5.0以人为本的发展理念意味着将人类需求和利益作为其提高效率的核心，通过加强继续教育和培训让工人具备必要的知识和技能，促成劳动者与机器的和谐共存与协调发展。第三，富有弹性。工业5.0要求制造业必须提升其抵御风险和不确定冲击的能力。面对资本生产和循环过程中可能的阻碍，工业5.0提出工业必须有能力在危机期间提供和支持关键基础设施，通过发展富有弹性的战略价值链、适应性强的生产能力和灵活的业务流程来实现平衡。

## 四、发达经济体推动新技术革命实践的共性

除上述美国和德国关于新技术革命的发展实践以外，英国、法国、日本等发达国家都推出了提升制造业质量，推动技术革命和产业变革的相关政策。虽然不同国家在发展阶段、禀赋条件、技术水平、国内经济社会面临的主要矛盾等方面存在差异，但发达国家推动新技术革命的政策实践具有以下共同点。

第一，强调制造业的重要性。与传统的优化产业结构理论和实践所导致的过度强调第三产业不同，2008年的金融危机使得以美国为代表的发达国家认识到经济金融化所带来的负面影响，实体经济与虚拟经济的失衡使得国民经济失去了可持续发展的动力。因此，不论是与新技术革命关系紧密的相关制造业领域，还是利用新技术对传统制造业进行转型升级，都重新得到了国家层面的重视。

第二，强调产业链安全。20世纪以来，持续的全球化趋势与产业转移浪潮使得全球分工体系和生产网络逐步形成。在这一体系中，发达国家的大公司利用发展中国家低成本、高技能的劳动力攫取了更多的利润，维持了稳定的资本积累，而发展中国家也通过融入全球价值链、外商投资等获得了增长的可能性。危机后，全球经济面临的巨大不确定性，特别是疫情的巨大冲击，使发达国家意识到产业链的安全性对国民经济的重要影响。特朗普政府强调的"美国优先"政策，其核心之一就是强调产业链的安全性，特别强调半导体、新能源等核心产业的本土制造能力。

第三，强调国家干预。与西方主流经济学理论中强调自由市场对技术创新的推动作用不同，发达国家在危机后更加注重利用政府这只"有形的手"来推动技术变革和产业革命。在保证市场机制高效运行的基础上，发达国家充分运用各类产业政策和技术创新系统工程，以实现危机后经济复苏的目的。

第四，强调数字化技术的发展和应用。虽然发达国家各类推动新技术革命的实践包含了新型制造、数字信息、新能源、生物医药、新材料等多种技术集群，但整体看来，新一代的数字化技术处于各类技术集群中的核心位置。数字化技术作为一种"通用技术"，其本身的发展既创造了新产业、新业态、新模式、新就业岗位，也可以通过对传统行业的改造，促进生产力的进一步提升。

# 第二章
# 技术变革视域下资本主义
# 生产方式的演变

# 第一节　生产方式的再定义

　　本书的研究主题是第三次工业革命与资本主义生产方式的变迁。笔者试图以第三次工业革命为出发点，透视技术变革所引致的生产方式的变化，从而分析当代资本主义可能的演变方向。然而，"生产方式"或"资本主义生产方式"是一个相对抽象的概念，为了便于研究与分析技术变革背景下资本主义生产方式的变迁，就必须从抽象到具体，对生产方式做出一个基本符合马克思原意的定义。在马克思主义政治经济学中，生产方式既是马克思在《资本论》中的核心范畴，也是理解历史唯物主义的重要抓手。虽然对生产方式这一争论颇多的概念进行学理探究并不是本书的重点，但如果要构建一个完善且逻辑自洽的马克思主义政治经济学框架来分析技术变革视域下资本主义生产方式的演变，就必须对"生产方式"这一概念进行必要的讨论和界定。

## 一、关于"生产方式"概念的争论

　　马克思在《资本论》第一版序言中指出："我要在本书研究的，是资本主义生产方式以及和它相适应的生产关系和交换关系。"[①]对马克思主义政治经济学范畴内"生产方式"具体内涵的解读一直是国内外理论界研究和讨论的重要课题。实际上，从已有的学术成果可以看出，对马克思主义政治经济学理论体系内的生产方式的讨论和分析不

---

[①]《马克思恩格斯选集》(第二卷),北京:人民出版社,2012,第82页。

仅仅涉及这一范畴在马克思和恩格斯著作中的具体含义，还与究竟什么才是《资本论》以及马克思主义政治经济学应该研究的对象，历史唯物主义以及生产力与生产关系的辩证关系等一系列重大理论问题紧密相连。由于学界对于生产方式的讨论纷繁复杂，本节只选取几个具有代表性的论断进行讨论。具体看来，关于生产方式的含义主要有以下几种观点。

第一种观点认为资本主义生产方式属于生产力的范畴。胡钧教授认为要想理解马克思在序言中所表达的"资本主义生产方式"的本意，就应该以马克思论述资本主义生产方式和资本主义生产关系之间相互关系和二者变化规律的地方为出发点进行研判。他认为在马克思的理论框架内，资本主义生产关系是与劳动方式的一定发展阶段，即协作、分工、机器大工业这些具体的生产方式相适应的。资本主义生产关系会随着劳动方式的变化而改变。马克思文本中的"特殊的资本主义生产方式"就是指包括以机器大工业为基础的大规模生产、先进工艺在内的实际劳动过程中的劳动方式。①通过对《资本论》法译本与德文第二版的比较，胡钧教授认为由于觉察到了"生产方式"一词多重含义使用带来的概念混淆，马克思对其进行了一定的校订和修改。序言中的"资本主义生产方式"只能是生产的技术方式，不包括所有制关系。马克思在法译本中对生产方式的种种改动佐证了《资本论》中"生产方式"一词应明确定义为生产的技术方式或具体的劳动方式。②

与胡均教授的观点相似，林岗教授认为马克思在明确《资本论》研究对象时，不可能从生产关系和社会经济形态这两种意义上使用

---

① 胡钧：《关于〈资本论〉的研究对象问题——与卫兴华同志商榷》,《经济理论与经济管理》1982年第6期,第45—50页。

② 胡钧：《对〈资本论〉研究对象的再认识》,《经济学家》1997年第2期,第13—18页。

"生产方式"这一概念。如果想要保证"资本主义生产方式以及和它相适应的生产关系和交换关系"这一句话的语义和逻辑前后连贯，其中的"生产方式"绝不是生产关系和社会经济形态的概念。因此，"生产方式"在这里实际上是生产力层面的概念。生产方式指的是作为资本主义经济形成的生产力基础的生产组织或劳动方式。具体看来，由于技术创新所造成的生产资料形式上的转变，将导致劳动组织的重构，随后社会生产关系也会产生相应的变化以适应二者的发展。马克思主义政治经济学对生产力研究的着眼点正在于上述动态过程。马克思在生产方式前加上"资本主义"这一定语的主要目的在于，界定他所要研究的是作为资本主义的生产关系和交换关系形成的生产力基础的特定生产方式。①

第二种观点认为资本主义生产方式实际上指的是资本主义的生产关系。卫兴华教授指出"生产方式"这一概念在《资本论》中的不同地方有着不同的含义。但是马克思在序言中所阐述的资本主义生产方式显然不是生产力和生产关系的统一，也并不包括生产力在内。"生产力"一词不具有特定的社会属性，如若资本主义生产方式代表生产力的话，就会得出"资本主义生产力"这一矛盾的概念。马克思在《资本论》中使用"资本主义生产方式"这个概念时，往往是从生产的资本主义社会形式入手的。卫兴华教授认为从本质上来说，资本主义所有制是作为《资本论》研究对象的资本主义生产方式的基础，是采取雇佣劳动形式的生产资料和劳动力相结合的方式。同时，它也是广义的资本主义生产关系的构成部分，不过它是最根本、基础性的生产关系。②由于生产力只是资本主义生产方式的历史条件或基础，有

---

① 林岗:《论〈资本论〉的研究对象、方法和分析范式》,《当代经济研究》2012年第6期,第1—7页。

② 卫兴华:《〈资本论〉的研究对象问题》,《经济理论与经济管理》1982年第1期,第46—52页。

历史暂时性的东西不可能是生产力或生产力含义上的劳动方式的自然关系或自然属性，而只能是指生产的社会形式或社会属性。

实际上，资本主义生产关系是一个多层次的概念，分为狭义和广义的形式，其中狭义的生产关系具体指的是直接生产中形成的生产、分配、交换、消费关系。这些关系和资本雇佣劳动这一生产的方式共同构成了广泛意义上的资本主义生产关系，即资本主义经济关系体系。因此，序言中阐述的"资本主义生产方式以及与其相适应的资本主义生产关系和交换关系"实质上就是资本主义生产关系。[①]这句话中的生产关系，作为《资本论》研究的对象之一其实质指的是狭义的生产关系。然而，《资本论》所研究的资本主义生产方式以及和它相适应的生产关系和交换关系这一整体实际上是指广义的生产关系，即资本主义生产关系体系或资本主义经济制度。[②]

生产方式作为法国调节学派研究的出发点，其代表人物布瓦耶也有类似的解读。他认为，生产方式就是指特定的生产关系和交换关系。调节学派认为资本主义的生产关系和交换关系的特征主要有两点：其一是交换关系采取商品交换的形式，交换过程必须以货币形式支付；其二是劳动者与生产资料相分离，他们必须将其劳动力作为商品出卖给生产资料所有者。这就凸显出了资本主义生产方式的最本质的特点：作为社会分离的后果的雇佣劳动关系。[③]同时，资本主义社会中的基本制度形式也就是上述二者的制度化和规范化。就资本主义生产方式最基本特征的雇佣劳动关系来看，其制度化的形式就是劳资关系。劳资关系体现在不同的生产组织形式、工人阶级的生活方式和劳动力再生产的模式上。

---

① 卫兴华：《〈资本论〉究竟研究什么？——与胡钧同志商榷》，《中国经济问题》1983年第4期，第35—42页。

② 卫兴华：《马克思主义政治经济学对象问题再探讨》，《马克思主义研究》2006年第1期，第27—35页。

③ 陈叶盛：《调节学派理论研究》，北京：中国人民大学出版社，2012，第20页。

第三种观点认为生产方式应是生产力和生产关系二者的统一。斯大林认为："生产、生产方式既包括社会生产力，也包括人们的生产关系，而体现着两者在物质资料生产过程中的统一"，而"社会发展史首先是生产的发展史，是各种生产方式在许多世纪过程中依次更迭的历史，是生产力和人们生产关系的发展史"[①]。国内一些学者受斯大林以及传统苏联政治经济学教科书对生产方式定义的影响，把生产力和生产关系统一起来，以理解《资本论》中所讲的生产方式的含义。

熊映梧教授认为应当调整把政治经济学的研究对象局限为生产关系的传统观念，加入关于生产力的有关内容。他认为：在马克思主义政治经济学中，一个社会形态是一定的经济基础和上层建筑的统一体；生产关系和生产力的统一，又构成社会的生产方式。传统的认为生产关系的总和形成社会的经济基础的观点并不科学，构成一个社会经济结构的是那个社会占统治地位的生产方式。马克思在《资本论》中始终是在生产关系和生产力的统一中来揭示资本主义发生、发展及其必然灭亡的规律性的运动的。[②]

赵家祥和吴宣恭教授指出"生产方式"一词在马克思和恩格斯的相关著作中曾多次出现，它虽然与生产力和生产关系密切相关，但是在不同的地方有着具体不同的含义，具有多义性。吴宣恭认为，在马克思的相关著作中，资本主义生产方式几乎涵盖了资本主义的一切相关经济形式。[③]马克思关于生产方式的概念在其学术发展史上经历了一个逐步被完善的过程，而斯大林关于生产方式的论述，既继承了马

---

[①]《斯大林文集》，北京：人民出版社，1985，第219、220页。

[②] 熊映梧：《经济科学要把生产力的研究放在首位——兼评单独创立"生产力经济学"的主张》，《经济科学》1980年第2期，第1—7页。

[③] 吴宣恭：《论作为政治经济学研究对象的生产方式范畴》，《当代经济研究》2013年第3期，第1—10页。

克思、恩格斯的科学理论，同时也对其有所发展。①相较于上述其他关于生产方式的定义，斯大林所阐述的作为生产力和生产关系统一的生产方式概念内涵更加丰富，它囊括了人类社会各阶段中的全部社会关系，也更能说明生产方式在人类社会演变中的基础性作用。②

　　第四种观点认为生产方式是独立于生产力和生产关系的中介概念。这种观点以吴易风教授为代表，他认为如果把马克思在序言中所说的"资本主义生产方式"当作资本主义生产关系、资本主义广义的生产关系或者生产力和生产关系的统一，都会造成相应的逻辑混乱，从而使马克思序言经典观念中的生产方式的概念含混不清。学者们必须克服哲学教科书和政治经济学教科书中关于生产方式先入为主的观点，重新回到马克思阐述的关于生产力、生产方式、生产关系的基本原理上来，从而正确理解马克思关于生产方式的解释的本意。生产方式的中介作用具体体现在生产力、生产方式、生产关系彼此的作用机制上：第一，生产力决定生产方式；第二，生产方式决定生产关系；第三，生产方式和生产关系具有历史暂时性。上述三个概念各不相同，彼此独立，它们之间既不相互替代，也不存在包容关系。总体来看，马克思所说的"资本主义生产方式"，是指生产的资本主义的社会形式，即资本主义条件下劳动者和生产资料相结合以生产人们所需要的物质资料的特殊方式，也就是雇佣劳动和资本相结合以生产人们所需要的物质资料的特殊方式。③

　　其实早在20世纪80年代，我国就有一些学者认为生产力和生产关系的决定作用与反作用之间有一个中介范畴。马克思所讲的生产方

---

　　① 赵家祥：《〈资本论〉及其手稿中的生产方式概念》，《北京行政学院学报》2013年第4期，第58—65页。

　　② 赵家祥：《生产方式概念含义的演变》，《北京大学学报》（哲学社会科学版）2007年第5期，第27—32页。

　　③ 吴易风：《论政治经济学或经济学的研究对象》，《中国社会科学》1997年第2期，第52—65页。

式并不是把生产力和生产关系这两者包含在自身之内的统一概念，而是介于这两者之间从而把它们联系起来的一个范畴。马克思所讲的生产方式本身有两层含义：第一，它是指劳动的方式；第二，它又是指生产的社会形式。劳动方式和生产的社会形式之间矛盾是生产力和生产关系矛盾的集中表现。[①]事实上，无论生产力对生产关系的决定作用，还是生产关系对生产力的反作用，都是要通过某种中介环节或传导机制来实现的。[②]这种把生产力和生产关系联接起来的中介环节或传导机制就是一定的社会生产方式。[③]

在认为生产方式属于生产力和生产关系中介的前提下，一些学者表示作为中介范畴的生产方式实际上就是劳动方式，具有二重性。张彤玉教授认为，生产力和生产关系之间发生相互作用实际上是以劳动方式为中介进行传导的，它是反映着社会生产方式的物质内容和社会形式的辩证关系的重要经济范畴。劳动方式既体现了劳动者在劳动过程中的关系，即他们之间的相互结合方式，也是劳动者与生产的物质条件相结合的方式。因此，它是个介于生产力和生产关系之间的范畴，同时具有生产力和生产关系赋予的二重属性。[④]

高峰教授指出，在马克思的有关著作中，生产方式大致有两种最主要的用法：第一种指的是广义的生产方式的概念，即生产的社会类型和形式，用以区别不同类型的社会生产，比如亚细亚的、古代的等。第二种指的是狭义的生产方式的概念，即生产的劳动方式。而作

---

① 马家驹、蔺子荣：《生产方式和政治经济学的研究对象》，《中国社会科学》1981年第6期，第105—116页。

② 于光远：《中国社会主义初级阶段的经济》，北京：中国财政经济出版社，1988，第282—290页。

③ 李泽中：《当代中国社会主义经济理论》，北京：中国社会科学出版社，1989，第562—563页。

④ 张彤玉：《关于劳动方式的二重属性》，《南开经济研究》2000年第3期，第27—30页。

为《资本论》的研究对象的资本主义生产方式应该就是指资本主义的劳动方式。他认为，生产力和生产关系的矛盾运动正是以劳动方式为中介体展开的。每一个社会历史阶段的劳动方式都有其显著的特征，它以一定的社会生产为基础，同时又会受到一定生产关系的制约。[①] 谢富胜教授认为，如果想要区别和分析当代资本主义社会演变的具体历史实践，那么仅仅把资本主义生产方式当作生产力和生产关系相统一的观点便过于抽象了。马克思主义政治经济学体系内的生产方式，实际上应该是指资本主义社会中占主导地位的资本主义劳动过程。劳动过程作为物质生产力和社会生产关系的中介，充分表现出了上述二者的矛盾运动。资本主义劳动过程中最基本的关系是劳资关系，它与不同资本主义时期劳动过程内的技术发展水平与分工形态相适应。[②]

除了上述四种主要观点以外（如图2-1所示），还有一些学者从不同的视角出发，研究并且发展了生产方式这一理论范畴，丰富了"生产方式"概念的内涵。通过比较网络和生产方式的二重性，杨志教授认为，基于网络二重性，资本主义生产方式一方面是物质的技术网络，另一方面也是交互的、整体的经济社会网络。资本主义生产方式实际上是一种以资本雇佣劳动为基础，以追逐超额剩余价值为最终目标的社会经济网络。[③]

---

① 高峰：《论"生产方式"》，《政治经济学评论》2012年第2期，第3—38页。

② 谢富胜：《资本主义劳动过程与马克思主义经济学》，《教学与研究》2007年第5期，第16—23页。

③ 杨志、赵秀丽：《网络二重性与资本主义生产方式新解——网络经济与生产方式关系研究系列之一》，《福建论坛》(人文社会科学版)2008年第7期，第8—12页。

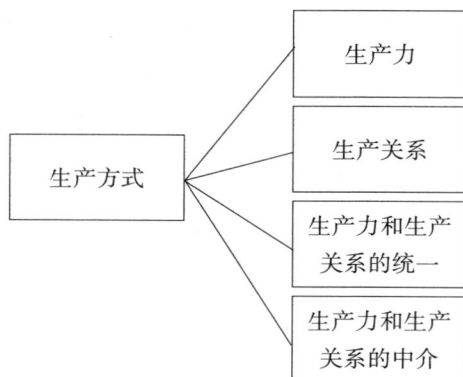

图2-1 关于"生产方式"内涵的四种主要观点

孟捷教授认为，在马克思看来，社会化的生产主要体现在社会总劳动在各部门的社会分工中得以配置的自然规律。资本主义生产方式作为普遍化的商品生产，交换是其历史实现形式。如果从资源配置角度加以考量，生产方式这一有机总体是由生产和交换这两个要素共同组成的。[①]2016年，孟捷教授提出了他关于"生产方式"新的理论构想，并试图在这一基础上重构马克思的历史唯物论。他认为，顺应上述生产方式的中介论，可以发展一种不同于生产力一元决定论的对历史唯物主义的解释。具体而言，孟捷教授指出不仅生产力的变化必须有利于扩大社会的剩余，而且生产关系的改变也要服务于对剩余更大规模的占有。因此，如果把生产方式界定为以占有剩余为目的的生产活动，生产力和生产关系便可以通过实现生产方式这一目的为中介互相联系。[②]孟捷教授批判了分析马克思主义代表人物科恩对历史唯物主义的功能解释，认为生产关系除了适应和促进生产力发展的功能以外，还具有帮助统治者榨取更多剩余的作用。在此基础上，他提出了"有机生产方式的变迁"，即不管最初造成生产关系变化的原因是什

[①] 孟捷:《马克思主义经济学范式中的生产方式与资源配置方式》,《教学与研究》2000年第6期,第22—29页。

[②] 孟捷:《历史唯物论与马克思主义经济学》,北京:社会科学文献出版社,2016,第6页。

么，只有当一个生产方式趋向于将剩余的榨取越来越多地建立在生产力发展的基础上，才会促成生产方式在整体上不可逆转的变革。①

近年来，随着《马克思恩格斯全集》历史考证版（MEGA2）的陆续出版，有学者通过研究指出，从标志唯物史观产生的《德意志意识形态》手稿开始，生产力、生产方式、生产关系、社会关系、交往形式等都有各自的德语表达形式，都是独立的范畴。但由于传统政治经济学或哲学教科书的影响，加上《德意志意识形态》手稿编译的问题等，导致后世学者在理解这些范畴时出现偏差。学者通过考证发现，生产方式是一个独立于生产力和生产关系之外的范畴，并不具有歧义性。②

## 二、对生产方式之争的评述

从上述文献回顾可以看出，在《资本论》和马克思主义政治经济学语境下，"生产方式"范畴的具体含义在理论界确实存在争论，大体上可以分为：生产力说、生产关系说、生产力与生产关系统一说、生产力与生产关系中介说四种主要观点。实际上，对于"生产方式"和"资本主义生产方式"实质的讨论不仅仅涉及上述概念在马克思相关著作中的具体含义，还关系到何为《资本论》和马克思主义政治经济学的研究对象，如何理解历史唯物主义方法及其具体运用等重大理论问题。通过上述理论的总结和比较可以发现，造成生产方式争论的主要原因在于以下几点。

第一，"生产方式"概念在《资本论》以及马克思、恩格斯的相

---

① 孟捷：《历史唯物论与马克思主义经济学》，北京：社会科学文献出版社，2016，第2页。

② 郭冠清：《回到马克思：对生产力—生产方式—生产关系原理再解读》，《当代经济研究》2020年第3期，第5—13页。

关著作中确实存在多种不同含义上的应用。例如，科恩就认为马克思是从三个层面运用生产方式这一概念的。一是物质方式，指的是人们运用自己生产力劳动的方式，生产中的各种物质过程，专业化和劳动分工的形式。这里"方式"的意思更接近于"技术"。二是社会方式，表明生产过程的社会性质，这一范畴涉及生产的三个方面：社会生产的目的、生产者的剩余劳动形式和剥削劳动者的手段。而后二者在马克思的有关著作中经常是合二为一的。三是混合方式，马克思有时以综合的形式使用生产方式，既表示生产进行方式的物质特征，也表示它的社会特征，包括了它的全部的社会和技术的形式。[①]

哈维指出，遍布于马克思各类著作中的"生产方式"一词大致可以分为三种全然不同的含义。第一种使用方法指的是用以生产某一种特定的使用价值时所采用的具体方法和技术，例如，马克思曾详细分析了棉纺织业的生产方式。在第二种使用方法中，马克思在"生产方式"前加上了前缀"资本主义"，即"资本主义生产方式"。它一般指的是以交换为目的的商品生产和以资本主义阶级关系为基础（劳动力成为商品）的劳动过程的特殊形态，它在使用价值生产的同时，也包含了剩余价值的生产。哈维认为此种含义的生产方式是马克思贯穿于整个《资本论》的主要使用方法。在这里，生产方式的特征被凝聚集合于劳动过程的生产力和生产关系的各类因素所定义。第三种使用方法则聚焦于历史上不同的社会形态。在马克思的手稿，例如1857—1858年手稿中，马克思为了比较人类社会发展中各类生产方式的差异，历史性地使用了这一概念。这一语境下的生产方式涵盖面较广，指的是生产、分配、交换和消费的关系，同时还包括制度、法律、行政、政治组织、国家机构、意识形态等上层建筑的内容，以及社会（阶级）再生产的特殊形式。马克思在这一范畴内比较了"资本主义"

---

① ［英］G.A.科恩，段忠桥译：《卡尔·马克思的历史理论：一种辩护》，北京：高等教育出版社，2008，第98—101页。

"封建主义""亚细亚"等多种不同的生产方式。

　　类似的，国内一些学者考证了《资本论》及其手稿中不同语境下生产方式范畴的不同规定性。这些规定或来源于物质生产中的"物"的方面即生产资料，或源自其中的"人"的方面即劳动本身。就后者而言，又包括关于劳动的技术关系的规定性和权力关系的规定性。此外，生产方式的内容还可以源自上述不同方面的综合作用。①例如，林岗教授认为，马克思大致是在三种含义上使用这个概念的：一是指生产方法或劳动方式，二是指社会生产关系，三是指社会经济形态。②赵学清教授通过梳理《资本论》中生产方式的用法，发现生产方式在《资本论》三卷中共使用了 592 次，有 30 种情况，归纳而言主要分为三类用法：一是在生产的技术组织维度上使用的，指的是生产的技术组织形式；二是在生产的劳动交换维度上使用的，指的是生产的劳动交换形式；三是在生产的社会性质维度上使用的，指的是生产的社会历史形式。③罗雄飞教授指出，马克思著作中的生产方式范畴大体上有四层含义，分别是：物质的生产方式，具体指特定时期的科学技术及相关知识的利用方式及生产的社会组织方式；与社会生活、政治生活和精神生活相对应的物质生活的生产方式；生产力与生产关系的统一来理解的社会经济形态；某种社会经济形态的实现形式。④从整体看来，生产方式在马克思著作中的多种用法在某种程度上造成了在确定生产方式的具体概念时存在着一定的困难，容易产生

---

① 王峰明：《马克思"生产方式"范畴考释——以〈资本论〉及其手稿为语境》，《马克思主义与现实》2014 年第 4 期，第 25—33 页。

② 林岗：《论〈资本论〉的研究对象、方法和分析范式》，《当代经济研究》2012 年第 6 期，第 1—6 页。

③ 赵学清：《〈资本论〉中的"生产方式"：用法、分类与含义》，《中国浦东干部学院学报》2015 年第 5 期，第 67—80 页。

④ 罗雄飞：《基于马克思的思想方法把握生产方式范畴》，《当代经济研究》2022 年第 9 期，第 22—37 页。

相应的争论。

第二，生产力、生产方式和生产关系这三个马克思主义政治经济学中的核心范畴本身就是抽象的概念，其涵盖的内容非常丰富。实际上，马克思本人曾承认在写作过程中，非常"排斥"给所使用的概念和范畴进行准确的定义。例如，生产力就可以包含生产工具、原料，生产者的生产才能、体力、技能、创造性以及科学技术知识等。因此，即使一些学者都认同"生产方式"范畴的某一实在含义，也可能把其划分到生产力、生产关系等不同的概念中，如有一些学者认为生产方式是以一定生产力为基础的劳动方式或生产组织，但是其中各自的观点又稍有差别。如胡钧、林岗教授认为，生产方式就是劳动方式，这一概念应该隶属于生产力的范畴。而高峰、张彤玉教授虽然同样认为，资本主义生产方式指的就是资本主义劳动方式，但是他们指出劳动方式应是生产力与生产关系矛盾运动的中介体，并不属于生产力的范畴。又如，吴易风教授认为，资本主义生产方式是指资本主义条件下劳动者和生产资料相结合以生产人们所需要的物质资料的特殊方式，属于生产力和生产关系中介的范畴。卫兴华教授虽然类似地认为资本主义生产方式指的是生产资料与劳动力相结合的社会方式，但是他却把其归于生产关系的体系之中。

虽然关于生产方式的有关争论一直持续至今，但如果纵览学者们的相关研究和大致观点可以发现，理论界在对生产方式展开持续争论的背后其实也存在着一定的共识，即大部分学者都认同生产方式在马克思的著作中具有多种用法。其中既包含生产方式的技术组织层面，也包括了生产方式的社会层面。而学者们的争论点主要聚焦于序言中马克思所叙述的"资本主义生产方式以及和它相适应的生产关系和交换关系"中"资本主义生产方式"的具体含义。通过上述对"生产方式"内涵的综述可以看出，从某种程度上来说，关于资本主义生产方式实质的争论实际上还涉及该不该把生产力纳入马克思主义政治经济学的研究对象和如何科学认识唯物辩证法等问题。

特别是近年来，如何利用马克思的"生产方式"范畴来理解和分析中国特色社会主义以及社会主义市场经济体制也逐渐成为政治经济学研究的一个重要方向。

## 三、技术变革视域下资本主义生产方式的再定义

马克思曾提出撰写《资本论》的"最终目的就是揭示现代社会的经济运动规律"。然而，"现在的社会不是坚实的结晶体，而是一个能够变化并且经常处于变化过程中的有机体"[①]。自《资本论》出版以来，资本主义持续演化发展了一百五十多年，产生了许多新的变化，出现了很多新的经济现象。因此，在界定本书研究的生产方式以及资本主义生产方式的内涵时应当注意以下两点：第一，分析生产方式既要从马克思对其使用与描述的一系列重要文本出发，同时也要结合当代资本主义演变的历史实践，二者互相映照，不断丰富发展马克思主义政治经济学的理论。第二，由于本书研究的是第三次工业革命对资本主义生产方式产生的影响，由此在定义上述语境内的生产方式概念时，就必须要结合技术创新和社会生产力变革的具体内容，从马克思主义政治经济学理论和资本主义历史演变的实践中找到关于技术变革与生产方式变迁的分析路径。本书中笔者把技术变革视域下的资本主义生产方式具体划定为企业的组织形式和劳资关系，主要有以下几点依据。

首先，从政治经济学的理论上看，分析技术变革（生产力发展）对生产方式变迁的影响符合历史唯物主义基本原理。马克思和恩格斯曾在《德意志意识形态》中指出："人们用以生产自己的生活资料的方式，首先取决于他们已有的和需要再生产的生活资料本身的特性。

---

①《资本论》（第一卷），北京：人民出版社，2004，第10、13页。

这种生产方式不应当只从它是个人肉体存在的再生产这方面加以考察。更确切地说，它是这些个人的一定的活动方式，是他们表现自己生命的一定方式、他们的一定的生活方式……因而，个人是什么样的，这取决于他们进行生产的物质条件。"[1]"由此可见，一定的生产方式或一定的工业阶段始终是与一定的共同活动方式或一定的社会阶段联系着的，而这种共同活动方式本身就是'生产力'；由此可见，人们所达到的生产力的总和决定着社会状况，因而，始终必须把'人类的历史'同工业和交换的历史联系起来研究和探讨。"[2]

事实上，从马克思在创作《资本论》过程中写作的笔记和手稿可以看出，马克思对生产力进行了大量、深入的分析，而他对资本主义社会经济形态的研究实际上是建立在其对当时生产力研究的基础之上的。例如，从《资本论》第一卷关于相对剩余价值生产的论述中可以看出，劳动对资本从形式隶属到实际隶属（劳动与资本的关系）这一生产社会条件的转变以企业的生产组织由简单协作、工场手工业到机器工厂的发展为前提，而上述生产组织的转变又是建立在技术创新，即生产力不断发展的基础之上的。因此，生产力的总和与一定的生产方式紧密联系，讨论第三次工业革命背景下的技术变革对生产方式变迁的影响和作用机制从某种程度上是历史唯物主义原理在现实中的应用。不过，这里值得注意的是，政治经济学不是工程和工艺的研究，也不是科学技术史的考证。马克思在分析生产力或技术变革时，其研究目的不仅仅在于考察具体技术的变化，而是主要聚焦于体现在新的生产资料上的生产组织形式和劳资关系的变化。

其次，生产方式是一个二重性的范畴。在马克思主义政治经济学中，任何经济范畴都是由一定的物质内容和社会形式构成的。在《资本论》中，可以看到生产力与生产关系以及与它们相适应的使用价值

---

①《马克思恩格斯选集》（第一卷），北京：人民出版社，2012，第147页。
②《马克思恩格斯选集》（第一卷），北京：人民出版社，2012，第160页。

和价值、具体劳动和抽象劳动、价值规律的物质内容和社会形式、物质生产的一般过程和价值增殖过程、资本的技术构成和资本的价值构成、物质资料的再生产与生产关系的再生产，是同一事物的两个方面。①例如，劳动二重性概念作为理解马克思主义政治经济学的枢纽，就秉承了这一逻辑理路。具体劳动作为劳动的具体形态与生产对象和生产所使用的工具等技术性因素密切相关，对应着某种具体的使用价值的生产；而抽象劳动作为舍掉劳动具体形态的人类体力和脑力的耗费，需要通过交换得到"社会承认"，对应着价值概念，与社会性紧密连接。马克思和恩格斯认为："生命的生产，无论是通过劳动而生产自己的生命，还是通过生育而生产他人的生命，就立即表现为双重关系：一方面是自然关系，另一方面是社会关系；社会关系的含义在这里是指许多个人的共同活动，不管这种共同活动是在什么条件下、用什么方式和为了什么目的而进行的。"②因此，马克思主义政治经济学中的生产方式也是一个二重性的范畴，它不仅仅反映着生产方式一般的物质属性，还表现出了生产方式特殊的社会属性。

从某种程度上看，生产方式具有的两重性质是造成关于资本主义生产方式的相关争论的重要原因。由于资本主义生产方式既是生产使用价值的方式，同时也是生产价值或剩余价值的方式，因此就体现了生产的物质和社会两重属性。上述把生产方式划分为单纯生产力和生产关系的范畴，并不符合马克思一贯的逻辑和方法论。而把生产方式作为生产力和生产关系辩证统一的观点虽然具有一定的合理性，但是却又过于抽象，无益于区别资本主义不同的发展阶段以及分析当代资本主义的演变，尤其是资本主义生产过程不断变革的具体历史进程。从协作、工场手工业到机器大工业的发展建立在生产力不断进步的历

---

① 张宇、孟捷、卢荻主编：《高级政治经济学》，北京：中国人民大学出版社，2006，第28—29页。

②《马克思恩格斯选集》（第一卷），北京：人民出版社，2012，第160页。

第三次工业革命与资本主义生产方式的变迁

史背景之上，其涵盖的不仅仅是生产力范畴的劳动方式的演变，同时也是生产关系，尤其是劳动与资本博弈关系发生变化的过程。单纯生产力范畴下，劳动方式的概念并不能准确反映资本主义的演变。例如，从20世纪初至今，社会上占主导的劳动方式虽然都属于机器大工业，但企业组织形式却发生了深刻的转变，并且仍然处于变革过程中。同理，从纯粹生产关系论的角度去理解生产方式的内涵也无助于我们分析当代资本主义的演变历程。从资本主义诞生至今，资本主义生产方式虽然始终是以资本与雇佣劳动相结合进行生产为基础，具有统一的质的规定性，但其具体的外在表现，即劳资关系在资本主义各个历史时期却具有不同的特征，或言之为资本主义雇佣劳动制度范围内的劳资关系的持续变化。劳动与资本之间的关系——作为资本主义制度的轴心——同样具有动态演变的历史特征。

上述一些学者所认为的资本主义生产方式是生产资料与劳动力相结合的社会方式，实际上如果将这一认识对应为更加具体的经济实际，其外在表现就反映为资本主义生产条件下的企业生产组织形式和劳资关系。之所以称之为"资本主义生产条件下"，是因为其生产的产品是商品，生产的目的是获取剩余价值。从上述关于生产方式的二重性角度出发，把技术变革视角下的资本主义生产方式理解为企业的组织形式和劳资关系具有一定的合理性。物质生产方式与社会生产形式之间存在密切的动态联系。在新技术革命的作用下，新的物质生产方式，即劳动生产的组织形式必然要求有新的社会生产形式即劳资关系同它相适应。

再次，马克思在《资本论》等一系列著作中对生产方式变革的描述，印证了在技术变革和生产力不断发展的背景下，企业的劳动组织形式和劳资关系发生相应的演变的理论逻辑和事实依据。在相对剩余价值的生产的开篇，马克思就指出要想实现相对剩余价值的生产，"不提高劳动生产力是不可能的……不改变他的劳动资料或他的劳动

62

方法，或不同时改变这二者，就不能把劳动生产力提高一倍。因此，他的劳动生产条件，也就是他的生产方式，从而劳动过程本身，必须发生革命"①。马克思在随后对劳动方式从协作、分工和工场手工业到机器大工业的转变展开论述时，其理论的前提条件就是技术不断进步与劳动生产力的持续提高。资本主义生产的具体方法从协作、工场手工业到机器大工业的演变历程，同时也是企业的劳动组织变迁的过程。而在这同一过程中，劳动从对资本的形式隶属逐渐转变为实际隶属。马克思曾指出："任何时候，我们总是要在生产条件的所有者同直接生产者的直接关系——这种关系的任何当时的形式必然总是同劳动方式和劳动社会生产力的一定的发展阶段相适应——当中，为整个社会结构……发现最隐蔽的秘密，发现隐藏着的基础。"②因此，把劳动方式即企业的组织形式与劳资关系（生产条件的所有者同直接生产者的关系）作为第三次工业革命背景下生产方式变迁的主体具有一定的理论基础。

最后，除了从上述马克思主义的相关理论出发以外，当代资本主义演变的历史实践也在某种程度上印证了在技术的不断变革下，资本主义生产方式的技术条件和社会条件，即企业的组织形式和劳资关系也经历了相应的转变。20世纪初，以新材料、新能源、标准化设备为代表的新生产制造工艺等一系列技术创新，促使了福特主义生产方式的形成。同时，也形成了与福特主义生产方式相适应的组织形式和劳资关系。在福特主义由于自身的局限性加之外部的冲击使其无法完成持续的资本积累时，20世纪60年代逐渐兴起的微电子、信息通信技术使资本主义生产方式发生了进一步的转变，形成了新的企业的组织形式和劳资关系，如精益生产、全球化生产网络、弹性专业化和弹性雇佣等。

①《资本论》（第一卷），北京：人民出版社，2004，第366页。

②《资本论》（第三卷），北京：人民出版社，2004，第894页。

因此，由上述政治经济学的基本理论和当代资本主义演变的历史实践看来，把技术变革视角下资本主义生产方式变迁的研究主体定义为生产的企业组织形式和劳资关系具有一定的理论基础和现实支撑。从资本主义的演变历程来看，随着科学的发展和技术创新，其主导企业组织形式和劳资关系发生了一系列的变化，具有历史性、阶段性的特征。由于生产组织与劳资关系包含于资本主义生产方式之内，不论它们随着技术的不断创新与发展产生了何种改变，其生产的目的始终在于获取利润，保证资本主义积累的可持续性；其生产的形式始终采取资本与雇佣劳动的社会形式，以出卖自己劳动力给资本家的雇佣工人为前提，具有一般的质的规定性。作为企业的组织形式和劳资关系的生产方式同生产力的关系十分密切：它直接由生产力发展的水平，由劳动资料的性质和状况所决定。生产方式的根本变革总要以生产资料或劳动资料的变革为前提。特定的生产方式以一定的生产力为基础，同时也受到特定的生产关系的制约。

## 第二节　关于技术与社会互动机制的讨论

由于本书研究的是第三次工业革命与资本主义生产方式的变迁，其中无法绕开的议题，或者说需要重点研究的对象就是以多技术集群组成的新一轮工业革命与资本主义生产方式（企业的组织形式和劳资关系）的互动机制，它既包括技术对资本主义生产方式的影响，也包含着资本主义生产方式对技术变迁的对应作用。因此，回顾与总结学界关于技术创新与经济社会之间互动关系的研究是十分必要的。这一回顾与总结有助于我们以一个更加宽泛的视角理解并把握资本主义的演变历史，从生产力与生产关系的矛盾运动中分析社会制度的变迁。总体上看，面对技术变革与经济社会之间的互动，学者们的研究大致可以总结为两类观点，即技术决定论和技术的社会形成论（或技术的社会建构论，Social Shaping of Technology，简称SST）。就坚持技术决定论的学者们而言，其主要观点又可大体上分为乐观的技术决定论和悲观的技术决定论。

## 一、乐观的技术决定论

乐观的技术决定论者把技术当作一种"解放"的力量，他们认为技术总体上可以为人类带来诸多益处。例如：提高了人们的物质生活水平，提供了更多样化的选择；技术创新将促使生产力提高，从而缩短了人们的劳动时间，增加闲暇以供人们从事更富有创造性的工作；技术进步促进了先进交通和通信工具的发展，大大增进了人们之间的交流效率。

### （一）第五次技术浪潮中乐观的技术决定论

自20世纪中期信息技术革命逐渐兴起开始，一些国内外学者就对新技术可能会使未来经济社会产生的转变做出了研究和预判。这类学者聚焦于信息技术兴起所促成的传统生产工具和经济模式变革，认为信息技术革命将改造现存的资本主义经济社会结构。总体看来，他们对技术变革所带来的影响抱有相对乐观的态度，认为随着新技术革命的不断深入，知识（或者所谓"人力资本"）在经济发展中的重要性与日俱增，智能化制造将改造传统的机器体系，资本的力量将被削弱。

在1980年出版的《第三次浪潮》中，托夫勒从历史的视角出发，阐述了新技术可能对未来经济社会产生的积极影响。托夫勒以生产力为标准把人类社会概括地分为三个历史时期：第一次浪潮即农业阶段，第二次浪潮即工业阶段，以及当时正在展开的第三次浪潮即信息

第三次工业革命与资本主义生产方式的变迁

革命或知识革命阶段。[①]在前两次浪潮中，人类从原始野蛮的渔猎时期进入了以农业生产作为物质资料生产方式的社会，并更进一步踏入了生产力极大发展的工业社会。但工业社会内在的失序却造成了自然环境的破坏，污染严重。与此同时，经济社会的商品化程度不断深入，人类社会面临着此前社会形态从未出现过的通货膨胀、失业、帝国主义的大规模战争等弊端。因此，他推断第二次浪潮现已处于严重的危机中。但与当时社会混乱的悲观主义论调不同，托夫勒认为，人类社会又一次处在历史性技术飞跃发展阶段的边缘，未来第三次浪潮蕴含着希望和前景。在即将到来的第三次浪潮中，能源结构将与第二次浪潮截然对立，即原料大部分可以再生，资源广泛，生产采取集中与分散相结合的方式且生产没有危险，浪费较少；廉价的微型计算机将进入家庭并且改变劳动的性质和家庭的结构；信息设施将为机器之间的通信交流、人与周围智能环境的交往提供强大的物质基础；办公室的旧等级制度和结构将被改组，新的生产方式将把劳工从工厂和办公室中解放出来，突出以先进电子科学为基础的家庭工业的社会中心作用，给社会带来更大的稳定性；生产与经济的发展紧紧依赖于知识和信息，知识将取代财富成为权力的主要象征；最先进的工厂将向小型化发展，从生产大批量的同类产品演变为小批量的个性化生产。

　　国内一些学者也持有相似的看法，他们从信息技术对分工、生产工具的影响以及未来生产方式的变革入手，探讨了当时的信息技术革命对劳工的影响。他们认为，随着技术革命的不断深入，脑力劳动和体力劳动的界限将消失，机器体系的全面自动化和智能化的出现，使过去那种劳动者依附于机器、成为机器附属物和器官的地位得到了改变，劳动者由机器的奴隶变成了机器的主人。新技术革命会使社会劳动的性质发生变化，劳动的强制性将会逐渐消逝，劳动作为谋生手段

---

　　① 孙寿涛：《国外学者有关发达国家社会经济变迁的综合性考察》,《经济社会体制比较》2008年第1期,第184—189页。

的性质将会得到改变。同时，由于技术创新提升了劳动生产率，从而使社会必要劳动时间有所缩短，增加了劳动者享受闲暇的时间。社会生产的全面自动化趋势最终使劳动者从直接物质生产过程中替换出来，成为真正自由的个体。①

信息技术的发展使科学在生产过程中发挥越来越重要的作用，智力成为生产要素中最关键的因素。在知识型企业中，资本等待智能雇佣，劳动（主要是脑力劳动）雇佣资本的体制将逐渐替代资本雇佣劳动的模式。②与传统的工业社会有所区别，在知识经济或信息社会中，由于拥有知识的个人具备很强的创新能力，其在社会经济活动中的重要性也与日俱增。在知识经济中，知识存量的增加使得企业中最重要的不再是企业家，而是具有知识创新能力的劳动者。知识劳动者将逐渐从普通劳动者中分离出来。③同时，知识经济的快速发展，在促使生产力构成要素发生变化的同时，也将导致社会生产关系发生重大变革，从而使以工业经济为背景所建立的传统政治经济学受到挑战。特别是伴随人力资本、知识资本化的出现，生产的所有制形式与分配关系将发生系统性的转变。由于知识经济与现代市场经济以及资本市场的结合，所有制形式将表现出社会化特征及灵活性、流动性的特点。

具体看来，在知识经济中，劳动者、劳动对象和劳动工具都产生了深刻的变革，代表先进生产力发展方向的不再是传统从事体力劳动的生产工人，而是具有知识的高技能雇员。同时，劳动工具与劳动对象发生了深刻变革，各种新型的信息技术工具、自动控制与智能化工具纷纷涌现，新材料、数码产品、软件编程等都逐渐加入劳动对象中。需要特别注意的是，知识劳动及其成果无法再简单地用劳动时间

---

① 秦庆武：《论新技术革命与旧式分工》，《哲学研究》1985年第6期，第3—11页。

② 毛蕴诗、李新家：《从资本雇佣劳动到劳动"雇佣"资本——论知识经济中智力劳动的地位》，《经济与管理研究》1998年第5期，第23—27页。

③ 洪智敏：《知识经济：对传统经济理论的挑战》，《当代财经》1998年第9期，第26—29页。

来衡量，也正因为此，知识经济条件下的生产关系也发生着深刻的变化。知识将成为一切资本和生产要素的核心，而资本所有者的权力被严重削弱，资本等待着智能雇佣，整个社会经济模式的运行由知识专家所主导。[①]

## （二）新一轮科技革命和产业变革中的技术乐观主义

20世纪初美国的纳斯达克泡沫与2008年的金融危机使得现行的资本主义积累模式接连受到冲击，经济学界的关注点重新回归到对危机与周期的理解和分析。然而，与历史上重复发生的一样，发达国家试图通过推动新一轮科技革命和产业变革，使国民经济走出衰退，重新实现增长与繁荣。

在此背景下，2012年，里夫金在名为《第三次工业革命》的书中，深刻地分析了新技术革命的内涵和影响，勾勒出新技术集群的具体内容和发展趋势，并且呼吁各国迎接新一轮技术和产业革命的到来。2014年，里夫金的著作《零边际成本社会——一个物联网、合作共赢的新经济时代》出版，这本书大致上是对《第三次工业革命》中观点的进一步阐述。在概括了前两次工业革命和资本主义市场经济的兴起后，里夫金从"零边际成本"这一概念入手，描绘了新技术革命对资本主义经济模式可能带来的改变，并且对未来社会的发展趋势做出了大胆的预测。里夫金认为，能源机制和信息技术塑造了文明的本质，决定了文明的组织结构、商业和贸易成果的分配、政治力量的作用形式，指导了社会关系的形成与发展。第三次工业革命的特征在于，通过能源的民主化，人类将迈入分散式的资本主义时代，权力结构也会越来越扁平化，社会向更加合作和分散的方向发展。随着新技术革命的开展，人类社会告别物质资源的稀缺，逐渐走向丰裕。具体

---

[①] 涂文涛、方行明：《知识经济条件下生产关系的嬗变》，《经济学家》2001年第1期，第40—44页。

来看，里夫金设想了一个可以带来"生产率极限"和"最优公共福利"的资本主义体制，它的运行逻辑完全符合市场竞争规则。最终，激烈的市场竞争迫使"终极技术"产生，生产率被提高到理论上的最高点，产品的边际生产成本接近于零。在此情况下，古典和新古典的经济理论将失效，以此为基础的商品和服务定价模式将完全被颠覆。随着资本主义积累模式赖以存在的基本条件——"利润"逐渐消逝，整个资本主义的经营管理理念也将改变，未来新的协同共享经济模式将取而代之。

面对新一轮科技革命和产业变革，一些国内的学者与里夫金的观点类似，他们秉承20世纪信息技术和所谓知识经济兴起时技术乐观派的观点，认为此次技术变革的核心是智力与既有生产要素的有效结合，通过技术创新、技术整合以及发现既有技术新的市场价值，生产力将实现更高数量级的增长，从而拉动经济持续繁荣。在以劳动力、资源、科技和制度为产业资源的新产业中，创新、创智类企业和智力型劳动者将成为产业主体。人类的智力创新无法被机器、技术等要素所替代，智力资源的无限性为经济社会的无限发展提供了资源保障。[①]

## 二、悲观的技术决定论

与之前数次技术浪潮中的乐观技术决定论者截然相反，悲观的技术决定论者把新技术当作一种对人类的威胁，并且认为其应该受到批判。此类观点的产生主要源于现实中的大工业技术对人类社会产生的各种消极影响。例如：工业的同步性和狭隘的效率标准消除了个人、地区间的差异，损害了人类的自主和自由的权利；技术巧妙的控制方

---

① 启迪协信产业研究院、回向恒品：《第四次变革：智力经济时代的产业与城市》，北京：社会科学文献出版社，2017，第60—69页。

法威胁到了个人和社会交往的互相作用；个人面对随时可能"失控"的技术体系，往往表现得无能为力；在资本主义技术体制下，工人不可能占有生产工具及其生产的产品，技术使工人丧失了工作和生活中的权利。

马丁·海德格尔在其哲学思想的阐述中，曾隐蔽地表达了某种技术决定论倾向。他认为："隐藏在现代技术中的力量决定了人与存在者的关系。"[①]"现在存在的东西被现代技术的本质的统治地位打上了烙印，这种统治地位已经在全部生命领域中通过诸如功能化、技术完善、自动化、官僚主义化、信息等等可以多样地命名的特色呈现出来。"[②]在雅克·埃吕尔的著作中，整个社会和世界被新的文化体系重新构造成一种控制的对象，而这种新文化系统则是建立在技术之上的。他认为，以狂妄自大的知识分子为代表的人类仍旧认为通过他们的知识能力可以控制技术，自负的哲学家们认为他们可以把价值、意义强加给技术。但是，随着对技术进步精确研究的展开，人类的决定、选择、希望和恐惧几乎不对这种进步起作用。与上述乐观的技术决定者认为技术专家将成为未来经济社会主导力量的观点不同，埃吕尔认为，技术人员实际上并不能够控制所谓的技术，技术专家也有其知识的局限性，他们除了了解自己的研究领域内的技术外，并不能控制任何其他技术形式。虽然技术专家是技术社会中的新贵，但其实他们与普通大众一样，完全臣服于技术。伴随着技术系统逐渐取得统治地位的是民主制度的衰落，不论是民主国家还是专制国家，技术系统都发挥着类似的功能。技术不断创新将导致国家越来越全球化，并且

---

[①] ［德］马丁·海德格尔，孙周兴选编：《海德格尔选集》（下），上海：生活·读书·新知上海三联书店，1996，第1236页。

[②] ［德］马丁·海德格尔，孙周兴、陈小文、余明锋译：《同一与差异》，北京：商务印书馆，2011，第56—57页。

使其具有集权性质。①技术以其内在的逻辑和必然性，逐渐成为一种无法控制的自主性力量，以自由为代价不论个人还是公众舆论和政治组织都会沦为技术的奴仆。

法兰克福学派作为社会批判理论的代表流派，对技术的批判构成其整体批判理论的锚点，对科学技术哲学发展产生了重要的影响。例如：马尔库塞认为当代工业社会中，由于其特有的组织技术基础的方式，社会势必趋向于集权主义。对机械加工进程和国家机器技术组织的操控是政治权力的运用的突出表现形式。它们以成功地动员、组织和利用工业文明现有的技术、科学和机械生产率为手段，维持并巩固自己的权力。②

面对新技术改变传统资本主义生产方式和经济模式的可能性，一些学者追随海德格尔、马尔库塞、哈贝马斯、卢卡奇等学者关于技术的思想轨迹，对技术进步持保守甚至悲观主义的态度，这里不再赘述。更进一步看，上述悲观的技术决定论者往往潜藏着对技术演化的自主性观念。正如兰登·温纳所指出的，技术社会中决策的制定难免必须按照技术体系的要求，因此无论是当选的政治家、技术专家、资本家还是社会主义者，表面上控制者的差异几乎无法对技术系统产生不同的影响。在技术发展超过一定阶段后，人类便无法迫使技术来适应自己，反而必须去适应可利用的技术。因此，技术会把自身的特征强加于人类生活和思想的各个方面，技术系统的巨大性和复杂性使得政治和人性紧密交织，技术塑造和限制着人类的想象和欲求，对人类目的来说它绝不是中立的方法。③在温纳看来，技术自产生后便有了

---

① 狄仁昆、曹观法：《雅克·埃吕尔的技术哲学》，《国外社会科学》2002年第4期，第16—21页。

② ［美］赫伯特·马尔库塞，刘继译：《单向度的人：发达工业社会意识形态研究》，上海：上海译文出版社，2014，第4—5页。

③ ［美］兰登·温纳，杨海燕译：《自主性技术：作为政治思想主题的失控技术》，北京：北京大学出版社，2014，第56页。

"自主"演化的能力，在某种程度上是技术决定社会，而不是社会决定技术。

## 三、技术的社会建构论

如果说技术决定论建立在科学技术在近代世界历史中扮演着越来越重要的角色与资本主义所带来的社会生产力飞跃式发展的时代背景之下，那么"技术的社会建构论"或"技术的社会形成论"则源于资本主义发展过程中各类社会问题的涌现，如经济危机、资源枯竭和环境污染等，及其所带来的对技术变革的社会过程的反思。"技术的社会形成论"产生的直接动因是技术决定论的一次革命。由于以往研究技术与社会关系时讨论过于宽泛抽象，一些学者以大量的经验研究为基础，力图突破技术与社会的边界，从整体化型式的角度，特别是从技术的内部来考察技术的社会特征。[①]与上述技术决定论的观点截然不同，在对技术本质的认知上，"技术的社会形成论"否定了技术的自主性特征。相较于技术、社会"两分法"的哲学基础，"技术的社会形成论"更加强调把技术变迁作为一种社会过程进行研究，其研究重点也更加偏向于分析经济、社会、制度和文化等因素对于技术形成的影响及其作用方式。

如果从更为广义的范围来看，很多学者对技术变迁的影响因素及其作用机制的研究都带有"技术的社会形成论"的色彩。例如，道格拉斯·诺斯通过对经济史的研究，建立了一个"意识形态或文化—制度—技术变迁"的分析框架。他认为技术创新不仅依靠日积月累的技术改进与完善，也依赖人类技能在使用新技术条件下的发展，从技术的发明创新到随之而来的技术扩散是一个缓慢复杂的过程。他指出，

---

① 王汉林:《"技术的社会形成论"与"技术决定论"之比较》,《自然辩证法研究》2010年第6期,第24—30页。

市场规模的扩大必然会促进技术进步率的提高，但更为重要的是，创新者获得由于创新所带来的较大份额收益的可能性。近代以来，西方国家之所以能在技术层面领先，根本原因在于它们普遍建立了系统的产权保护制度①。从 1624 年英国独占法的诞生，到建立相关附补法（如商业秘密法），以及知识产权的发展，产权的演变无疑提高了私人技术创新的收益率，促进技术不断进步。②并且，诺斯把这种初始制度选择的区别归因于不同国家和民族的意识形态或文化的差异，他认为："大脑对信息的处理方式不仅是制度存在的基础，而且也是理解非正规约束在构成社会短期与长期演进中的选择集合所起的重要作用的关键。从短期来看，文化确定了个人处理和使用信息的方式。"③

从资本主义向社会主义转型对资本主义的技术改造问题出发，安德烈·高兹对资本主义技术展开了批判。他认为资本主义生产关系和资本主义劳工分工在科学和技术上留下了印记。如果不从根本上改造传统的技术形式和劳动分工，资本主义生产关系将会死灰复燃。高兹指出，资本主义社会对技术的研究具有深刻的局限性，即资本主义社会并不关注基础科技和纯学术研究，只重视与生产密切相关的研发。研究工作以一种适合于资本主义工业的特征而被组织并服从于资本主义的劳动分工，研究是以那些能够直接在生产过程中被使用，并可能降低成本、保障公司的技术垄断和超额利润的知识和技术为目的的。

---

① 当然，诺斯的这一观点也受到了一些学者的质疑。例如，张夏准教授在其相关著作中（如《富国陷阱：发达国家为何踢开梯子》）指出：当今发达国家的知识产权制度曾经非常不完善，在发展过程中存在大量严重侵害知识产权，尤其是他国公民知识产权的行为。这种普遍的侵权现象一直持续到 19 世纪后期，甚至还要更晚。因此，试图仅利用完备的产权保护制度来解释西方发达国家为何实现普遍的技术创新和率先增长的理论并不完善。

② ［美］道格拉斯·C.诺斯，陈郁、罗华平等译：《经济史中的结构与变迁》，上海：上海人民出版社，1994，第 184—194 页。

③ ［美］道格拉斯·C.诺斯，刘守英译：《制度、制度变迁与经济绩效》，上海：上海人民出版社，1994，第 59 页。

由于技术可以被资本化，或者说可以在生产中作为资本物化的对象——生产资料形式——存在的技术创新可以满足资本家不停追求超额利润以及进行资本积累，因此这类技术创新往往比只能单纯提高人们健康水平和普遍福利的技术发展得更快。与此同时，资本家更重视那些可以带来产品创新的技术变革，它们往往可以比能够提高生产力的科学技术得到更优先的发展。

在高兹关于技术批判的理论架构中，科学技术不是被视为意识形态中立的。他完全反对上述乐观的技术决定论者所持有的在当代资本主义社会，工人将成为机器的主人，完全克服劳动的分工，并在工作中拥有自主性，实现人的能力的发展，达到工作和生活的重新统一的乌托邦观念。在高兹的理论中，由于技能的缺失，普通技术工人具有可变性，即不稳定性。而真正的技术工人，在当代资本主义社会已经越来越少，并且未能成为精英，而是沦为了资本主义意识形态的合作者和俘虏。不管生产系统的所有权属于谁，只要资本主义生产系统没有发生根本性的变革——事实上资本主义的生产机器是越来越强大——资本主义生产系统和技术分工对工人的控制（尽管它们所采用的手段和方式不同）的本质就不会改变。[①]整体看来，高兹对技术变革的理解明显受到了马克思相关理论的影响，技术带有明确的"社会"印记，技术变革会受到资本主义生产关系的强烈影响。

在经济组织和社会制度等因素塑造了技术变革的"技术的社会形成论"框架下，一些学者认为在以追求剩余价值为目的的资本主义生产方式中，技术创新很难促成劳动者相较于资本地位的上升，上述协同共享的新经济模式也只是一个乌托邦。劳动过程中的等级制度将在相当长的时期内延续下去，并呈现出新的外在特征。劳工将会被更大程度地剥削、控制，就连以脑力劳动为主的知识劳工也不例外。美国学者史蒂

---

① 张一兵等:《资本主义理解史:第六卷 当代国外马克思主义与激进话语中的资本主义观》,南京:江苏人民出版社,2009,第64—77页。

芬·马格林通过对经济史的详尽考察，否定了技术决定生产组织形式的一元论。他认为即使是生产效率较高、产出更多的技术，也存在被弃用的可能性。由于资本主义生产过程的关键要素之一是在对劳动实施控制的前提下，提高生产效率的，那么技术在生产中的具体使用形式会受到社会生产关系的制约，即在资本主义生产资料所有制条件下，究竟何种技术受到青睐取决于此种技术能否把对生产的控制权留在资本家手中。因此，等级制生产组织的采用并不一定在于技术上的优越性，而在于这一组织形式更能压榨劳工以保持稳定的资本积累。随着信息社会的来临，相较于普通的体力工人，掌握知识的高技能劳工和技术专家在生产中拥有了较高的地位，但知识劳工究竟能否在未来的劳资对抗中重新掌握对生产的控制力还并不确定。与熟练工人的不断去技能化过程类似，知识劳工也很可能逐渐失去已有的权力。

　　与上述马格林的观点类似，戴维·诺布尔指出，乐观主义者往往会夸大创新和替代性技术的作用，导致他们对所谓技术神话的集体崇拜。他认为，那种以为机器或技术创造历史而不是人本身创造历史的观念是完全错误的，人与人之间的社会关系才是技术诞生的基础，技术自主性和必然性的外在表现终究是虚假的，技术的发展从本质上来说是一种社会过程。机器作为生产力的物化表现，其本身并不是生产中的决定性力量，技术创新在不同的阶段会受到各种力量的影响，如社会统治阶层、意识形态和观念、技术与社会生产关系的矛盾等。作为现代工业的核心和20世纪生产技术的标志，诺布尔以机床和自发化技术发展为例，证明了大企业、军方、高等科研机构等以及现代工程学的意识形态在技术发展的轨迹中起到的决定性作用。一些学者质疑采用新型制造方法的企业在市场上的成功并不是由于技术导致的成本优势，而是由于组织管理尤其是市场营销。与他们的观点类似，在有关美国二战后金属加工业自动化浪潮的研究中，诺布尔指出，广泛应用于工业的"数值控制"技术，实际上既不是为了解决劳动力数量短缺问题，也不是为了降低生产制造成本以提高生产率和市场竞争力。数值控制研发过程中的主要动机并不仅仅是经济层面的因素。与之相反，它们共同体现了管理层、军方与发明者的利益、希望和信念。如此，诺布尔证明，工艺设计受到了政治、经济、管理和社会各种因素的影响。[①]

## 四、关于技术创新与社会演化的辩证法

自人类社会进入工业时代以来，面对新技术对经济社会，包括产业结构、职业结构、能源结构、劳动的主体、对象以及手段、意识观念甚至未来经济模式等方面带来的巨大影响，技术创新与社会演化的互动机制一直是社会科学领域研究的重点。然而，通过对以上观点的简要阐述可以看出，学者们之所以会对技术变革影响下经济社会的演化趋势以及技术与经济社会的互动机制等方面存在巨大的观念差异，究其原因，是不同学者对技术的本质属性以及技术与社会的互动关系存在着不同假设（如图2-2所示）。

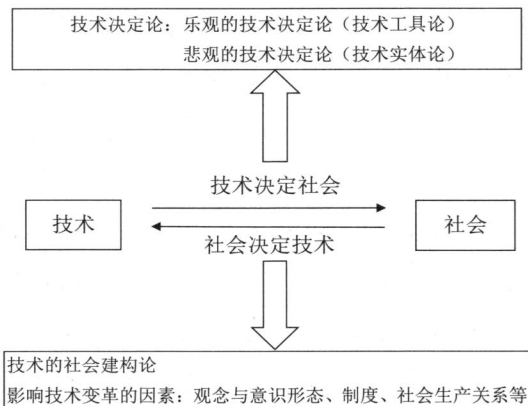

图2-2　不同理论中技术与社会的互动关系

①［美］戴维·F.诺布尔，李风华译：《生产力：工业自动化的社会史》，北京：中国人民大学出版社，2007，第224—226页。

具体而言，上述以托夫勒、里夫金等为代表的学者与以海德格尔、埃吕尔、温纳等为代表的学者都具有不同程度的技术决定论的特征。然而，这两类学者对技术及其对未来经济社会的影响和生产方式的发展方向却有着完全不同的研判。本书借鉴安德鲁·芬伯格在《技术批判理论》中做出的理论归纳，认为上述两类学人存在理论观念差异的根本原因源于他们对技术的本质属性具有不同的认知。

以托夫勒、里夫金等为代表的乐观技术主义论调认为，随着新技术的不断深入发展，知识社会将崛起，科学在生产过程中发挥越来越重要的作用，资本的力量将被削弱，资本主义的经济模式也将随之发生革命性的转变。技术在他们看来，就如同科学观念一样，是中性的，在不同国家、不同时代和不同文明的背景下，技术都被认为是提高劳动生产率的工具，并且社会的演化会服从于技术的变革。技术工具论暗含了以下观念：第一，技术具有中立性，是纯粹的工具；第二，技术与政治并不相关；第三，技术具有理性特征，技术体现的是真理的普遍性；第四，技术的效率标准也具有普遍性。[①]与上述观点相反，海德格尔、埃吕尔等人否认了技术的中立性特征，认为技术构成了一种意识形态体系，控制了人类社会生活的整体，技术本身成为自演化的主体。这一技术的实体理论更加强调技术本身具有的价值或文化特征。[②]但从本质上看，这同样是一种技术决定论。

在"技术的社会建构论"的理论框架内，学者们否定了技术决定论中技术自主发展的可能性，试图破除盲目乐观的技术工具崇拜，同时也拒绝技术实体理论把技术"神秘化"的处理方法。他们认为，技术的演化实际上是一个社会过程，制度、观念与意识形态、社会生产

---

[①]［美］安德鲁·芬伯格，韩连庆、曹观法译：《技术批判理论》，北京：北京大学出版社，2005，第4—5页。

[②]［美］安德鲁·芬伯格，韩连庆、曹观法译：《技术批判理论》，北京：北京大学出版社，2005，第6—7页。

关系等社会层面的因素是塑造技术并且影响技术发展的根本原因。特别是在以剩余价值榨取、追求超额利润为根本目标的资本主义生产方式的条件下，技术和以此为基础的劳动过程仍旧将以对劳动的控制为主要特征。

总体看来，上述各类观点都有其片面性，乐观的技术决定论者过于倚重技术本身在经济社会和生产方式变迁中的自主之力，忽视了技术是在一定的历史阶段、一定的生产方式条件下产生的。技术不仅仅是一个抽象的概念，现实中的技术需要资本化作为客观载体。悲观的技术决定论则过于强调技术发展对人类社会造成的种种消极影响。这类观点一方面忽视了技术进步在提高人类福祉方面起到的关键性作用；另一方面又低估了技术设计者、使用者或劳工阶级、国家在技术的演化过程中的主观能动性，即把技术向有利于民主和劳动者的改造的方向引导的能力。技术的社会建构论虽然抓住了社会层面的相关因素在技术形成和发展过程中的重要作用，但是其理论过于强调社会关系对技术演化的影响，把技术以及建立在技术基础之上的分工、生产组织形式当作社会观念或统治阶级主观意志的产物，在某种程度上呈现出唯心主义历史观的特征。同悲观的技术决定论者类似，他们同样忽视了劳工力量和国家主体的主观能动性，忽略了劳动过程动态演变中劳动与资本不断的阶级斗争以及国家的主动介入。

有趣的是，不论是技术决定论还是技术的社会建构论，学者们似乎都可以从马克思那里找到相关的理论线索。关于马克思技术思想的争论，如马克思究竟是不是一个技术决定论者，构成了20世纪技术哲学研究最重要的内容之一。[①]在对马克思思想的众多误读当中，也许最荒谬的就是把马克思称作技术决定论者。关于马克思是不是一个技

---

① 牟焕森：《马克思与技术决定论研究》，《科学技术与辩证法》2002年第3期，第35—38页，第49页。

术决定论者的争论，源自一些学者随意片面地摘取马克思的描述①。这类观点并没有准确地理解马克思展开研究的方法论基础。

在马克思的理论体系中，生产力包括生产资料、劳动对象和劳动者三要素。在资本主义生产方式背景下，生产力是通过物质商品生产为资本创造剩余价值的能力。简单地把技术定义为生产力并不准确，并且会造成马克思是一个技术决定论者的误读。在马克思的著作中，他刻意回避了"决定""导致"等带有明显因果逻辑的词语，而是指出技术"揭示出"人与自然的关系。技术是劳动过程的物质表现形式，把技术等同于生产力就像把货币等同于价值，把具体劳动等同于抽象劳动。但是就如同分析货币可以解释价值的性质一样，对特定技术的分析也能揭示生产力的形式以及包含在资本主义生产之内的社会关系。对于既存的技术的研究是为了分析资本主义生产方式，是非常有用并且必要的初步准备。马克思指出："工艺学揭示出人对自然的能动关系，人的生活的直接生产过程，从而人的社会生活关系和由此产生的精神观念的直接生产过程。"②从马克思对历史变迁的辩证分析可以看出，马克思绝不可能是一个技术决定论者。在马克思眼中，人类历史的基本规律是生产力与生产关系之间辩证互动的结果。③因此，科学地把握马克思主义政治经济学的本质和方法论有助于我们全面地分析研究技术和社会的互动关系。在考察技术和社会互动的过程中，更要坚持唯物辩证法，在生产力与生产关系的矛盾运动中分析技术变革和社会变迁。

---

① 例如，在《哲学的贫困》中，马克思曾指出："社会关系和生产力密切相联。随着新生产力的获得，人们改变自己的生产方式，随着生产方式即谋生的方式的改变，人们也就会改变自己的一切社会关系。手推磨产生的是封建主的社会，蒸汽磨产生的工业资本家的社会。"

②《马克思恩格斯文集》（第五卷），北京：人民出版社，2009，第429页。

③ [美]那坦·罗森伯格，骆桢、梅咏春、张晨译：《作为技术研究者的马克思》，《教学与研究》2009年第12期，第10—18页。

　　与上述技术决定论和技术的社会建构论的相关理论不同，道格拉斯·凯尔纳秉承关于技术的辩证法，对技术资本主义的批判进一步扩展了马克思的分析。从总体上看，凯尔纳认为，由于人们无法预知技术确切的发展方向，技术的发展也许会为资本的实现提供新的可能，强化资产阶级的统治；或许也将为进步的社会转变提供新的可能，反对资产阶级的统治。技术发展对资本主义社会的影响是复杂的，技术资本主义在不同国家、不同部门的发展趋势很不平衡。在凯尔纳看来，技术乐观主义是一种关于技术的神话，一种彻头彻尾的意识形态学说，其实质在于把人们对技术的崇拜转嫁到资本主义商业原则和市场经济体制的崇拜上来。他认为，无论技术决定论还是社会决定论都犯了相同的错误：忽视持续不断的冲突和斗争，忽视干涉和转变的可能性，忽视个人和组织按自己的需要和目的重建社会的能力。当然，凯尔纳还指出了这样一个事实，即在当前资本主义制度下，过去科学和技术自由发展的神话被彻底打破了，由于现今大学、研究所等科研机构的资金大多来自企业的资助，因此技术的应用范围往往由资本的投向决定，在这种情况下，技术的发展不得不受制于资本主义制度的某些方面。

　　人类是必须屈从于机械的技术逻辑，还是能从根本上对技术进行重新设计，使其更好地服务于它的创造者？笔者认为，技术本质上是中立的，适用于技术问题的道德内容也是十分明确的。虽然技术的价值是人类所赋予的，但实践中的人类并不是一个单一的整体概念，人类社会存在不同阶级的划分，具体的人处于相对应的社会生产关系内。在资本主义生产方式占主导地位的社会，技术的演化内嵌于资本积累的逻辑中。由于资本家占有技术，科学为资本服务，其在生产中的应用自然会以剩余价值的生产作为目的和动机。虽然技术不过是一个工具，其本身是一种达到目标的手段，但技术的演变会受到资本主义生产方式和生产关系的制约，在以最大化剩余价值的获取为特征的资本主义生产方式中，被资本家掌控的技术将通过对劳工的控制实现生产的高效率，以便成为获取超额利润的工具。

但同时，资本主义生产方式也是一个自我扬弃的过程，在技术演化的过程中，劳动者的反抗不断地改变着技术发展的方向，能否重新设计技术取决于劳动与资本之间的斗争。当然，如果把研究扩展到构建社会主义生产方式这一更广阔的视野，我们还需要讨论社会主义国家在技术演化中具体需要发挥何种作用。整体而言，在分析技术创新与社会演变时，应从生产力和生产关系的矛盾运动出发，牢牢把握历史唯物主义的科学方法。

## 第三节　技术变革视域下生产方式的演化

### 一、调节学派的理论

20世纪70年代末，在对现代经济危机原因和形式的研究过程中，以米歇尔·阿格里耶塔、阿兰·利比茨、罗伯特·布瓦耶等人为代表的法国经济学家，在马克思主义政治经济学的理论基础上，吸收了凯恩斯主义、法国年鉴学派的思想，构建了一种研究资本主义条件下经济长期发展的分析框架，形成了法国的"调节学派"。调节学派理论的核心思想在于阐明在具体的历史条件下，怎样调节人们的行为才能保证资本主义社会再生产——物质条件再生产和生产关系再生产——得以顺利进行。[1]由于资本主义经济形态的多样性和复杂性，加之马克思主义理论中一些关键概念的高度抽象性，学者们在研究当代资本主义时产生了一些困难。调节学派的贡献在于从生产方式等抽象概念

---

① 陈叶盛：《调节学派理论研究》，北京：中国人民大学出版社，2012，第1页。

中分离出具体的、可描述资本主义经济现象的中介，如积累体制、制度形式和调节模式等，建立了一个解释当代资本主义演化的理论框架，从而分析社会中各类主题的互相影响以及蕴含于其中的规律。

调节学派运用了几个重要概念作为其分析工具，其中工业生产范式（Industrial Paradigm）这一概念指的是劳动过程中的技术和分工，与技术变迁紧密相关。例如，手工业生产，大批量生产的泰勒主义，涉及的是最微观的经济层次，主要是指社会劳工分工的程度。[①]调节理论研究的出发点是生产方式。按照布瓦耶的定义，生产方式是指特定的生产关系和交换关系。调节理论强调的是调节社会中人们所必需的物质条件的生产和再生产的社会关系。而在生产关系中，直接生产者与生产资料相分离，他们必须将其劳动力作为商品出卖给生产资料所有者之后才能进行生产。这就是资本主义生产方式的最本质特点：作为社会分离的后果的雇佣劳动关系。在布瓦耶看来，资本主义生产方式是通过一定的"制度形式"具体制约着资本的积累过程和经济发展过程的。作为资本主义生产方式最基本特征的雇佣劳动关系的"制度化"是劳资关系。而劳资关系又体现在不同的生产组织形式、工人阶级的生活方式和劳动力再生产的模式上。具体涉及：生产资料的类型，劳动的社会和技术分工形式，工人的直接和间接收入的决定，与商品使用以及市场外的公共服务有关的工人的生产方式，工人积极性的调动以及对企业的具体依附形式。

调节学派的理论认为，在一定的历史时期，与一定的调节方式相适应，经济发展也会表现出某种规则性或者一些比较稳定的属性。布瓦耶把五个方面的规则性构成的整体定义为"积累体制"，其中生产的组织形式（如简单协作、大机器生产等）和劳动生产率的变化、资本形成和资本增殖所需时间的长短，以及相应的企业管理原则主要由

---

① 胡海峰：《福特主义、后福特主义与资本主义积累方式——对法国调节学派关于资本主义生产方式研究的解读》，《马克思主义研究》2005年第2期，第63—69页。

经济和技术发展的水平所决定。如果由于经济和技术的发展或调节方式的不适应或不完善等原因打破了积累体制内部各变量之间的均衡，资本积累就要遇到困难，经济发展过程中就会出现危机。①具体到二战后当代资本主义国家普遍形成的福特主义发展模式而言，利佩兹认为其建立在以下三个基点之上：第一，特殊的劳动组织形式（技术性的范畴）。第二，宏观经济结构。第三，福特主义的"调节模式"。尤其是福特制的生产组织普遍秉承泰勒主义的劳动管理理念，直接推动了从20世纪初开始企业劳动生产率快速和持续提高，但它同时造成了劳动场所中管理者和被管理者之间的普遍对立。②

通过上述对调节学派理论的简要介绍可以看出，资本主义制度化的雇佣关系即劳资关系是以一定的技术分工形式和工业生产范式为基础的。积累体制中规则性的生产组织形式以及资本增殖时间的长短也由当前的技术发展水平决定。面对福特主义的工作组织方式及其相关的劳动生产力再生产模式潜力的耗尽，调节主义理论家认为解决福特主义危机需要引进更加灵活的机器设备，重新构建劳动制度形式，资本主义未来发展的新模式需要新的工业范式支撑。但是对于具体的上述技术、组织、劳资关系的作用机制，他们并未给予足够的研究。在调节学派内部，很少有或没有试图提供任何对于转变机制与逻辑的具体阐述。

## 二、新熊彼特学派的理论

奥地利学者熊彼特作为西方经济学关于创新理论的巨擘，影响十分深远。以卡洛塔·佩雷兹、弗里曼等为代表的学者把康德拉季耶夫

① 陈叶盛：《调节学派理论研究》，北京：中国人民大学出版社，2012，第25页。

② ［加］罗伯特·阿尔布里坦等，张余文等译：《资本主义的发展阶段：繁荣、危机和全球化》，北京：经济科学出版社，2003，第21页。

长波理论、熊彼特的创新理论等相结合，形成了分析技术与经济、社会、文化、政治的互动关系，以及技术演化规律的理论框架，被称为"新熊彼特学派"。

他们认为通常意义上的技术变革实际上是由各类新技术形式组合在一起的技术集群。其中包含着"核心投入品"，即能够推动技术革命不断发展的能源或原材料，且这种投入品必须满足低成本、通用性高等一系列特征。同时，每次技术浪潮内还存在一些"支柱部门"，即承载技术创新的新产业部门。随着技术的变革，经济、社会、政治、文化等方面也会发生相应的改变，从而形成新的技术—经济范式。根据历次技术革命核心投入品等方面的差别，他们认为，在过去200年间的资本主义世界中，共发生了五次技术革命并对应着不同的技术—经济范式（如表2-1所示）。[①]

表2-1　五次技术革命以及对应的技术—经济范式创新原则

| 技术革命的名称和时间 | 核心国家 | 新技术、新产业 | 创新原则 |
|---|---|---|---|
| 第一次产业革命（1771年） | 英国 | 棉纺织业（机械化）、熟铁、机器 | 工厂生产,机械化,生产率/守时,省时 |
| 第二次蒸汽和铁路时代（1829年） | 英国（随后扩散到欧洲大陆和美国） | 蒸汽机和机器、铁矿业和煤矿业、铁路建设等 | 聚合经济（规模意味着进步）、标准零部件、随处可得的能源（蒸汽）等 |
| 第三次钢铁、电力、重工业时代（1875年） | 美国和德国（赶超英国） | 廉价钢铁、电力设备工业、铜和电缆等 | 巨型结构,工厂的规模经济/垂直一体化,普遍的标准化,卡特尔,有利于企业控制和效率的成本会计制,世界市场等 |

①［英］卡萝塔·佩蕾丝，田方萌、胡叶青、刘然等译:《技术革命与金融资本:泡沫与黄金时代的动力学》,北京:中国人民大学出版社,2007,第16—24页。

| 技术革命的名称和时间 | 核心国家 | 新技术、新产业 | 创新原则 |
|---|---|---|---|
| 第四次<br>石油、汽车和大规模生产时代(1908年) | 美国(与德国竞争并获得世界领导地位,后扩散至欧洲) | 批量生产的汽车、廉价石油和石化产品、内燃机、家用电器等 | 大规模生产/大众市场,集权化,规模经济/水平一体化,职能专业化等 |
| 第五次<br>信息和通信时代(1971年) | 美国(扩散至欧洲和亚洲) | 廉价微电子产品、计算机、软件、远程通信和控制设备、新材料等 | 信息密集型、非集权化的一体化、网络结构、知识资本化、异质性与多样性、与规模经济结合的范围经济和专业化等 |

由于历史问题涉及的事件繁杂无比,需要分类、描述和分析,弗里曼等学者从计量史学和标准经济计量学的局限性出发,提出一种简化的理性历史理论框架,试图摆脱制度变迁和佩雷兹体系中"技术决定论"的倾向,并捕捉技术变革中最重要的特征。在其框架内,社会协调可视为两组相关变量的作用:一是技术、科学、经济、政治、制度和文化子系统;二是联系子系统的准自主变量。社会子系统(技术、科学、经济、政治、制度和文化)引发大量不规则的波动,这或许是由特定的子系统周期(政治商业周期、技术轨迹、文化运动、产品或工业生命周期等)造成的,也可能是子系统间的滞后和反馈导致的。在结构性危机后出现的特定协调过程将不同的波动结合在一定的波动带中。与佩雷兹把技术和经济同时置于优先地位不同,弗里曼等并不把五个系统中的任何一个子系统置于因果关系的优先地位,而是强调了各个子系统的相互独立性。

新熊彼特学派通过对历史上数次技术变革的深入研究,总结出了针对技术与社会互动演变的技术—经济范式分析框架,以说明当代资本主义中技术创新与政治、社会、文化等方面可能存在的相互影响。具体而言,这些学者把产业、商品和技术中结构性变革与它们所适应的各种组织创新联系起来，强调企业内技术变革和组织变革之间的互动，以及技术与政治、制度变迁之间的作用。但新熊彼特理论体系仍然存在一些缺陷：第一，浓烈的技术决定论色彩。虽然这些学者极力避免，但囿于其使用的分析框架，它们始终未能具有说服力地解释一种技术体制为何会达到极限。第二，韦伯式的历史运动多因论。在意识到上述分析不可避免地导致技术决定后，该学派内部的一些学者尝试通过对政治、制度、文化等社会子系统运动周期的分析来弥补上述理论缺陷，却又陷入历史运动的多因素论。第三，无法解释范式转变的动力和机制，退化为当代资本主义的"类型学"。新熊彼特学派没有具体分析技术与组织等子系统的作用机制到底是什么、动因为何。例如，在分析以信息通信技术为特征的新技术经济范式时，他们并没有解释究竟此类技术为什么或怎样导致了以"网络企业"为特征的组织演变和虚拟现实的文化变迁。因此，技术—经济的分析范式只能把体制演变的动力归结于外生冲击，跟上述调节学派类似，最后退化为罗列当代资本主义不同阶段特点的"类型学"。

## 三、新斯密主义的理论

亚当·斯密关于分工、市场规模与劳动生产率提升的观点深深地影响后世的经济学家，斯密关于生产力提升的理论建立在两个核心假设之上：第一，劳动分工促进劳动生产率的提升，也就是说，随着分工越来越深化，生产力的水平会不断提高。第二，劳动分工受到市场规模的限制，市场的不断扩大会促进劳动分工的发展。从历史来看，资本主义的经济增长与生产能力的跃进似乎验证了斯密的上述理论，发达国家通过各种各样的手段不断拓展市场，分工也持续深化，带来的是持续的增长、生产力的进步以及国民财富的增加。

以派尔（Piore M. J.）和赛伯（Sabel C. F.）为代表的学者吸取了

上述斯密主义的理论基础和分析范式，对20世纪70年代发达国家的经济危机展开了研究。不同于当时流行的利用自然资源供给的冲击（石油危机）和现代福利国家工业发展受阻来解释资本主义经济的困境，他们指出危机的根源在于以专业化机器和半技能型工人来生产标准化产品的大规模生产（mass production）工业发展模式的局限性。派尔和赛伯认为，大规模生产和福特主义规则体系虽然曾促使资本主义经济快速扩张，但随着经济达到周期的波峰，危机也会随之而来。具体来说，他们区分了两类危机形式：第一，管理体制的危机（regulation crisis）。大规模标准化的福特制组织机构已经无法有效地保证商品生产和消费的一致。第二，技术选择的危机。应用于工业中的技术并不是纯粹出自科学和技术自身发展的必然结果，技术的开发和应用取决于对应产品的市场结构，而市场结构又依赖于产权和财富的分配状况，这恰恰会被社会生产关系所影响。[①]

就福特制而言，由于大规模标准化产品的市场已经饱和，按照斯密的理论，建立在劳动分工持续深化基础上的生产组织形式已经达到发展的极限。消费者日益增长的多样化需求促使生产向非标准化和定制化方向发展，而这一趋势将限制劳动的进一步分工。因此，要想重新走向繁荣，迫切需要一种新的技术范式来替代传统福特制的社会创新模式，派尔和赛伯认为这种新的范式就是"灵活专业化"（Flexible-Specialization）。不同于源自英美的大规模生产技术，"灵活专业化"来源于西欧各国灵活制造和协作分工的手工业体系（craft system），即凭借技术工人和综合性的一般机器生产多样的、变换式样的产品来适应不断变化的市场需求。当然，要想形成以"灵活专业化"为特征的后福特主义生产体制，除了技术范式的革新，还需要管理体制进行相应的转变。

---

① ［美］M. J. 派尔、C. F. 赛伯，李少民、刘英莉译：《第二次产业革命：走向繁荣之可能》，台北：桂冠图书股份有限公司，1989，第2—3页。

# 第四节　技术创新、企业生产组织与劳资关系的演变

## 一、研究技术创新、企业生产组织与劳资关系演变的方法论

第一，以生产资料所有制为基础研究技术创新、企业生产组织和劳资关系变迁。要想构建基于马克思主义政治经济学的，对生产方式的变迁展开分析的理论框架，就必须分析生产力与生产关系、经济基础与上层建筑的矛盾运动。而深入上述矛盾运动内部，就会发现生产力、经济基础对生产关系和上层建筑的决定性作用主要是以生产资料所有制为基础展开的。[①]在研究社会经济关系的过程中，马克思和恩格斯历来强调生产资料所有制变革的决定性意义，强调生产资料所有制在整个经济关系体系中的基础性作用。在《资本论》第二卷中，马克思曾提道："在当前考察的场合，自由工人和他的生产资料的分离，是既定的出发点，并且我们已经看到，二者在资本家手中是怎样和在什么条件下结合起来的——就是作为他的资本的生产的存在方式结合起来的。因此，形成商品的人的要素和物的要素这样结合起来一同进入的现实过程，即生产过程，本身就成为资本的一种职能，成为资本主义的生产过程。"[②]

尤其是在研究技术创新对企业生产组织与劳资关系产生的影响时，应牢牢把握生产资料所有制在整个经济体系中的基础作用。技术这一抽象概念在生产过程中主要表现为具体的生产工具或设备、劳动

---

[①] 林岗、张宇：《〈资本论〉的方法论意义——马克思主义经济学的五个方法论命题》，《当代经济研究》2000年第6期，第3—15页，第72页。

[②]《马克思恩格斯选集》（第二卷），北京：人民出版社，2012，第309页。

者技能以及生产的工艺过程等方面，并主要体现在机器体系中。资本家对于机器等生产资料的占有决定了剩余价值的生产是其直接目的和决定动机，因此也就决定了技术创新对企业生产组织、劳资关系的影响是建立在以剩余价值生产为目标与维护资本积累的顺利进行基础之上的。

第二，历史地、动态地考察技术创新对企业生产组织和劳资关系的影响。从历史唯物主义和唯物辩证法来看，世界是一个不断发展的历史过程，世界上的任何事物都不是一成不变的。任何一件事物的发展过程，都必须经历由简单到复杂、由低级到高级的运动趋势，其本质就是新旧事物的不断诞生、灭亡的交替运动规律。随着旧事物的灭亡，新的事物不断产生。因此，在研究技术创新与生产方式的变迁时，不能以静止或孤立的观点看问题。矛盾是运动的动力源，在技术的创新、应用、扩散，以及技术创新与经济社会的互动过程中，总会存在诸多矛盾运动。矛盾（即对立统一）是事物普遍联系的根本内容，在辩证法中是指"事物内部或事物之间的对立统一的辩证关系"，矛盾的双方总是相比较而存在，相斗争而发展的。恩格斯认为，运动本身就是矛盾。马克思认为："辩证法在对现存事物的肯定的理解中同时包含对现存事物的否定的理解，即对现存事物的必然灭亡的理解；辩证法对每一种既成的形式都是从不断的运动中，因而也是从它的暂时性方面去理解；辩证法不崇拜任何东西，按其本质来说，它是批判的和革命的。"[1]

因此，在考察技术创新、企业生产组织与劳资关系的演变时，应牢牢地把握生产力与生产关系持续矛盾运动这一历史唯物主义的逻辑主线。世界是一个有机的整体，世界上的一切事物都处于相互影响、相互作用、相互制约之中。技术总是处于持续的演化进程中，不论是渐进缓慢的技术创新，还是爆炸性创新蜂聚，其本质都是一个动态过

①《马克思恩格斯选集》（第二卷），北京：人民出版社，2012，第94页。

程。虽然技术创新对企业生产组织和劳动关系的影响机制会由于技术本身的异质性而有所不同，但其普遍性就在于在技术创新作用下，生产组织和劳资关系始终表现出一种动态趋势。在技术发展不同的历史阶段，生产资料与劳动的结合方式以及资本与雇佣劳动的关系等都会随之有所改变，呈现出不同的特征。因此，在研究技术创新与生产方式的变迁时，不能机械、静止地考察技术对企业生产组织、劳资关系的作用机制和发展方向，而应该在把握生产资料所有制、阶级关系实质的基础上，历史动态地分析技术对当代资本主义生产方式的影响。

第三，以整体的视角考察技术创新、企业生产组织与劳资关系的演变。这里的整体视角包括两个层次：一是马克思主义政治经济学的方法论秉持与个体主义原则相异的整体主义原则。实践中个体的选择和行为会综合形成整体社会的运动，虽然政治经济学并没有摒弃对个体的分析，如马克思对资本家的生产目标和资本本质的研究，但是它并不完全是个人主观自由意志的产物。在历史中形成的社会经济条件会在整体上制约个体经济的行为。马克思的整体视角并不是个人与社会严格对立的机械的整体论，而是把个人选择与社会制约辩证统一的实践唯物主义观，即人们在一定历史条件的制约下创造历史、进行个人选择，在改造自然的实践中改造自身。

二是基于马克思主义政治经济学，分析技术创新、企业生产组织与劳资关系的演变，应着眼于占主导地位、支配最大量商品交换的资本主义劳动过程中的企业生产组织和劳资关系形态。具体来看，技术创新的萌发和扩散展现出的往往是一种不均衡的状态，率先采用新技术的企业可能出现不同于传统企业的生产组织模式和劳资关系，并且随着新技术的普及逐渐向其他产业或地区扩展。在不同的领域，技术可能对劳工同时表现出"去技能化""再技能化"或二者兼有之的差异性影响。例如：美国信息通信技术企业就普遍采取了不同于传统企业的企业模式、养老金和工会制度。但是，由于技术创新和扩散的非均衡性，新型企业组织形式和劳资关系也可能仅仅局限于个别企业或特殊产业。再如，尽管北欧一些福利国家占主导地位的工业技术范式和劳动过程与其他发达资本主义国家类似，但由于其劳资关系、再分配制度受到国家宏观政策的巨大影响，从而显现出与其他资本主义发达国家的不同特征。因此，尤其在全球化日益深入的当下，在研究技术创新、企业生产组织与劳资关系的演变时，不仅要从个体企业或个别地区、国家的角度出发展开分析，更应该具有整体主义的视角，从全球生产网络的维度来考察技术创新对生产组织、劳资关系的影响。

## 二、技术创新、企业生产组织与劳资关系演变的动力学

不言自明的是，在至今两百多年的历史进程中，资本主义呈现出了超越历史上任何一种社会形态的技术创新和生产效率提升的生命力。然而，对于寻找并解释这种异乎寻常生命力的根本原因却一直存在困难，很多学者都把技术创新、组织变革当作某种巨大的、可以自主演化的外部力量。实际上，马克思在其著作中曾深刻分析了资本主义技术创新以及企业生产组织变革动力的根源，并对其持批判态度。他把这一动力大致归因于：由资本发动的，以稳定阶级（生产关系）再生产的内在不稳定性条件为目的的斗争。马克思不仅描述并探讨了这一过程的限制和矛盾，并且在此基础上形成了经济危机理论。同时，由于随着技术进步导致的生产力提高和以资本主义生产方式为基础的社会关系之间矛盾的不断深入，马克思从解决此类矛盾并且使非理性的技术创新合理化的角度入手，在理论上探讨了资本主义社会形态向社会主义的转型，探索了未来社会主义生产方式的实质和规律。

从整体来看，马克思主义政治经济学体系中资本主义社会技术进步的动力主要来自两个方面，同时这两个方面从本质上又统一于资本对剩余价值无限度的追求。

第一，从企业外部来看，由于资本家面临着外在竞争的压力，获取剩余价值或者说超额利润是资本家生产的目的，激烈的市场竞争环境迫使资本家采用先进技术以求得市场生存空间。"剩余价值的生产是生产的直接目的和决定动机。资本本质上是生产资本的，但只有生产剩余价值，它才生产资本。"①"因此，资本作为无止境地追求发财致富的欲望，力图无止境地提高劳动生产力并且使之成为现实。"②马克思的核心观点在于无论资本家采用什么样的方式和手段，竞争始终是激励资本主义生产力持续变革的主要因素。竞争是资本内在规定性的外在表现，他认为："竞争使资本主义生产方式的内在规律作为外在的强制规律支配着每一个资本家。竞争迫使他不断扩大自己的资本来维持自己的资本，而他扩大资本只能靠累进的积累。"③

资本家们在市场中的彼此竞争使得每个资本家个体都有改造自身的生产过程，使其高于社会平均效率水平的动力，也即相对剩余价值生产的实现机制。"资本的竞争不外是资本的各内在规律即资本主义生产的各内在规律的实现，这时，每一个资本对于另一个资本都表现为这些规律的司法执行官；资本是通过它们相互之间的外部强制，即资本由于它们的内在性质而彼此施加的外部强制来表现自己的内在性质的。"④然而，单个企业通过技术创新，如采用先进的机器、更加高效的生产组织结构等获得的竞争优势（超额利润）并不可能长期存在。市场的竞争性促使企业迅速采用新的方法（除非新技术有专利限制或被垄断力量保护起来），由此出现了先进生产方法在企业间的快速扩散。一旦市场中的竞争者对原先采用先进技术的企业完成了赶超，整个社会的劳动生产率便出现了跃升，从而超额利润也随之消

---

① 《资本论》（第三卷），北京：人民出版社，2004，第997页

② 《马克思恩格斯全集》（第三十卷），北京：人民出版社，1995，第305页。

③ 《资本论》（第一卷），北京：人民出版社，2004，第683页。

④ 《马克思恩格斯全集》（第三十二卷），北京：人民出版社，1998，第447页。

失。被超越的资本家为了再次获得超额利润，便有了再一次进行技术创新的激励，在这一次又一次技术创新—超额利润—利润消失—再次创新的不断复归的运动中，社会生产力出现了持续的进步。从这一层面来看，更加高效的技术和企业生产组织形式的采用并不以资本家的个人意志为转移。

此外，马克思认为："从概念来说，竞争不过是资本的内在本性，是作为许多资本彼此间的相互作用而表现出来并得到实现的资本的本质规定，不过是作为外在必然性表现出来的内在趋势。资本是而且只能是作为许多资本而存在，因而它的自我规定表现为许多资本彼此间的相互作用。"①资本家们相互依存，并且随着社会劳动分工的扩散，他们之间的依存度逐渐增加，技术的溢出和乘数效应变得越来越明显和重要。因此，资本之间的竞争是"各资本的实际运动中的决定因素，只有在这种运动中，资本的规律才得到实现。这些规律实际上无非是这个运动的一般条件，一方面是这个运动的结果，另一方面无非是这个运动的趋势"②。

第二，从企业内部来看，资本生产不仅仅是物质生产的过程，同时也是价值增殖和劳动力被榨取的过程。在此过程中，资本家不停地通过技术创新使新技术成为对劳工进行有效控制的手段，这便是资本主义条件下技术创新的又一动力，即通过技术控制产生效率。劳动力商品的特征使得劳动者在生产过程中所付出的劳动具有很大的不确定性。因此，对劳动过程的掌握和劳工的控制策略一直以来都是资本获取利润、保持资本积累能力的核心要素。资本家为了实现商品生产的高效率而对雇佣劳动进行控制是资本主义劳动过程的关键。

马克思曾指出："资本家作为生产过程的监督者和指挥者必须在实际生产中执行职能来说，他的活动实际上获得了特殊的、多样的内

①《马克思恩格斯全集》(第三十卷)，北京：人民出版社，1995，第394页。
②《马克思恩格斯全集》(第三十二卷)，北京：人民出版社，1998，第412页。

容。"① "资本家的管理不仅是一种由社会劳动过程的性质产生并属于社会劳动过程的特殊职能，它同时也是剥削一种社会劳动过程的职能，因而也是由剥削者和他所剥削的原料之间不可避免的对抗决定的。"②从资本主义演化的历史可以看出，资本会不断地将新技术形式纳入自己的掌控中，其主要目的就是提高资本对劳工的控制程度。这一有目的的控制不仅包括突破工人在生产过程中的体力限制，还涵盖了对雇佣工人的自我规训、提高劳动的质量、塑造文化习俗、工人对待工作的心态以及预期工资等多种层面。毫无疑问的是，马克思所阐述的技术创新实际上是资本家用来进行阶级斗争的关键武器，资本使用技术的主要目的就在于压制工人们的罢工与抗争。

从竞争关系的视角出发，虽然资本之间的竞争和工人阶级内部的竞争在资本主义社会关系中发挥了不可忽视的作用，但资本与劳动的割裂关系——资本主义社会运动的轴心——实际上锚定了资本主义社会关系的基本特征。资本主义生产方式中实际价值的增长依赖于对生产中活劳动的剥削，这意味着从生产和市场两方面对劳动力进行控制，对于资本主义的永存来说至关重要。对劳动力控制是资本主义保证利润的关键要素。因此，针对劳动力控制和市场工资的阶级斗争对于资本主义发展而言是根本性的。③劳动力作为创造剩余价值的唯一源泉，保持它的再生产对于资本积累来说至关重要。具体看来，资本一般从以下两个层面入手，以增强对雇佣劳动者的控制：其一，在劳动过程之外，延展劳动者对于资本的隶属关系，由此持续提供给资本可持续剥削的人身材料。其二，在劳动过程内，发展各种降低社会必要劳动时间的控制形式。

在政治经济学的理论框架内，假设保证劳动者生存的物质需要恒

---

① 《马克思恩格斯文集》（第八卷），北京：人民出版社，2009，第469页。
② 《资本论》（第一卷），北京：人民出版社，2004，第384页。
③ ［美］戴维·哈维，阎嘉译：《后现代的状况》，北京：商务印书馆，2013，第227页。

定不变，那么随着技术进步导致的再生产劳动者所必需商品的部门生产率的提高，劳动力的价值将下降。但在现实的生产中，总会产生一些对抗力量来保证工人能够获得所生产总价值的增加部分。因此，资本家不得不探索将雇佣工人的抗争维持在既定限度内的各种控制形式。一旦工人工资提高到可能威胁到资本积累的水平，那么利润的压力就会迫使资本家在生产中引入节约劳动的技术，并且造成一定程度的失业。相对过剩人口（产业后备军）的产生使得工人的工资下降，并增强资本对工人的相对权力。在面对不停变化的劳动供给条件时，这一劳动力市场的结构性特征将维持持续的资本积累能力。无论是在车间内，还是谈判桌上，新技术的采用都将削弱有组织的劳工的力量。马克思曾指出："机器不仅是一个极强大的竞争者，随时可以使雇佣工人'过剩'。它还被资本公开地有意识地宣布为一种和雇佣工人敌对的力量并加以利用。机器成了镇压工人反抗资本专制的周期性暴动和罢工等等的最强有力的武器。用加斯克尔的话来说，蒸汽机一开始就是'人力'的对头，它使资本家能够粉碎工人日益高涨的、可能使刚刚开始的工厂制度陷入危机的那些要求。可以写出整整一部历史，说明1830年以来的许多发明，都只是作为资本对付工人暴动的武器而出现的。"①

具体看来，资本家通常采取以下几种形式来增强企业竞争力和对劳动过程的控制能力，而持久的技术创新和组织变革为下述方式提供了坚固的物质基础：（1）降低工人的工资。（2）增强既有生产体系内部的劳动强度。（3）投资新的更有效率的生产系统。（4）节约不变资本的投入（如延长机器生产的时间、更有效地使用能源和原材料投入、在市场寻找更廉价的原材料等）。（5）寻求更有效的要素投入组合和替代物。（6）为达到更有效的管理水平而改造生产的社会组织形式（如就业结构、行政管理系统等）。（7）利用失业的可能性胁迫工

① 《资本论》（第一卷），北京：人民出版社，2004，第501页。

人在生产中进行合作、努力工作。（8）设计新的市场营销手段，利用产品创新使资本进入超额剩余价值的领域（如产品差异性、广告营销等）。（9）改变生产的地点（如对资本进行空间重塑、把生产转移到具有丰富廉价劳动力的国家等）。

需要特别指出的是，不能把上述资本主义生产方式中技术进步的两种动力源割裂考察。总体来说，不论是面对企业外部残酷的竞争，还是对企业内部劳动过程的控制所采取的技术创新，实际上都统一于资本家对剩余价值和超额利润的追逐。

## 三、技术创新、企业生产组织与劳资关系演变的机制

与文明社会中国家机器以及其他各类机构不同，资本最直接的目的在于利润，追逐利润这一社会过程将转化为持续资本积累的动力以及资本家阶级权力的再生产。最终，资本家们将应用并重塑技术的外在表现形式（如机器）、内在形式（使用机器的程序编程），以及组织形式（尤其是关于劳动力使用的命令和控制结构）。因此，在考察技术变迁的轨迹时，技术的内在形式、组织形式与技术的外在形式具有同样重要的作用。

关于技术创新对企业生产组织、资本权力和劳资关系的影响机制，学界并无共识。从上述文献可看出，学者们从不同的视角出发，讨论了技术对企业生产组织、劳资关系的影响机制，归纳起来大致有以下三个方面（如图2-3所示）。

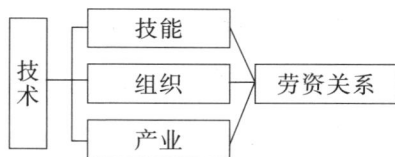

图2-3　技术对企业生产组织与劳动关系的影响机制

一是技术—技能—劳资关系。技术变迁会通过改变资本对劳动的技能要求从而影响劳资关系，技术对劳动者技能的可替代程度往往决定了劳动对资本的议价能力。二是技术—生产组织—劳资关系。随着生产发展到现有技术的瓶颈，当下生产组织进一步获得价值增殖的能力受到制约，这就要求引入新技术并重新安排生产资料和工人的结合形式，形成新的生产组织形式以充分发挥技术的最大潜力。在新的生产组织形式下，劳资关系较之以往会发生一些改变[①]。三是技术—新产业—劳资关系。历史地看，技术的持续变革往往会催生出新的产业、新的产品以及新的商业模式等。新产业的价值生产方法、利润创造模式以及资本积累的方式通常会与传统行业存在差异。因此，这也就必然导致新兴产业的用工模式、雇佣关系等劳资关系的具体表现也会与传统行业有所差别。

马克思在相对剩余价值的生产中描述了技术对生产组织以及劳资关系的影响机制。在区分简单协作和分工，以及分工的各种形态等概念的基础上，马克思结合英国资本主义生产组织发展的历史经验，分析了资本主义生产组织内部劳动生产率的不断提高及其对劳动人口工作条件所带来的影响，描述了从手工工场（包括简单协作和分工两个阶段）逐渐演变为以机器大工业为基础的工厂制度的主导性生产组织演变过程。随着生产组织从手工工场向工厂制度的转变，劳资与资本的关系也发生了从形式隶属到实际隶属的转变。由此看来，在马克思对英国资本主义生产组织历史变迁的分析中，实际包含了一个潜在的技术—组织—劳资关系的作用机制。从雇佣劳动的角度看，在不同的技术条件下，资本对劳动者的技能要求不同，进而对劳资关系的影响也不同。

---

① 劳资关系并不仅仅是被技术决定的对象，它的矛盾运动同样也会对生产组织、技能技术和经济社会模式的演化路径产生影响。由于本部分仅仅考察技术对劳资关系的影响，对于劳资关系的反作用在这里并不赘述。

　　除了上述技术—组织—劳资关系的作用机制外，马克思在相对剩余价值生产中分析了从协作到机器大工业的演变对工人技能的影响，从而导致劳资关系的变化，即技术—技能—劳资关系。"使用劳动工具的技巧，也同劳动工具一起，从工人身上转到了机器上面。工具的效率从人类劳动力的人身限制下解放出来。这样一来，工场手工业分工的技术基础就消失了。因此，在自动工厂里，代替工场手工业所特有的专业化工人的等级制度的，是机器的助手所要完成的各种劳动的平等化或均等化的趋势，代替局部工人之间的人为差别的，主要是年龄和性别的自然差别。"①马克思在这里描述的是伴随着工厂体系出现的劳动去技能化的现象。在资本主义生产方式中，技术演变导致的资本对劳工不同的技能需要是影响劳资关系的核心要素。例如，在劳动密集型的企业中，劳动力通用性强，劳资关系一般不够稳定；而技术密集型的企业，劳动力技能的专用性很强，劳资关系较为稳定。②

　　由于资本主义社会在技术和组织上具有能动性，因此技术创新与生产组织的变迁意在促成一种能够维持剩余价值生产和资本积累的劳资关系。发展各种新的生产技术（自动化、机器人）和新的组织形式（如"及时的"存货流动传送机制，彻底缩减了所需的存货，以保持生产流动得以持续），可以提高劳动生产率，缩短周转时间（始终是资本盈利的关键之一）。随着技术创新的不断深入，生产工具的进步，提高了人类改造自然的能力，发展了具体劳动的种类，产生了新的生产部门和产品，同时剩余产品量得到提升。技术创新不仅为自然分工向社会分工演进提供了必要性和可能性，而且通过交通和运输技术的发展使这种可能变成现实，从而形成庞杂的社会分工体系。在旧的生产组织不能满足持续的资本积累的欲望时，就产生技术改进和技术创

---

　　①《资本论》（第一卷），北京：人民出版社，2004，第483页。

　　②刘凤义：《劳动关系研究中的马克思主义分析框架：兼谈资本主义劳动关系的演变》，《马克思主义研究》2012年第9期，第50—60页，第159页。

新的需要。然而，技术的进步和对劳动力的投资都提高了生产组织的固定资本支出。为了降低单位产品中的固定资本支出，就必须发挥新技术的最大潜力，也就必须对劳动过程进行重新组织，即在新技术条件下重新安排生产资料和工人的结合形式，以实现技术的充分有用性。[①]因此，在以新技术为基础的生产组织条件下，资本主义社会内部会逐步形成一种与之相适应的劳资关系，从而维持这一历史阶段的资本积累。

当然，影响劳资关系的不仅有生产中的技术组织形式，还有生产关系以及与之相适应的上层建筑层面的各种制度形式。例如，马克思在"机器与大工业"中描述了工厂立法对劳资关系的调节，某种程度上说明了制度—劳资关系这一作用机制。制度层面上的差异使劳资关系在时间和空间上往往呈现多样性的特点。

---

① 谢富胜:《分工、技术与生产组织变迁:资本主义生产组织演变的马克思主义经济学阐释》,北京:经济科学出版社,2005,第97页。

# 第三章
# 第三次工业革命与企业生产组织的变迁

# 第一节　福特主义生产组织的危机及其转变

## 一、福特主义及其危机

"福特主义"（Fordism）这一名词源自葛兰西在《狱中札记》中对基于美国方式的新工业生活模式的描述，由于这种新型模式以福特汽车公司的大规模生产方式为特征，故名为福特制。在调节学派看来，福特主义是二战后西方资本主义黄金时代的典型发展模式，同时也部分地被第三世界国家的进口替代战略模仿。福特主义的内在运行机制保证了大部分劳工生活水平的逐步提高，并且给工人阶级提供了足够的职业安全感。[①]

调节学派认为，所谓福特主义的发展模式实际上是由下述三个基本要素构成的：一是特殊的劳动组织形式（技术性的范畴），即泰勒主义。从20世纪初开始，泰勒式的管理制度和组织形式促进了美国劳工生产率持续且快速上升。然而，就劳动过程看，这一生产率的提升实际上是建立在劳动场所中管理者和被管理者之间对立关系的基础上的。二是宏观经济结构，即所谓的积累体制。福特主义涉及一个维持扩大再生产的良性增长循环，其建立在大规模生产和大规模消费的基础上。当资本流动局限在一国范围内时，大规模生产带来的规模经济促使劳动生产率不断提高，为劳动者收入的提升提供了供给侧的可

---

[①] ［加］罗伯特·阿尔布里坦等，张余文等译：《资本主义的发展阶段：繁荣、危机和全球化》，北京：经济科学出版社，2003，第21页。

能。与生产率提高相联系的不断上升的收入水平，造成有效需求不断增加，促使生产能力得到充分利用，并为企业带来不断攀升的利润。而利润的增加又进一步促进扩大再生产，从而促使生产率进一步提高。三是调节模式。作为对资本循环的一个中观层面的经济和制度分析，调节模式将劳动过程和积累体制联系起来。福特主义调节模式的核心主要体现在对劳动生产率提高的收益进行重新分配的集中管理制度，并通过集体谈判、社会立法和福利国家（社会保障制度）等方法来稳定这种制度。①

　　然而，由于现存维持生产率增长的劳动过程的内部限制以及工资收入阶层生存条件转变的相关现实，福特制的生产组织形式开始遭遇危机。在全球资本主义体系内，尤其是美国，出现了失业、停滞以及利润率的全面下降。一些学者研究发现，福特主义危机主要源于其内部的严重缺陷以及外部冲击。从内部缺陷来看：首先，福特主义生产组织追求"通过稳定和协调创造效率"的核心思想造成了其在投入、劳动过程和管理活动中成本的日益增加。例如，由于劳资双方通过集体谈判形式不断增长的劳动力成本；大量储备存货和专用机器设备增加造成固定成本和能源成本的上升；管理活动增加导致的非生产费用的增加等。其次，福特主义生产组织不能满足非标准化产品的需求。在大规模生产中，剩余价值的实现主要依靠向统一的市场销售低成本的标准化产品，以形成稳定的需求。但是随着标准化产品需求的逐渐饱和，福特主义生产组织缺乏对消费需求多样化，快速更新的反应能力，从而面临价值实现的危机。从福特主义外部看，20世纪60年代中期开始一系列外生冲击，改变了福特主义生产组织的既有的外部环境，主要有：发达国家20世纪60年代后的社会动荡，国际货币制度的转变，石油危机导致的能源和粮食价格波动，国家干预政策从凯恩

---

① 陈叶盛：《调节学派理论研究》，北京：中国人民大学出版社，2012，第76—78页。

斯主义转变为放松管制。①

　　不同于美英等国的典型福特制生产组织普遍遭受的利润率下降，意大利、日本等一些国家和地区的企业却出现了边际利润率加速上升的现象。一些学者认为，这些企业呈现出与传统福特主义完全不同的特征：产品和工艺创新能力强，对核心工人实施终身雇佣制，网络化的企业组织等。福特主义正在向后福特主义过渡。但实际上，对于后福特主义的具体内涵，学界并无统一的定性表述。广义上的后福特主义可以分为两种形式：第一，这一模式中劳动过程的一些特征源自福特主义本身。第二，所有对福特主义危机的回应的劳动过程都可以被称作为后福特主义。由于20世纪70年代兴起的基于微电子的信息和通信技术在生产中的应用，使后福特主义劳动过程向比福特主义宽广得多的经济体系动态范围内塑造。为应对福特主义危机，之后的劳动过程在某些领域见证了泰勒主义的进一步推广（比如更低级别、去技能化的脑力劳动），或者进一步深化（如血汗工厂在全球范围内的扩散），即"新福特主义"②。而在另一方面，又存在着大规模定制生产和手工艺生产互相融合的趋势，这一趋势将促使商品生产趋于多样化，积累模式更加富有弹性。

　　具体看来，在面对福特主义生产组织危机的情况下，发达国家大致出现了两类解决危机的方案以保持剩余价值生产和资本积累的可持续性。其中一类从生产组织系统的内部找寻改造传统福特主义的线索，另一类则从生产组织系统外部探索应对方案。

---

　　① 谢富胜：《资本主义的劳动过程：从福特主义向后福特主义转变》，《中国人民大学学报》2007年第2期，第64—70页。

　　② 威廉姆斯等学者认为，以资本对雇佣劳动压榨和剥削，如通过降低劳工工资和推毁劳工保护法等为基础，建立高度弹性的劳动力市场以提高边际利润的策略，但其本身仍然保留泰勒主义和大规模生产的特征的生产模式称为新福特主义。

## 二、企业生产组织内部的改进

计算机的普及、从局域网（LANS）到互联网的发展与扩散、产品和工艺设计的急速变化等因素，都在侵蚀着旧式生产组织的等级结构。一些学者认为，由于可以迅速、轻易地接触到信息，需要对传统的管理层级进行改造，管理结构头重脚轻的现象限制了生产效率的提高。与此同时，不同于福特主义，一种以信息与通信技术为核心的新技术—经济范式伴随着新型管理模式逐步传播开来（如表3-1所示）。

表3-1　福特主义、信息与通信技术模式的比较

| "福特主义"(旧) | 信息与通信技术(新) |
|---|---|
| 能源集约 | 信息集约 |
| "制图"办公室的设计和控制 | 计算机辅助设计 |
| 序列设计和生产 | 同时控制 |
| 标准化 | 定制 |
| 相对稳定的产品集 | 快速变化的产品集 |
| 专用厂与设备 | 灵活生产系统 |
| 自动化 | 系统化 |
| 单一企业 | 网络 |
| 层级结构 | 扁平结构 |
| 分部门 | 一体化 |
| 产品即服务 | 服务即产品 |
| 集权 | 众人之智 |
| 专业技巧 | 多样化技能 |
| 有时政府控制 | 政府提供信息,协作与管制 |
| 所有权 | 协作和管理 |
| "计划" | "想象" |

资料来源：Perez（1989）[1]

---

[1] Perez C: "Technical Change, Competitive Restructuring and Institutional Reform in Developing Countries, Strategic Planning and Review", Discussion Paper No. 4, Washington: World Bank.

在福特主义之后，各个发达资本国家主导的生产组织形式并不统一，随着20世纪70年代新技术革命的兴起，尤其是微电子信息技术在生产中的应用，各类不同的生产组织形式逐渐出现。这些生产组织形式有些是为了与同时期的福特主义生产组织展开竞争，有些则是为了解决福特主义生产组织存在的危机。

## （一）精益生产

石油危机后，丰田汽车公司相对较好的业绩，使人们开始意识到丰田汽车独到的生产方式具有更强大的抗击萧条的能力。二战后，不同于欧美汽车工业"大批量少品种"生产，日本汽车工业普遍受"多品种少批量"生产这一市场状况制约。[①]在大规模生产的系统中，由于需要投入大量的机器设备，总不变资本非常之高。同时，更多的劳动力、场地和设备间的待加工区成为生产必不可少的要素，然而随着劳动力和场地费用的不断上涨，制造业成本居高不下。市场需求结构的变化以及不断加快的产品更迭速度，使得制造业产能始终无法充分利用。20世纪60年代起，以丰田公司为首的日本汽车制造商开始使用一种极为有效的生产系统，其核心在于杜绝浪费，从而大幅度降低了制造成本，即"精益生产"[②]。

通过消除浪费、降低成本、提高品质、提高生产率，精益生产系统塑造了其独特的核心竞争力——即使在产品产量相对较低的情况下，也能以较小的成本生产高质量的产品。通过降低以下在生产流程中常见的浪费情况，精益生产降低了产品的制造成本：（1）生产过量，即生产了超过客户需要的产品，生产了多于下一生产工序数量的

①［日］大野耐一，谢克俭、李颖秋译：《丰田生产方式》，北京：中国铁道出版社，2016，第3—4页。

② 这一术语由《改变世界的机器》作者于1990年提出，这本书以麻省理工关于未来汽车发展趋势的研究结果为基础，记录了汽车工业从手工生产到大量生产，再到精益生产的变革演进过程。

产品，过早或过快地生产出了下一工序要求的产品。（2）产品缺陷。生产有缺陷的产品不仅会使产品质量下降，还会使生产系统中无价值活动增加。（3）库存。在精益生产系统中，按照拉动系统原理的要求，库存应保持在最低状态。（4）运输。由于厂房布局不合理导致的长距离或过于频繁的运输。（5）多余的动作。指生产中不为产品增加价值的动作，如移动零件。（6）等待。指零件在待加工区等待机器加工、机器闲置等待零件加工。（7）员工未被充分利用。指员工处于空闲状态，或其技能和知识未被充分利用。（8）无效加工。安排不妥导致需要过量人工的加工方法，或非必需的加工步骤和过量的加工能力。

以降低成本、提高质量为核心目标的精益生产系统，需要及时发现和消除浪费。通过建立质量小组职责和及时生产方式（在必要的时刻、按必要的数量生产必要的产品）能够消除过量生产，并使费用最小化。图3-1描述了精益生产的具体目标和工具。

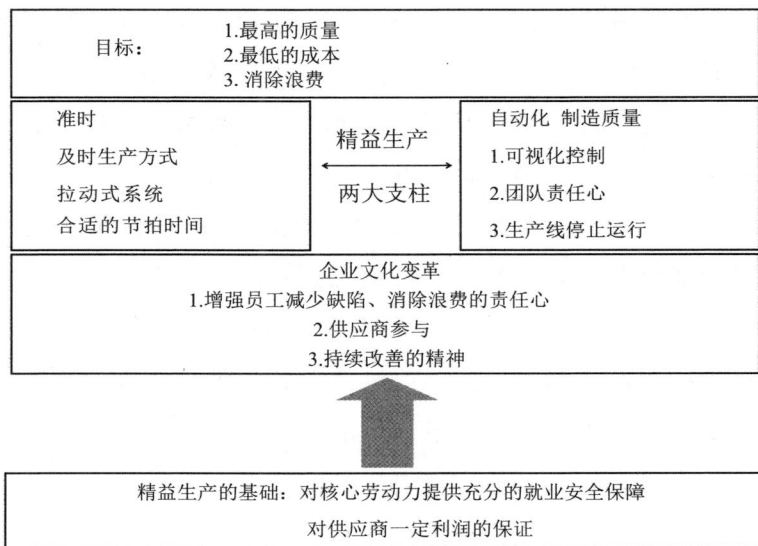

图3-1　精益生产的目标与工具

但是，丰田生产方式是建立在企业与供应商和工人之间特有的"契约"基础之上的。具体来说，企业需保证不解雇工人，并且保证零部件供应商有利可图。同时，企业要求工人主动参与解决生产中的问题，要求供货商为适应新产品做出改变、降低成本。因此，在一些企业对丰田高效的生产方式进行模仿的过程中，由于缺乏工人与管理层之间良好互动的关系、工人消除浪费的责任心以及供应商共同参与共同盈利等各个方面的因素，使得丰田的生产经验在推广时存在难度。

美国和欧洲的一些汽车制造企业为了应对来自日本企业的竞争，选择性地效仿精益生产的组织实践，使这一生产模式得到了广泛的扩展，并随之演变出两种不同的生产类型。第一，"精益—二元"模式（lean and dual），即传统的丰田模式。企业为其核心劳动力提供了就业方面的绝对安全，以换取员工之间的合作和责任，同时通过使用大量不享有就业保障的工人（如分包体系中低层公司的工人和身处上层公司但是非全日制和临时工人），制造出内部劳动力市场之间的裂痕以及巨大的缓冲地带。第二，"精益—紧压"模式（lean and mean），即并不向核心劳动力承诺就业安全保障，仅仅引入精益生产节约成本的相关措施，而不采用就业保障的承诺。

实际上，作为对传统福特主义生产模式的改进，"精益生产"本身并不必须建立在大规模使用先进信息技术的基础上，而是秉承消除浪费、精益节约的思想，通过重塑生产的各个流程来提高劳动生产率，降低生产成本。同时，这一改进要求企业为核心劳动者提供可靠的就业保障，同时为供应商提供一定的利润以保障企业组织之间的分工协作。从本质上看，精益生产方式其实是在泰勒科学管理制的基础上对其进行的一次改良。

## （二）弹性专业化

面对福特主义生产组织背景下大规模标准化产品市场的饱和以及消费者需求多样化、快速化的发展趋势，一些企业采取了弹性专业化的生产方式来应对上述变革。由于信息技术革命的兴起，开发新产品并不需要大量的额外投资，生产多样化产品的成本日益下降。越来越多数控技术的使用，以及微电子技术弹性多功能的特征使得企业可以以较低的成本生产短周期、多样化的产品。学者们在对"第三意大利"①模式的分析中发现，非集中化的工人自我管理的企业是采用微电子技术的最佳组织形式。由于小规模工人之间的合作，产品从研发到生产、销售的决策都很少受到官僚化层级体系的阻碍。不同于传统福特主义大规模标准化的产品生产，生产组织内由熟练工人进行小批量精细化的生产，工人在生产过程中实行自我管理，共同对产品质量负责。这类生产方式有效规避了福特主义科层制的"僵化"特征，却能依旧保持较高的生产率，同时还可以及时应对消费者需求的变化。

此外，从企业间的组织分工视角出发，不同于日本形成的由核心大企业控制的生产分工体系，意大利更普遍地采取了以中小企业组成的灵活网络。企业之间的关系从原先的从属关系转变为同盟关系：原先依附于大企业的供应商通过结成同盟，利用集体力量进行发明创新，不断扩大其市场，并独立于大企业。为实现弹性专业化，意大利的这种企业间组织结构的创新以一定的社会因素为条件：（1）意大利的家族主义传统（依靠血缘关系组织生产）；（2）手工工匠在企业的

---

① 第三意大利（Third Italy）的概念最初是由经济社会学家 Arnaldo Bagnasco 提出的，是指20世纪70年代经济快速崛起的意大利东北和中部地区，以区别于意大利经济较为落后的南部地区（第二意大利）和经济较为繁荣但20世纪70年代以后经济面临重重危机的西北地区（第一意大利）。"第三意大利"模式有以下三个特征：（1）小型甚至微型企业占有绝对优势；（2）以传统的劳动密集型工业为主体，专业化生产程度很高；（3）高度集中的企业集群型产业区。

特殊地位（可免税）；（3）意大利自古的经商传统（与世界市场的紧密联系和专业联盟的建立）；（4）地方政府的积极干预（为小企业建设工业特区等基础设施以及在新企业和地方社区之间充当矛盾的调停人）。[①]

但是，这类生产组织形式同样存在着一定的缺陷，即柔性制造无法进行大批量的生产；互相联系在一起形成弹性网络区域组织的小企业是基于信任关系或其他非市场化的联系方式。随着企业群的扩大，如何在更广阔的区域网络内保持一种长期的合作与联系便存在着一定的难度。

### （三）大规模定制

大规模定制的生产方式大致始于20世纪80年代，并在过去几十年中迅速发展。由于传统福特主义生产方式的特征是产品品种有限、批量大，但随着全球化的发展，全球性的竞争所带来的市场环境使很多消费品的供给超出了需求。加之传统的社会主义经济体普遍进行了经济转型，对于消费品而言，人类社会逐渐告别"短缺年代"。市场环境的变化以及资本主义数十年经济增长使消费者的购买力增强，同时在购买合乎其需求的商品时拥有更多的选择。因此，生产商必须寻求新的方法来获得竞争优势，如何将传统福特主义的大规模生产与产品品种的多样化结合起来，成为发达资本主义企业亟须解决的问题。

在吸收精益生产思想的基础上，结合信息技术和弹性制造系统，美国工业企业在20世纪末逐渐形成了大规模定制的生产组织。与传统大量生产的制造模式相比较，大规模定制的目标同样是在保持产品低价格的条件下，通过增加产品种类来满足客户特殊的需求和品位，表3-2大致描绘了两种主要制造模式的差异。

---

① ［美］M. J. 派尔、C. F. 赛伯，李少民、刘英莉译：《第二次产业革命：走向繁荣之可能》，台北：桂冠图书股份有限公司，1989，第297—300页。

表3-2　两种主要制造模式的比较

| | 大量生产 | 大规模定制 |
|---|---|---|
| 市场条件 | 需求>供给<br>单一的市场 | 需求<供给<br>分散的市场 |
| 产品 | 产品种类少<br>产品周期长 | 产品种类多<br>产品周期短 |
| 经营策略 | 规模经济<br>忽略狭小市场 | 范围经济<br>注重小额需求 |
| 制造系统 | 专业生产线 | 弹性生产线 |

但大规模定制生产商要面临的基本挑战是：提供多大程度的多样性以及推动多大程度的定制。过分的定制不仅成本高，而且会使服务复杂化。在大规模定制的经营策略中，多样性程度是与交货时间以及生产成本成正比的。更具体地说，产品多样化导致成本增加的原因有：（1）产品开发成本的上升。因为产品必须采用不同的方法设计，如模块结构设计。（2）制造成本增加。小批量加工会增加成本；更换产品时可能停工；产品品种越多选项越多，负责产品最终装配的人员出错的可能性越大；加工设备不能是廉价的专用机器，而必须是柔性和可重构的设备（如表3-3所示）。（3）多样性会导致销售、物流及产品分销成本增加，更需要及时追踪消费者行为，及时为客户提供恰当的产品和服务，努力降低多样化生产的外部成本（如图3-2所示）。同时，由于大规模定制生产组织对生产流程精益化的改造是建立在先进的信息通信技术基础上而非强烈依赖于劳动过程中的工人，因此企业并不需要像精益生产组织一样对其核心雇员提供稳定的就业保障。

表3-3　专用生产线和柔性制造系统的对比

| 项目 | 专用生产线 | 柔性制造系统 |
|---|---|---|
| 局限性 | 非柔性,只生产一个单独的产品<br>固定的容量,不能扩展 | 昂贵<br>慢——单刀头加工 |
| 优点 | 低成本<br>快——多刀具加工 | 能转化生产新产品<br>具有扩展能力 |

续　表

| 项目 | 专用生产线 | 柔性制造系统 |
|---|---|---|
| 操作者技能要求 | 基本的技能 | 需要计算机知识 |

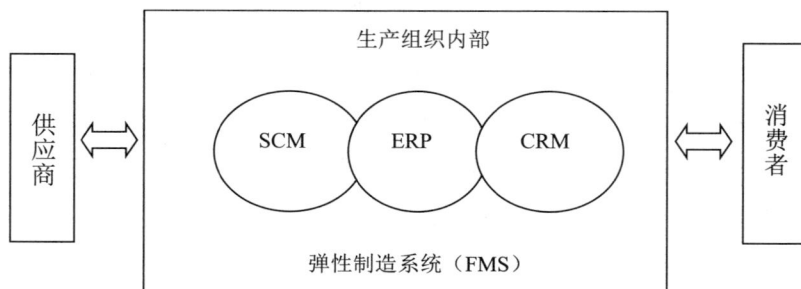

图3-2　信息技术条件下大规模定制生产系统①

注：供应链管理（SCM）、企业资源计划（ERP）、客户关系管理（CRM）

## 三、企业生产组织外部的应对措施

### （一）新福特主义

第一种生产组织之外解决福特生产组织危机的方案通常被学者们称作"新福特主义"。实际上，所谓"新福特主义"是对以美英为典型的发达国家在20世纪70年代后新自由主义经济实践的概括。"工资挤压利润"这一对滞胀危机的新李嘉图主义的解释，是这类学者应对福特主义生产方式危机的理论线索。他们认为受凯恩斯主义影响，不受节制的国家干预政策和福利国家制度，以及福特主义内部原先大生产大消费的关键——集体谈判和协议工资，导致工人的工资持续上升，而劳动力成本的逐渐走高是商品价格上升从而在国际市场中丧失

---

① 转引自谢富胜：《分工、技术与生产组织变迁：资本主义生产组织演变的马克思主义经济学阐释》，北京：经济科学出版社，2005，第249页。

竞争力的一个重要因素。因此，新自由主义经济学家认为应该恢复市场的调节机制，消除国家、社会以及工会对工人工资形成的干预，通过减税、去管制以及保证市场机制的自由运行来弱化工人组织，将雇佣工人的收入压低。

从 20 世纪 70 年代起，发达国家的资方开始对劳工展开了一场单方面的进攻，通过削减用工成本，企业的边际利润水平得到了一定的提升。一些学者把此类通过打击工会、破坏劳动保护法、建立高度弹性的劳动力市场从而降低劳动力工资水平，以提升企业边际利润的方法称作新福特主义。在新福特主义的对应措施背景下，企业生产组织依旧保持了传统泰勒主义的层级结构，生产模式也仍然为大规模标准化的生产。[①]因此，新福特主义本质上并不是一种新的生产组织形式或新的制造体系，而是在企业生产组织外部，通过降低劳动力成本来应对传统福特主义生产方式危机的经济实践。

### （二）模块化与外包（离岸外包）

20 世纪 70 年代后，以美英为代表的发达资本主义国家的新自由主义转向，使得新福特主义模式以市场化为手段，改变了福特主义原有的资本与劳动之间的协调关系，国家、资本与劳工之间平衡的三方协调机制遭到破坏。然而，新福特主义以减少国家干预，建立更加弹性的国内劳动力市场的方法有其一定的底线。相较于福特主义，如果以封闭国家来考察，从美英发达国家的劳动人口增长等情况来看，劳动力市场上供求平衡的情况也只能相对地降低劳动力的成本。经过"黄金时代"增长时期的普通劳动者，其再生产劳动力商品所需要的价值已经超越前两次工业革命时期，其劳动力价值具有一定的刚性。如若想更大程度地降低生产成本，参与国际竞争，就必须以全球化为

---

① 谢富胜、黄蕾：《福特主义、新福特主义和后福特主义——兼论当代发达资本主义国家生产方式的演变》，《教学与研究》2005 年第 8 期，第 36—42 页。

背景进行考量，对制造企业的生产任务进行国际分工，进行全球劳动力套利。

在此背景下，模块化生产应运而生，不论是生产过程中的工序，还是企业组织结构都可以按照一定的"模块"进行重组与分割。模块化主要包括三种类型：第一，产品系统内或产品设计的模块化。第二，生产过程和工序的模块化。第三，生产组织结构或企业内部体系的模块化（大量面向外部供应商的外包子系统）。由此可以看出，模块化生产实际上再造了整个产品体系以及生产的整个流程。模块化生产的意义在于：零件集成化可以更好地预防不可知的变动，且更容易修复。模块将允许技术的组成部分分别进步，使技术通过重新配置来适应不同的目的，同时简化了设计过程。①

跨越国界的外包，即"离岸外包"是经济全球化条件下的产物。为控制劳动力成本以恢复持续的资本积累能力，大量制造业企业选择把制造流程放在劳动力成本较低的发展中国家。随着信息技术的迅猛发展，此种外包生产形式在大多数制造行业中得到了快速扩散。尤其是20世纪90年代起，互联网以及信息通信技术的突破性创新使得跨国企业能够以低成本、高效率的方式对其全球业务进行协调和远距离集中控制。同时，各类基于信息技术的企业管理系统的出现，排除了企业内部、企业之间和企业与广大消费者之间的信息交流的阻碍。②

在模块化和外包生产方式的作用下，发达国家出现了"无工厂化"的生产机构（Factoryless Goods Producer，FGP），其主要进行产品的前期研发和管理，设计与开发新产品，以及后期的销售，而直接把生产或间接把生产环节外包给其他生产厂商。"无工厂化"的生产企

---

① ［美］布莱恩·阿瑟，曹东溟、王健译：《技术的本质：技术是什么，它是如何进化的》，杭州：浙江人民出版社，2014，第35—36页。

② 陈硕颖：《当代资本主义新型生产组织形式——模块化生产网络研究》，《当代经济研究》2011年第4期，第32—36页。

业（Factoryless Goods Producing Firms，FGPF）指的是至少拥有一个
"无工厂化"生产机构的企业。

　　表3-4描述了美国"无工厂化"生产企业的特点。可以看出，"无
工厂化"的生产企业是规模较大的公司：其雇佣员工数为非"无工厂
化"生产企业的两倍多，平均拥有工厂数量为2.33个，而非"无工厂
化"生产企业只有1.38个。并且"无工厂化"生产企业平均工资更
高。如果从一个公司的不同部门观察，"无工厂化"生产企业不论在
零售、服务、物流仓储，还是管理以及专业技术人员数量均比非"无
工厂化"生产企业多。这在某种程度上说明，"无工厂化"生产企业
将自身的生产过程外包出去后，更聚焦于消费者的销售服务等工作，
即资本循环中负责价值实现的部门。

表3-4　美国"无工厂化"生产企业的特点

| | 销售量 | 工厂数量 | 工资水平 | 员工平均高于成年年龄数 | |
|---|---|---|---|---|---|
| 非"无工厂化"生产企业 | 10 053 | 1.38 | 46.8 | 14.8 | |
| "无工厂化"生产企业 | 18 399 | 2.33 | 51.5 | 13.7 | |
| 雇佣员工数 | 总量 | 零售 | 服务 | 其他 | 管理以及专业技术人员 |
| 非"无工厂化"生产企业 | 22.1 | 14.9 | 2.0 | 3.6 | 1.0 |
| "无工厂化"生产企业 | 50.0 | 24.4 | 15.3 | 5.4 | 3.0 |

　　数据来源：引自Bernard and Fort（2015），销售量和工资的单位是千美元，雇员的
单位是千人。其他包括物流、仓储等

　　值得注意的是，模块化与外包的生产方式不仅存在于制造业企
业，一些互联网高科技公司，例如：谷歌（Google）、推特（Twitter）、
脸书（Facebook）和微软甚至更倾向于把企业组织内部的一些较低技

能的工作（客户在线咨询、产品介绍与信息编辑等）外包给独立工人以降低运营成本。

全球生产网络的形成使企业可以顺利地进行全球劳动力套利，这一生产模式的形成使劳工们被动地纳入全球市场的竞争，进一步降低了劳动力和其他投入要素的成本（逐底竞争，race to the bottom）。通过模块化与外包生产，一些企业可以把精力着重放在商品剩余价值实现的阶段。

### （三）实体企业的金融化

在福特主义企业生产组织危机的背景下，发达国家大量制造业企业的利润率呈现出下降趋势。为恢复企业利润率以及资本积累的能力，除了上述对生产过程中的各要素进行改造以外，企业还可以转换"赛道"，通过资本市场和金融化的手段获得相对较高的利润。回望历史，自20世纪80年代以来，以美国为代表的发达国家的经济开始出现向金融化的系统性转向，形成了金融化的积累体系。经济增长的主动轮从实体经济的扩大再生产转变为金融业的持续扩张，不论是广度还是深度，金融类活动支配整个国民经济的运行。曾经以福特、通用、波音等制造业企业为典型代表的产业或生产资本主义逐渐被极具掠夺性的金融资本主义所取代。2008年金融危机后，一些学者认为金融化是资本主义停滞趋势下金融资本积累的必然趋势和结果。

从19世纪末20世纪初开始，美国的大型公司开始与资本市场紧密连接，随着"经理人革命"与资本治理结构的转型，企业的股权结构开始趋于分散。为解决"委托—代理"关系而形成的对经理人的激励约束机制使得"为股东创造价值"成为企业运营过程中的核心要求。然而，由大量金融机构充当的法人股东并不在意企业的长期发展，而是通过短期金融市场的各类操作，如并购、资本剥离、股票回购等方式快速获利，企业所创造的利润不再转换为实体部门再生产的投资。例如，威廉·拉佐尼克指出从2003年至2012年，标准普尔指数中的449家上市公司通过公开市场回购了共2.4万亿美元的股票，有的公司甚至依靠增加债务进行股票回购，却只有9%的利润用于投资。

与此同时，非金融实体企业找了区别于马克思所提到的"技术创新—个别劳动生产率提升—超额剩余价值"获取利润的路径，它们可以通过不断扩大其金融活动来恢复其利润率。例如，21世纪以来，福特美国分公司通过运营汽车贷款而非生产出售来赚取更多的利润。同期，通用电气下属的金融子公司收入占通用电气总收入的四成以上，金融业务已经成为通用电气最重要的增长源泉。[①]

## 第二节　第六次技术浪潮对企业生产组织的改进

### 一、应对福特主义危机各类措施的局限

通过上述分析可以看出，面对福特主义生产组织的危机，发达国家的生产制造企业大致通过两种供给侧改革的方法提高生产效率、降低生产成本，以求解决福特主义生产组织的内在缺陷：一种为改变刚性的劳动力市场和劳资关系，通过降低劳动力成本来提升企业边际利润；另一种以重塑劳动生产组织形式为出发点，以提高企业的生产率。此外，实体企业还通过不断扩大其金融活动以恢复逐渐降低的利润率。本书认为，所谓后福特主义主要是发达资本主义国家对企业生产组织系统内部的改进，包括弹性生产体制、精益生产、大规模定制等形式。新福特主义主要聚焦于外部劳动力成本的调整，模块化作为

---

①［英］玛丽安娜·马祖卡托，何文忠、周璐莹、李宇鑫译：《增长的悖论：全球经济中的创造者与攫取者》，北京：中信出版集团，2020，第138页。

资本主义新型生产组织形式使离岸外包成为自20世纪末期起一种新的生产模式，其本质目标也是为了降低以劳动力为主的生产资料的成本。

值得注意的是，不能把后福特主义和新福特主义二者割裂开来看待，为应对福特制生产体系爆发的危机，资本主义为维持积累、提高边际利润对生产系统的调整是从多层面展开的。对于资本主义企业来说，生产组织内部的改造和生产组织外部的调整是同时并举的，例如，20世纪80年代日本的汽车制造商为应对国内工资上涨的局面，逐渐将生产转移到劳动力成本较为低廉的东亚和东南亚地区。虽然日本制造商将其生产组织实践带到一些新的生产地点，但是并不是全部日本企业都采用了日本在本土实行的精益生产方式，如三菱公司在泰国就不向其核心劳动力承诺永久的就业安全，一些日本跨国公司在墨西哥实行的仍旧是传统的福特制大规模生产技术。在逐渐形成的全球化的生产网络中，多种生产组织形式同时并存，不论是后福特主义还是新福特主义，都是为了解决福特主义生产方式的危机，以保持可持续的利润增长和资本积累。

然而，上述福特主义之后的各类生产方式和应对措施都有其当下无法克服的缺陷。具体来说，弹性专业化虽然在一定程度上解决了生产多样化产品的低成本问题。但是这类生产组织形式目前只能局限于规模较小的企业，工人之间的合作也是小规模的。小企业形成的弹性生产的网络需要建立在互相信任的同盟关系上，而此种同盟关系会受到独特的文化、社会因素影响。因此，同盟生产组织的规模不可能过大，限制了生产的数量。精益生产在一定程度上减少了生产过程中的种种浪费，降低了生产成本，但是它同样是建立在一定的企业文化和社会文化基础之上的。日本的终身雇佣制使得企业相信工人并把其培养为自我管理的多技能劳动者，工人也能在生产过程中为企业着想，关心产品的质量。因此，尽管其他国家努力移植精益生产方式的生产企业，但由于缺乏促使工人和雇主实行主动性合作的雇佣政策，其最终效果有着很大的不确定性。并且终身雇佣制本身有较强的制度刚性，在经济社会条件等各方面发生变化时，由于企业无法得益于灵活多变的雇佣策略，对于企业利润提升也会起到一定的阻碍作用。实际上，在日本农村储备劳动力的逐渐枯竭以及90年代中期经济衰退的压力下，日本汽车制造商也逐渐把转包体系中低层级的生产转移到低工资的东南亚地区。然而，这一对劳动力市场的空间二元分割，既把高层和低层生产分布在不同的国家，又极有可能激化劳工对资本的抗争。20世纪80年代以来，逐渐兴起的大规模定制的生产组织在一定程度上反映了未来生产的发展方向。但如果仅仅依靠传统的技术形式，要想实现完全的高效率、低成本、快速度的多样化个性化生产，依旧十分困难。因此，如何利用技术创新和组织形式完善大规模定制的生产组织是资本主义企业亟须解决的问题。虽然部分实体企业通过金融化的方式恢复了利润率及其资本积累的能力，但同时也导致负面影响：企业只注重短期经济回报、缺乏对研发的投入和生产性投资等。金融化的倾向最终导致微观层面一些典型的实体企业（如波音）在激烈的国际市场竞争中逐渐落后，以及宏观层面国民经济陷入金融危机的泥沼。

2008年金融危机的爆发以及随之而来的经济萧条，意味着新自由主义积累模式的破产，也证明了以降低工人收入为核心的新福特主义生产方式并不可持续。其一在于劳动力再生产的要求使得自由市场上的劳动力价格不可能无限制地下降。其二则是劳动者收入的普遍减少会拉低经济中的有效性需求，长此以往将导致危机的爆发。模块化和离岸外包的生产虽然可以把劳动力价格压低到一定程度，有利于企业参与国际竞争，但是，模块化和外包生产的国际分工方式，使得美国等发达国家的制造业过度外流，出现了产业空心化、经济体产业结构的不平衡等种种不利于经济增长与发展的负面效应。例如，有学者认为制造业与技术创新息息相关，对于生产过程中工艺嵌入式创新（如先进材料、专业化学药品等）和工艺驱动式创新（纳米材料、超精密部件、有机发光二极管等），每一个很细小的工艺变化都会对最终产品产生重大影响，保持研发和制造组织上的融合以及地理位置上的临近都将会给企业带来较高的价值，而将它们分离则会存在巨大风险。对于属于上述创新模式的企业来说，如果失去了制造能力，就意味着失去了创造有利可图的新产品的能力。[①]此外，还有学者认为，强大的制造业与美国庞大的中产阶级息息相关，制造业的外迁在某种程度上造成美国中产阶级的衰落，使得劳动者内部两极分化的趋势进一步加深。

## 二、资本循环视角下新技术革命对企业生产组织的改进

2008年爆发的全球性金融危机导致大多数发达国家陷入衰退，但与此同时，新一轮科技革命和产业变革蓄势待发。危机既是变革的背景，也是倒逼变革的动力源。金融危机后，诸如美国、德国、日本等发达国家提出了各类关于新技术浪潮的理论和政策，其共同的核心在于：对现有的资本主义生产体系进行重构和改进，帮助其克服原有的不足，以增强本国制造业在国际市场上的竞争力。

结合本书第一章对第六次技术浪潮中新技术集群的描述，本书试图利用马克思主义政治经济学中的资本循环理论来分析各类技术创新对现有生产体系的改进[②]。在政治经济学的理论体系内，"资本作为一种自行增殖的价值，不仅在生产过程内活动，而且也在流通过程内活

---

① ［美］加里·皮萨诺、威利·史，机械工业信息研究院战略与规划研究所译：《制造繁荣：美国为什么需要制造业复兴》，北京：机械工业出版社，2014，第101—102页。

② 一些学者曾经从资本循环的角度对福特制生产体系的基本特征和内在缺陷做出了较为全面的概括。结合第三次工业革命的内容，笔者认为，从资本循环的分析视角出发，可以使我们更加直观地了解新技术集群可能对现有生产体系产生的影响。

动。资本只有不断地从流通过程进入生产过程，又从生产过程进入流通过程，这样循环往复地运动，才能实现价值的增殖……资本在自己的循环过程中，要不断地经过三个阶段，并相继地采取三种不同的职能形态"[1]。具体看来，在资本循环的第一阶段，资本家利用货币在商品市场和劳动市场购买生产资料和劳动力，其公式：

$$G—W{<}_{Pm}^{A}$$

在资本循环第一阶段结束后，资本家开始消费自己所购买的商品，资本采取生产要素即生产资料和劳动力的形态。经过生产过程后，资本变为一定数量的商品。此时这个商品不仅发生了物质形态上的变化，并且由于已经包含了剩余价值，其价值量也有所不同。在资本循环的第二阶段，生产资本转化为商品资本，其公式为：

$$W{<}_{Pm}^{A}\cdots P\cdots W'$$

接下来，资本循环进入第三阶段，资本家需要在市场上出售包含剩余价值的商品，再把它们转化为货币。商品资本重新转化为货币资本。商品由卖者转入买者手中，其价值量并没有发生任何改变，发生的仅仅是价值形态的变化，其公式为：

$$W'—G'$$

在资本循环的第三阶段结束后，资本重新转化为原先的货币形态，又能够像循环第一阶段一样，购买生产资料和劳动力，重新开始资本的循环运动。因此，G'既是初始第一次循环的终点，又是第二次循环的起点。

产业资本经过三个阶段的变化，依次由一种形态变为另一形态

---

① 徐禾等：《政治经济学概论》（第三版），北京：中国人民大学出版社，2011，第196页。

（即货币资本、生产资本和商品资本），这一整体运动过程就是产业资本的循环。"产业资本的循环是资本运动的三个阶段的统一，即两个流通阶段和一个生产阶段的统一。"[①]其详细公式为：

$$G—W \Big\langle \begin{matrix} A \\ Pm \end{matrix} \cdots P \cdots W'—G'$$

产业资本循环的三个阶段，是紧密联系在一起的。在资本主义生产条件下，资本家要想顺利完成生产并获得利润就必须保证产业资本循环的顺利进行。资本循环在任何一个阶段遇到的停顿和阻碍，都会对资本家最终能否取得利润以及取得利润的多少产生重要的影响。马克思曾指出："商品价值从商品体跳到金体上，像我在别处说过的，是商品的惊险的跳跃。这个跳跃如果不成功，摔坏的不是商品，但一定是商品占有者。"[②]

从历史实践来看，福特主义生产系统所包含的内在缺陷使其在遭遇外部冲击后遇到了发展的瓶颈。虽然福特制之后各类对应措施在某种程度上规避了一部分福特主义生产体系的缺陷，但通过上述分析可以看出，这些转变本身也都各有其局限性。从资本循环视角考量，此次新技术浪潮对现有生产系统的改进具体表现为以下几方面。

### （一）资本循环的第一阶段

在资本循环第一阶段，资本家需要购买能源以保证生产持续进行。新能源技术作为第三次工业革命的动力支撑，将为企业生产系统提供充足并且稳定的能源供应。新能源技术在推进生产体系的改进中之所以占有重要地位，主要由于以下几点原因。

首先，自20世纪70年代起的石油危机所造成供给方的价格过快

---

① 徐禾等：《政治经济学概论》（第三版），北京：中国人民大学出版社，2011，第203页。

②《资本论》（第一卷），北京：人民出版社，2004，第127页。

上涨，一直被认为是造成福特主义生产组织危机的重要外部冲击因素。2008年金融危机后美国政府的新能源战略以保证美国能源供给和能源安全为目标，随后几年美国政府和能源部发布的能源安全未来蓝图和2011年战略规划以新能源为主要切入点，试图在未来10余年内把美国的石油进口量削减1/3，以提高美国能源的独立性。美国通过"页岩气革命"实际上已经开始改变美国乃至世界的能源市场格局，美国已经超越俄罗斯成为全球最大的天然气生产国。低廉的能源价格使得美国能源独立性逐步上升，为其制造业回流计划提供了重要支撑。虽然当下石油等能源价格有较大幅度的下降，但是毕竟作为有限的化石能源，其稀缺性并没有改变。如果发达国家能在下一次石油价格上涨周期之前顺利完成新能源及其相关技术的发展，其生产体系就能在保持大规模生产的同时有效地应对生产资料价格波动的外部冲击。

其次，2008年金融危机的爆发意味着20世纪70年代以来资本主义世界新自由主义积累体制的不可持续性。加强劳动力压榨和剥削策略可能使总需求严重不足，由此急需从生产的多个层面入手，降低成本。作为制造成本重要的一方面，能源革命有助于美国能源保持一个相对低廉的价格，有助于企业在国际竞争中获得价格优势。从2008年到2012年短短五年间，美国太阳能和风能的发电平均成本就分别下降了80%和43%之多。虽然除去政府补贴后，太阳能的单位发电成本需要每千瓦时0.072美元，多于天然气的0.061美元和煤炭的0.066美元，但是随着技术进步，新能源发电的电力成本还有持续下降的空间。同时，风能发电成本一直处于较低水平，即使免除政府补贴依旧能低至每千瓦时0.037美元。

此外，随着机器人、3D打印等先进制造技术的发展，工厂的自动化的程度将持续加深，工业机器人和工业增材制造技术协同工作，纯粹的制造过程将越来越不需要体力劳动工人的参与。在某种程度上，如果没有国家偏向劳工的法规与政策的调节，体力工人的工资将维持在较低水平。

## （二）资本循环的第二阶段

在资本循环的第二阶段，资本家开始用自己购买的原材料和劳动力生产商品。在全球竞争的驱动下，企业必须对传统的制造系统进行重构，使其不仅可以生产高质量低成本的商品，而且能够快速响应市场变化和客户需求。大规模定制生产的能力成为企业能否在当前市场竞争中占有优势的关键。企业的竞争力实际上要落实到企业能否实现前后端高度整合、能否更高效地配置资源来快速满足客户需求上。

新技术浪潮中包括的新型制造技术将大大提升企业在多样化市场中的制造能力。其中具有代表性的有：可重构制造系统（Reconfigurable Manufacturing System，RMS）和以"3D打印"命名的单次成型的增材制造技术。可重构制造系统是新的制造模式的基石，它由可重构的机器和开放式的结构控制器组成。智能制造系统的基础是其能快速产出新产品，迅速、有效地对以下情形做出反应：（1）市场变化，包括产品需求的变化（甚至在生产启动之后）；（2）产品变化，包括目前产品的变化和新产品的引进；（3）政府规章，包括安全与环境；（4）系统停转（即使设备故障还能保持产量增加）。一般来说，制造系统需要两种基本的重构能力：一个是在系统功能方面的重构能力，另一个是在生产能力方面的重构能力。具有响应能力的系统是一个产能可以随产品需求波动可调节的系统，它的功能是与新产品相适应的。[1]

可重构制造系统建立在对市场变化的成本效益的快速有效的响应的基础之上，组合了专用生产线和柔性制造系统各自的优点。表3—5

---

[1] ［美］约拉姆·科伦，倪军、陈靖芯等译：《全球化制造革命》，北京：机械工业出版社，2015，第170—173页。

总结了专用系统、可重构制造系统和柔性制造系统的特征。

表3-5　不同生产系统的特征

|  | 专用系统 | 可重构制造系统 | 柔性制造系统/数控机床 |
|---|---|---|---|
| 系统结构 | 固定的 | 可变换的 | 可变换的 |
| 机床结构 | 固定的 | 可变换的 | 可变换的 |
| 系统关注 | 零件 | 零件族 | 机床 |
| 可扩展性 | 否 | 是 | 是 |
| 柔性 | 否 | 可定制 | 一般 |
| 多刀具同时加工 | 是 | 是 | 否 |
| 产能 | 高 | 高 | 低 |
| 生命周期成本 | 低 | 中 | 合理 |

可重构制造系统必须在初始时就能用可靠集成的软件和硬件模块进行设计，并且要求可重构制造系统拥有六个关键性特征（如表3-6所示）。这些特征适用于整个生产系统的设计，甚至可以应用到整个企业。可重构制造系统的技术特征减少了重构生产所需要的时间和人力，提高了制造系统的响应能力，大大降低了系统周期的成本。此外，它使用的一些技术性的手段，如可诊断产品缺陷的自读取系统，把精益生产方式中对雇员的依赖又重新交给了机器，避免了由于缺乏良好雇佣关系所导致精益生产移植过程中的水土不服。值得注意的是，在新技术革命中被讨论得相当热烈的智能机器人，实际上就是工业领域中高度自动化的机械部件，与传统工业机器人的区别在于：随着机器人技术的继续发展，机器人设备的灵活性和敏感性大大加强，使自动化生产线更具有柔性，并且协助型机器人可实现人机协作。智能机器人作为可重构制造系统的一部分，将帮助企业实现多种产品的大规模生产。

表3-6 可重构制造系统的六大特征①

| 特征名称 | 特征描述 |
|---|---|
| 专用柔性<br>（仅限对零件或产品族的柔性） | 系统和机床的柔性仅围绕某一产品族,因而具有专用柔性,与数控机床、柔性生产系统的通用柔性不同 |
| 可变换性<br>（为功能变化的设计） | 能简易地转换现有系统、机床和控制装置的功能以适应新的生产需求的能力 |
| 可扩展性<br>（为产能变化而设计） | 能通过重新布置现有制造系统和在系统内改变可重构部件（如机床）的产能来轻松改变系统产能的能力 |
| 模块化<br>（部件是模块化的） | 操作功能和生产需求可划分为可量化的单元,这些单元能在交替的生产计划内使用,从而获得最优的配置以满足一系列给定的需求 |
| 可集成性<br>（用于快速集成的接口） | 通过一套使集成和通信可能的机械、信息和控制接口,快速精确地集成模块的能力 |
| 可诊断性<br>（为易于诊断而设计） | 自动读取系统和控制装置的当前状态,以便发现和识别产生产品缺陷的根本原因,进而快速更正缺陷的能力 |

目前,3D打印技术充满争议的原因在于它制造产品的质量有无保证、单位生产成本能否降低,以及生产速度问题等。②虽然在短期内3D打印技术还不够成熟,达不到在工业生产中大规模应用的程度,但是它却标志着制造技术的一个进步和创新的方向,即增材式一次成型的制造技术。随着技术的进步,以3D打印技术为代表的新型制造已初现端倪。该技术在近期的发展使得其在工业生产条件下生产的速度大大加快。增材制造的核心在于高度定制化生产与减少生产中的浪费。在传统的工业中,工厂制造是一种减材式的制造过程:原材料在被切割和筛选之后,通过组装制造成成品。此类生产系统虽然能带来

---

① 转引自[美]约拉姆·科伦,倪军、陈靖芯等译:《全球化制造革命》,北京:机械工业出版社,2015,第177页。

② 以3D打印为代表的先进制造技术还有其局限性:第一,无法进行大规模消费品的生产。只能以低成本进行单件产品或者小批量产品的生产。因此,目前其多用于科研实验室、航空航天等高精尖行业一些模具的制造。第二,3D打印技术建立在先进制造材料的基础之上。先进制造材料包括具有强度大和比模量高的结构复合材料、生物制造和关键材料再加工等。其进一步发展的着力点是材料的可靠性、耐用性、可回收性和无污染性。

较高的效率，但生产过程中，大量的原料被浪费。相反，3D打印属于典型的增材制造，通过软件和程序控制，层层叠加，制造整体产品。其所需的原材料往往只有减材制造的十分之一，大大降低了生产的原料成本。通用电气是采用3D打印技术的成功案例之一。2012年，通用电气在肯塔基州开设了第一间新型装配厂。在GeoSpring热水器家电的生产过程中，增材制造技术的应用使得产品的零件数量减少20%，材料成本降低25%，设备投资降低30%，开发时间缩短了一半。

集中化工厂的竞争力来自资本密集型的规模经济，传统的标准化制造之所以能快速地生产产品元件或最终产品，是因为投入了大量资金用以部署生产所需的机器设备，建设成本高昂的固定生产线。虽然初始生产设备需要耗资巨大，但由于规模经济的存在，随着大批量生产的进行，生产成本将直线下降。增材制造技术虽然导致了规模经济的失效，却在某种程度上解决了标准化生产的劣势，即缺乏生产弹性。由于增材制造的特征是组件和产品的独立个体化制造，因此增材制造具备了适应消费者特殊需求，便于随时随地进行调整的优势，其特性更是为了方便适应灵活多变的大规模定制生产。生产方不必因为买方多样化选择不同形式、尺寸和颜色的组合而付出高额成本，与标准化制造相比，建立增材制造产品体系较为简单，由于涉及的步骤较少，可以大大缩短产品生产周期。商品的定制化程度将无限提高——产品改进无须更换工具，仅仅微调软件指令就可以做到。这也正是3D打印适于制作单个产品如样机、稀有备件的原因。如今，满足个体需求的创意将成为市场竞争的关键，正如在单一商品批量生产的时代，企业靠产品质量取胜的道理一样。与现代经济分工越来越细化的趋势相背离，3D打印单次成型的制造技术将对工业生产中旧式分工体系产生革命性的影响。

除了新型制造技术以外，大数据以及人工智能技术也通过与传统制造业有效融合的方式，大幅提升产品制造的质量。以著名磁盘驱动器制造商——希捷科技（Seagate Technology）利用数据和智能识别技术对其工厂制造流程质量和效率的改进为例：由于磁盘驱动器制造需要大量硅晶圆，降低硅晶圆生产过程的次品率是企业节约成本的关键。通过利用显微镜对工厂生产中的各组工具进行拍摄，希捷可以运用图像提供的海量数据创建一个智能识别系统，从而使得机器可以自动发现硅晶圆的缺陷并对其进行分类。而图像分类模型则通过实时监测工厂运用的电子显微镜，从中发现失焦的显微镜，从而确定判定缺陷的精准度。自2017年以来，希捷在不同国家工厂中广泛使用上述智能识别模型，节约了大量的成本。与此同时，该视觉检验系统的准确率在获得数据不断增加以及持续训练学习后，达到90%以上。[①]

## （三）资本循环的第三阶段

在资本循环的第三阶段，资本家必须把所生产出的商品出卖转化为货币，从而使得资本的循环过程持续进行。如果商品无法及时卖出造成积压，那么它所包含的价值和剩余价值就无法实现。

在传统市场经济环境下，价格是供求双方最容易捕捉到的市场信号，但由于关于产品和服务其他信息的不对称性，市场失灵现象频繁发生。基于海量数据的市场可以将产品价格以外的相关信息以较低的成本释放出来，做到与消费者较为精准的多维度匹配。在大数据、物联网等新型通信技术的基础上，企业生产组织也可以更好、更快、更加高效地了解消费者的偏好，同时依据消费者的切实需求进行生产，减少存货形式的储备，大大降低了固定成本。具体看来，企业对消费需要的满足大致可以分为两种形式：第一，企业提供定制服务，消费者主动地与企业进行有关信息的交流。第二，企业主动追踪消费者需

---

① ［英］托马斯·达文波特、尼廷·米塔尔：《AI应用别再轻轻点水》，《哈佛商业评论》2023年第2期，第35页。

求，并对其可能变化进行预判。自信息技术诞生数十年来，大多数企业中的信息管理人员通常只关注于信息的"技术"层面，即购买并管理处理信息技术的工具（服务器、电脑、存储网络等）。而在当前新技术浪潮的背景下，掌握对信息数据进行分析处理，并通过其进行市场预测的能力，正在成为企业的竞争优势。

二战后，虽然标准化大规模制造的低价产品极大地迎合了同一化的大众消费浪潮，然而随着市场竞争激烈程度与日俱增和人们收入水平的稳步提高，主流的标准化生产模式和销售策略逐渐与20世纪70年代欧美社会兴起的个人主义和个性化的消费需求发展形成矛盾。从本质上看，无论是提供产品还是服务的企业都需要面对商品的价值实现问题，也即如何找到企业的消费者，如何卖出产品。由于经济的发展导致消费者需求的迅速改变，企业如果想要在激烈的市场竞争中凸显其获取利润或超额利润的能力，就需要充分地把握客户的精准需求，再依靠其需求来提供定制化的产品和服务。然而，传统的通过年龄、性别、收入、地址或教育程度等指标描述消费者偏好的方法，已经远远无法满足当今信息及渠道高度碎片化的数字世界中企业寻找目标消费群的需要。

随着物联网、服务联网、云计算等技术的持续发展与普及，以嵌入式感应设备为基础的智能工厂、智能产品将产生关于生产过程和消费者的大量数据和信息。通过大数据技术的模型化运算，企业能够对消费者及其需求进行更加简单高效的分类，从而为个性化产品和定制服务提供基础。大数据分析将从客户、营销和销售三个方面对各个行业产生深刻的影响。首先，通过收集的数据，企业可以实时了解用户的产品偏好、消费行为习惯，增强其客户管理的能力。其次，在营销层面，大数据分析可以提升企业判断其营销活动有效性的能力，并按照客户需求策划营销方法。最后，对于销售来说，其价值表现为帮助企业寻找潜在消费者，确定适宜于不同客户的销售方法等。

以全球第二大食品公司卡夫对其产品——维吉酱的营销为例，其澳洲分公司通过相关大数据的分析工具对10亿条社交网站帖子、50万条论坛讨论内容进行抓取分析，最终得出消费者购买的三个关注点——健康、素食主义和食品安全，并且发现产品中含有的叶酸对孕妇尤其重要。于是卡夫针对这个信息进行营销，打开了孕妇消费者市场，维吉酱销售额大幅增加，创造了该产品销售的历史最高纪录。亚马逊等平台企业通过对消费者在其网站上商品搜索的记录进行储存与分析，增加其对消费者消费偏好的了解。基于对消费者搜索和产品购买行为所产生的数据，亚马逊便可以在未来为他们推荐符合其需求的产品。

## 三、新技术革命加速企业组织的资本总周转

在资本主义生产方式条件下，资本家为了实现价值的不断增殖，必须使他的资本不断地、反复地运动下去。因此，资本的循环实际上可以作为一个周期性的过程。从整个资本循环的过程来看，利润的增加主要可以从以下两个方面入手：第一，保证生产稳定、不间断地进行。资本循环过程的连续性本身就是一种劳动生产力，生产过程中资本的停滞或延迟会对资本家造成巨大的损失。第二，尽力提高资本的总周转时间。资本的总周转时间等于资本的生产时间和流通时间。如果其他条件不变，资本的周转速度的加快将增加年内资本周转（包括可变资本周转）的次数，从而提升同量资本带来的剩余价值量，以至提高其年利润率。新技术集群大致也是从上述两方面对生产模式进行改进。

资产流转率与成本直接相关，尤其对于购买大型设备的公司而言，价格昂贵的大型设备决定了资本密集型公司的利润空间取决于开机利用率。工厂设施管理人员以工业大数据为基础，从策略层面来实

施维护流程，实现预测性维护。这样不仅可以降低停机时间，提高产量，还能消除在不必要的维护上所花费的时间和资源。例如，通用电气近年来在其产品如机床、涡轮发动机、火车和喷气飞机引擎以及医疗成像等设备中嵌入传感器，使其获得设备产生的数据流。通过对大数据的分析，通用电气可以保证这些设备以最高的效率运行，并且科学地预测设备状态，从而进行主动干预式的保养维护，使停工期缩短，提前消除故障以保证生产的顺利进行。瑞典轴承制造商（SKF）通过将小型的、自供电感应器置入其智能轴承的相关产品，便可以把产品的运行情况持续不断地向总系统通报。基于物联网与大数据技术，轴承可以被实时监控，在此基础上企业提供的数据服务可以使客户及时了解轴承的损耗程度，并采取补救措施，比如加润滑油或减少超载从而避免事故发生。机器因此变得更加可靠，同时也减少了停运的可能。

　　同时，大数据分析还可以优化企业的价值链，使其效率最大化。由于信息技术促使生产全球化不断加深，企业各价值链之间互动日益紧密，但同时也存在着大量的不确定性。大数据能够对企业生产的各个环节、影响供需的因素（如上下游变数、气候变化、季节性波动等）进行实时综合分析，模拟预估出企业的最优化策略，从而能提升生产的连续性。工业互联网和服务联网通过把不同的设备交互连接到一起，让工厂内部，甚至工厂之间都能成为一个整体，形成集成化的工业模式（Integrated Industry）。具体看来，工厂内部或工厂之间的一体化实际上是为了生产更加灵活多样。在新技术浪潮的背景下，工业生产将由集中式控制向分散式增强型控制的基本模式转变。在分散型控制的模式下，不同生产设备之间的协作能力将大大提高，同时还能够迅速地应对外部市场的变化，以满足客户大量的个性化需求。

　　在以物联网、大数据为基础的新型通信技术基础上，企业主动获取消费者信息的能力相较于以往大大加强。以工业4.0为例，"虚拟网络—实体物理系统"（Cyber-Physical System，CPS）技术是工业 4.0 的核心。信息物理系统是建立物联网（Internet of Things，IoT）与服务互联网（Internet of Services，IoS）的基础。它通过将物理设备连接到互联网上，让物理设备具有计算、通信、控制、远程协调和自治等智能功能，并将资源、信息、物体以及人紧密联系在一起，从而提供物联网及相关服务。具体来看，不论是德国的工业 4.0 还是美国的先进制造伙伴计划（AMP 2.0）都强调了工业互联网在这次技术变革中的重要作用。通过在机器、投入品和最终产品等上嵌入微电子传感器、芯片或识别码，从而通过先进的互联技术可以把机器设备连接起来。其核心目的在于：更好地处理差异化和定制化的订单；智能仓储和智能物流；提升端到端的供应链效率、生产柔性化、最优能源管理等实现个性化定制生产的零次品率；帮助制造业实现智能制造过程中信息和机器设备的无缝操作，从而节约资本总周转的时间。例如，美国联合包裹服务公司（UPS），把大数据分析应用于其一线业务的分析，研究并合理规划配送路线，形成智能物流。通过在公司约五万辆卡车上装备远程信息感应装置，美国联合包裹服务公司可以收集到关于卡车的车速、动力、刹车、转向等多方面的信息。对这一数据信息流进行分析测算，既可以帮助企业优化车辆的性能，还可以重新设计更加高效的运输路线。海量的地图地形数据与模型化的大数据算法相结合，使得美国联合包裹服务公司可以因时制宜、因地制宜地调整取货和配送路线。仅 2011 年一年间，这类技术就帮助其降低了约八千五百万英里的行驶里程，从而大大节约了燃料成本。

可重构制造系统和以 3D 打印为代表的增材制造体现在可以用于多功能制造的机器设备，与传统福特制中单一功能生产的机器不同，新型制造技术降低了生产的固定资本投资，可以使企业在较短的产品周期中分摊固定资本。并且，机器在生产中的功能转换无须再投入新的固定资本，也无须中断生产过程，降低了资本总循环的时间。增材制造可以使过去各自成型再行组装的多种元件作为一件产品一次性制造完成，从而免除组装的工作。3D打印即时生产、本地生产的特征可以使企业根据汇率、工人工资、打印效率及能力、材料成本、能源成本和运输成本上的变化而随时进行选择，不是把生产集中于厂房，而是分散至经销商、零售店、移动销售点乃至客户所在地，从而大大增加生产的灵活性，降低产品或零部件运输距离，不仅节省资金，也能节约时间。增材制造技术的技术特征能使得厂房、人力成本得到节约，并实现完全个性化定制生产。虽然新技术的单位生产成本较高，但由于省去了运输和缓冲库存（Buffer Inventories）环节，其实际成本大大降低。举例来说，美国联合包裹服务公司为了按客户需求制造并运送定制部件，在其现有第三方物流业务基础上通过将机场枢纽仓库转为小型工厂，以此取代大规模的仓储体系。现存的及时仓储管理系统（即在有需要时才将部件或材料送至厂房）的效率会进一步提升。

　　总体看来，在新技术浪潮奔涌而起的背后，资本家利用先进技术和组织形式创新追求剩余价值或超额利润是其终极动力。在资本主义生产方式条件下，资本家对外需要应对强大的市场竞争压力，对内需要对劳动过程进行控制以提高生产的效率。因此，技术与组织创新在生产中应用的目标主要在于：第一，降低各生产资料的成本，提高其应用效率。这里的生产资料包括劳动力、用于生产的材料和能源等。对于劳动力这种特殊生产资料，可以通过提高其劳动强度或降低其工资，排挤工人技术在生产中的引入、生产向更低工资的地区转移等方式来提高其使用效率。第二，从历史上新技术浪潮对资本主义生产方式可能的改进可以看出，降低资本循环总过程的时间，加快资本周转的速度是生产技术改进在企业层面得到广泛应用的关键原因之一。图尔泽曼的研究表明，几乎所有技术创新的诱因都是节约生产时间，从而使固定和流动资本、土地和劳动的节约可以由节约时间派生出来。第三，产品创新。随着国民经济的发展，劳动者总体可支配收入出现了逐步的提升，从而劳动者的消费能力也会出现变化。这一变化会影响到消费的市场结构。例如，普通的标准化产品已经无法满足消费者的需要，消费者更加追求个人化、高品质，甚至奢侈性的"凡勃仑式"商品。与此同时，生产商品的社会必要劳动时间的降低是有极限的：当生产一种商品的劳动生产率降到足够低时，企业往往也会失去获得更多利润空间。这时，企业往往需要采取产品创新的方式创造新的消费者需求，以保持资本积累的持续性。技术的进步为更贴合消费需求的产品创新提供了物质基础。通过不断地进行产品创新，资本不断地为工人制造新的需求，不断地扩展着人类对商品的新需要，以提高获取超额利润和资本积累的能力[①]。

综上可以看出，上述各类技术创新虽然属于不同的技术创新领域，但总体目标基本上聚焦于：降低生产成本，提高了劳动生产率；尽力实现按需生产，便利剩余价值的实现；缩短了资本周转的时间；降低了非生产性费用，减少了生产中不必要的浪费；提高了工业生产应对意外冲击的能力，保持了再生产过程的稳定性等。总的来说，资本家为了应对市场外部竞争，加强企业内部对劳动过程的控制，通过技术创新和组织创新，帮助其获取更多的剩余价值和超额利润。

## 第三节　新一轮技术革命与企业生产组织的演变方向

20世纪70年代以来，由于大量奉行福特主义企业生产组织的固有内在缺陷以及外部经济社会等条件的变化，福特制出现了积累的危机。为应对危机，资本主义企业展开了一系列调整措施来解决致使福

---

① 当然，除了技术创新为产品创新提供了必要的物质基础以外，企业还可以通过主动地创造所谓"消费主义"资本主义意识形式来刺激消费者对新产品的需求，具体通过赋予商品某种特殊的"效用"属性、改变消费者的心理来实现。

特制发生危机的各种问题，重构企业创造利润的能力，以恢复整体的资本积累。在此过程中，信息技术的诞生和应用起到了关键性的作用。但新技术在企业层面的应用是个复杂的"工程学"问题，若想充分发挥新技术的潜力，企业的生产组织结构必须随之转变。随着信息技术的不断发展（信息技术的发展先后经历了数据处理时代、微处理器时代和网络时代），生产组织的业务流程和组织框架会根据四种信息技术使用的基本方式[1]而发生改变。一些学者认为，市场竞争的需要以及信息技术的运用，使得不论采用弹性专业化、精益生产，还是大规模定制的企业，其内部的组织结构都呈现出越来越扁平化的演变趋势。福特主义危机后，随着全球化的不断深入以及模块化和外包生产方式的扩散，资本主义的社会生产组织形式不断向全球延伸，形成了价值网络中的核心与外围的网络生产组织。

在此次新一轮技术革命背景下，未来资本主义社会生产组织演变方向的线索就隐藏在对福特主义生产方式危机采取了创新性反应（即通过创新来提升边际利润）的资本主义企业生产组织中。有学者认为，以持续性创新为基础的大生产组织通过多层次转包机制控制中小企业的网络模式，是未来发达资本主义国家主导性的生产组织。[2]那么，在新一轮技术革命的影响下，占资本主义主导地位的企业生产组织又会出现何种走向呢？实际上，马克思在《资本论》中通过区分企业组织内部分工和社会分工，深刻地分析资本主义生产组织的演变历程。而这一分析路径可以为我们研判新一轮技术革命背景下企业生产组织的演变方向提供一个重要的逻辑理路，未来企业生产组织的演变也可以从企业组织内部和企业之间两个层面展开分析。

---

① 这四种信息技术使用的基本方式具体指：自动化，代替劳动力的技术；信息化，通过技术加强人们处理信息的能力；嵌入化，微处理器代替机械和机电的控制，开辟了数据采集、传输使用的方法；通信化，提高信息共享的能力。

② 谢富胜：《资本主义的劳动过程：从福特主义向后福特主义转变》，《中国人民大学学报》2007年第2期，第64—70页。

## 一、企业组织内部的持续扁平化和集成化

随着市场竞争愈发激烈和多变，大规模标准化的生产已无法满足消费者多样化的需求。从全球来看，20世纪70年代开始的新自由主义运动使得全球贫富差距逐渐加剧，这种贫富差距一方面体现在大部分国家内部，另一方面体现在国家之间。这种财富分配结构直接导致仍然有大量收入不高的劳动者对标准化的商品存在需求，但同时存在的是收入较高人群对个性化、多样化、高质量商品的不断增长的需要。因此，整体看来，准确及时地了解客户的需求变化成为各个企业取得市场成功的关键因素。当下，随着新一轮技术革命的逐渐展开，数据和信息已经成为人才、技术和资本等生产要素之外的又一项企业核心资源。在很多行业中，是否拥有数量大、质量高的数据和信息将成为企业在市场竞争中成败的关键。为此，很多企业采取了一些初步应对措施，以解决数据和信息的获取、处理等问题，如客户满意度调查、质量工程管理等。但是目前看来，大部分企业的改进策略都是面向整体市场，而不是在微观层面直接面向客户。如果不能围绕客户需求高效低价地研发、生产出满足客户需求的服务与产品，那么拥抱客户的个性化生产、大规模定制仅仅是空谈，剩余价值实现的危机也若隐若现。

在传统的福特主义的企业生产组织下，管理部门的"科层制"组织方式虽然通过内部分工、选贤任能、指令与服从等机制提高了企业特别是大型企业的组织效率，但科层制僵化的内部分工同时也使得研发、生产和销售等部门在组织上存在严重的沟通障碍，特别是当企业生产组织的规模越来越大时，部门之间存在明显的"竖井效应"，缺乏对于客户需求信息的交流。例如，由于消费者对于企业产品的使用满意度、存在的问题等相关信息存留于销售或售后部门内部，研发和

生产部门无法掌握客户对产品的评价，容易导致设计和生产的次优化、重复性、延迟性等问题，从而拖延了创新周期并且使成本大大增加，无法真正做到面向客户。

为了解决上述福特主义企业生产组织的缺陷，丰田的精益生产方式采取了新的产品设计方式，即交叉职能的开发设计团队。团队负责人负责整个新产品的设计和工艺考量。其团队成员来自企业内不同的职能部门，在产品设计任务完成前都处于团队负责人的管控之下，但仍旧保留与原职能部门的联系。这种精益生产中网络的动态分工形式，不仅使关于计划、协调的中层管理活动与基层的产品开发和生产活动逐渐融合，而且也减少了高层管理部门对各职能部门进行协调、计划的管理活动，从而降低了企业对中层管理活动的需要，与传统等级制的职能式组织结构相比，其层级更少、更为扁平化。大规模定制的生产方式通过引入信息技术对组织进行改进，计算机辅助设计和计算机辅助制造的应用使得一些企业可以模仿丰田生产方式，使得职能交叉的并行开发团队成为可能。企业资源计划、供应链管理、客户关系管理、制造企业生产过程执行系统等数字信息管理的使用以及辅助性工作的外包，大大减少了中间管理层的活动，管理层级日益扁平化。

从理论上看，企业在做出各项决策之前必须大量收集信息并对信息进行细致的审核。然而在传统的组织框架、管理控制体系内的决策制定方法已经无法跟上经济和市场发展的复杂程度。在层级结构的企业中，处于组织底部的低层级业务主管和员工往往最了解关于客户、竞争企业和内部组织能力的具体详细信息，但由于所处的层级的局限，这类人群总是倾向于制定局部最优的策略，缺乏全局观念。相反，高级主管由于更容易掌握关于企业整体战略意图和经营方向，以及整个企业动态特征的信息，因此其决策往往考虑企业整体的发展方向，却可能建立在对具体经营状况不甚了解的基础之上。由于中层管理者所处的位置使他们能同时接受和掌握来自底层和上层双方的信息，为了解决上述矛盾，多数企业将一定的决策权和管理职能转移到中层主管手中。但是，这一举措又有可能导致来自底层和上层关键信息的失真或遗漏。并且，中层管理者处理并交换信息所耗费的时间也会影响到企业的运作成本和速度。随着外部竞争环境愈发凸显出动态性特征和企业经营的不断深入，多数公司通过削减中层管理人员，使底层和高层更加紧密地联系在一起，与此同时还要避免组织功能的紊乱以及信息获取的障碍。在此过程中，就需要对企业内部的信息技术系统进行重新设计。

新一轮技术革命为解决如何获取复杂市场环境中客户的多样性需求信息，以及如何进行海量信息的处理等问题提供了物质技术基础，但同时企业内部的组织结构也需要发生转变以适应新技术条件下的激烈的市场竞争状态，即企业内部组织进一步扁平化和集成化趋势。在传统信息技术条件下，公司内部运营和价值链中各职能部门的内部交付是企业运行中信息数据的主要来源，如订单处理、供应商交流、销售数量和售后服务等。同时，企业会利用市场调查研究及从其他外部资源处获得的信息对上述所得数据进行补充。但其所获得信息数量和质量远远满足不了如今灵活多样化的客户需求，并且对信息的定义和分析的任务往往分布于不同的职能部门之中，形成"竖井效应"①。例如：企业资源计划（ERP）和制造企业生产过程执行系统（MES）并没有连接起来，使得 MES 在根据工厂车间实际情况（如设备故障、原料问题等）对生产进行调整时，其信息并没有反映到 ERP 系统中，必须依靠后期业务部门重新调整，浪费了大量的时间和人力成本。即使部门间存在信息共享，如销售数据会用来管理保养部件的库存，也会因为共享的规模有限和分享时间的不确定性给企业整体的信息获取

---

① 由于组织结构障碍所造成的部门之间和员工之间无法传递信息或信息沟通不畅，使得企业内部形成一个个信息孤岛。

和分析带来一定障碍。实际上，企业资源计划、供应链管理、客户关系管理的相互关系之间都存在类似的问题，使得企业内部仍旧存在严重的系统断层。

由物联网（Internet of Things）和服务联网（Internet of Services）技术形成的工业互联与产品互联，配合先进的增材制造技术和可重构制造体系，以及大数据分析，将促成传统信息技术条件下的大规模定制生产组织的进一步演化（如图3-3所示）。计算机辅助设计（CAD）、计算机辅助制造（CAM）、企业资源计划（ERP）、供应链管理（SCM）、客户关系管理（CRM）和制造企业生产过程执行系统（MES）等不再是独立的个体系统，它们将呈现集成趋势，统一于集成的大数据管理平台，共享大数据信息流，形成"智能工厂—智能产品—智能数据"的闭环（可与图3-2比较），从而主动地获取消费者的需求、偏好和供应商的库存供应量等信息。

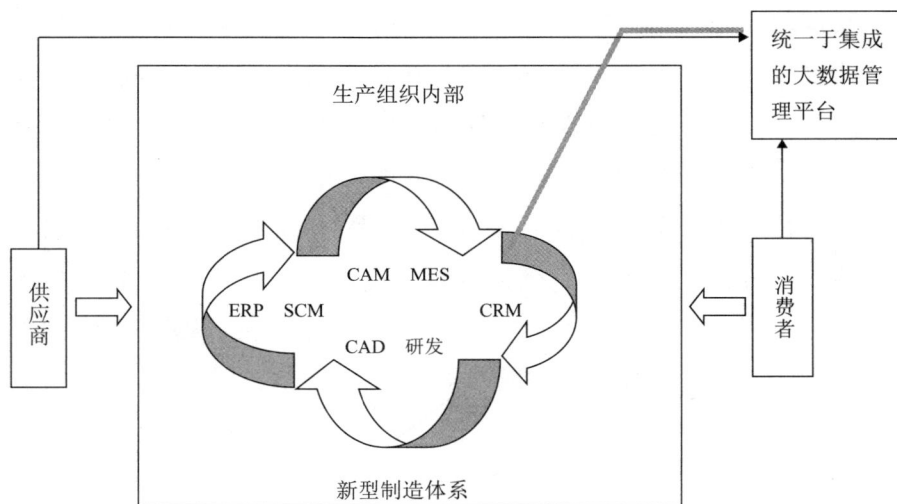

图3-3　新兴的大规模定制生产组织

以物联网技术为基础的工业互联网和智能互联产品的诞生为企业的数据信息开辟了新的获取渠道。各类机器设备甚至产品本身都可以成为传统数据源之外全新的数据来源。通过嵌入式物联网技术，机器设备和智能互联产品能够实时产生数据。随着关联技术的不断进步，其数据容量超出以往任何信息收集方法，并且当产品数据与其他数据如交易记录、物流状况、供应商原料价格和交通信息等相融合时，它们对于企业决策的价值将大大增加。例如在农业生产中，对湿度传感器获取的数据和天气预报数据的综合分析，将促使灌溉系统优化升级，并节省水资源。上述技术创新需要企业内部对生产和管理的组织形式持续改进，形成跨部门的新的协作方式以及全新的职能部门。

在前文描述的利用传统信息技术的企业中，IT部门负责管理企业内部的计算基础设备和各职能部门的软件工具，如计算机辅助设计、供应链管理、客户关系管理等，而研发部门设计研发生产本身。面对市场竞争，高效地利用工业互联和智能产品产生的大数据流以充分满足客户需求，从而提高利润，促使企业将IT部门与研发部门进行整合以实现彼此协作，呈现集成化的趋势。由于智能互联产品在顺利售出后仍然可以作为数据收集终端，或帮助企业履行监测、控制和自动化等职能，因此，企业需要设立新部门专门负责产品销售之后的产品数据收集（智能产品终端将获取用户体验的大量信息，包括产品的使用和表现、用户的偏好以及满意度等）、产品性能管理与优化，其中既需要传统研发部门的专家，还需要IT、制造和售后部门的工作人员。此外，企业还需要整合有关销售、客户服务与支持的管理部门以改变企业客户关系管理的方式（如图3-4所示）。

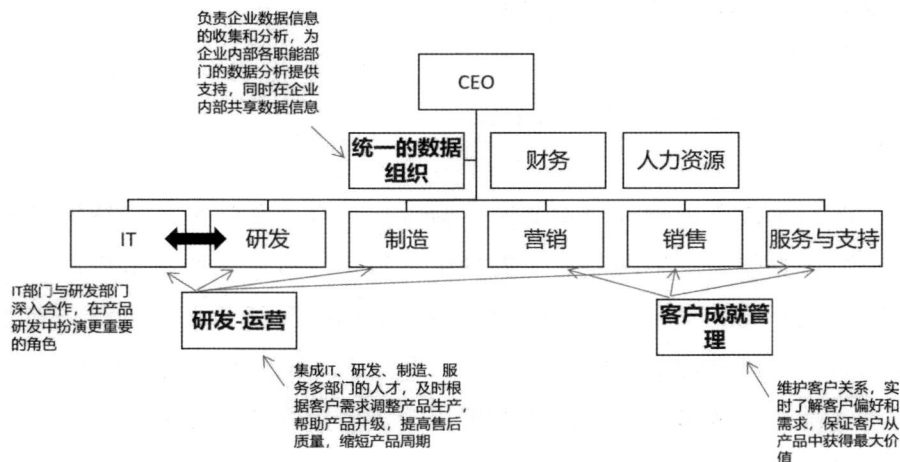

图3-4　大数据革命背景下的新型企业组织架构

根据迈克尔·波特等学者的理论，在新技术革命的背景下企业组织内部将出现三个主要的新兴部分，分别为：第一，统一的数据组织。这一新部门专门负责从研发、制造、营销等各职能部门收集关于企业各类的数据信息，并展开分析。数据组织为其他各部门提供数据分析支持，同时在企业内部分析数据信息。第二，研发—运营部门。该部门主要集成IT、研发、制造、服务多部门的人才，及时根据客户需求调整产品生产，助力产品升级，提高售后质量并缩短产品周期。第三，客户成就管理部门。该部门集成营销、销售、售后服务与支持，旨在维护客户关系，实时了解客户偏好和需求，保证客户从产品中获得最大价值。

总体看来，在整个第三次工业革命中，企业内部组织将呈现出持续扁平化和集成化的趋势，企业组织将逐渐成为企业内部资源和用户之间的双向交互平台。需要注意的是，由于目前新技术革命仍然处于前期酝酿阶段，即使是在先进的大型制造业企业中，使用工业互联技术并生产智能互联产品的份额还不及所有产品的一半，因此，在相当长的一段时间内，新旧两种企业组织结构会同时存在，并互相影响，使得企业组织模式呈现出更加复杂的特征。

## 二、企业组织的平台化转型

新一轮科技革命和产业变革日新月异，以"平台化"为特征的新经济蓬勃发展，深刻改变着人类的生产和生活方式。以技术创新、商业模式创新为驱动，促进产业跨界融合、同步升级的平台经济，成为推动世界经济转向高质量发展的强大引擎。与此同时，在平台经济的演进过程中，诸多矛盾和问题逐渐显现。虽然学者们关于平台经济所囊括的各个领域都存在大量的争论，但不可否认的是，现实中企业普遍存在的平台化转型趋势。按照帕克等学者的定义："平台是一种基于外部供应商和顾客之间的价值创造互动的商业模式。平台为这些互动赋予了开放的参与式架构并为它们设定了治理规则。平台的首要目标是：匹配用户，通过商品、服务或社会货币的交换为所有参与者创造价值。"①实践中，企业组织的平台化转型主要体现在两个层面：第一，企业组织内部的数字平台化转型。它既包括企业内部各职能部门扁平化趋势，还体现在企业搭建的开放式平台生态系统，如苹果的IOS系统、ABB工业互联网平台。第二，商业化平台型企业的涌现。搜索平台、出行平台、短视频平台、电子商务平台等大量商业化的平台型企业已然深入经济社会的各个方面。同时，大型平台企业的影响力、垄断力和市值随着其规模的扩大不断上升。导致企业组织出现平台化转型的主要原因在于以下几个方面（如图3-5所示）。

---

① [美]杰奥夫雷 G.帕克等,志鹏译:《平台革命:改变世界的商业模式》,北京:机械工业出版社,2017,第6页。

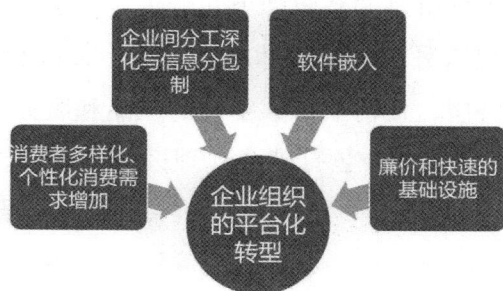

图3-5　企业组织平台化转型的驱动力

第一，消费者多样化、个性化消费需求的日益增加。正如前文所述，随着资本主义国家整体国民经济的持续发展，大规模标准化的商品已经无法满足消费者对多样化、个性化的需求。在此背景下，不同国家的一些企业从生产制造系统内部出发，发展出了以精益生产、弹性专业化以及大规模定制等方式改造传统福特主义的生产方式，从而使企业保持资本积累的能力。但大多数企业仍然采用的是"管道式"（pipeline）的信息传递系统，或者说"线性价值链"（liner value chain）。这一系统的缺点在于：供给和需求分置于系统的两端，中间环节较多，并且信息只能在管道中进行低效的单向传递。[①]随着市场需求结构变迁，多样化、个性化消费需求的增加，传统的管道式结构便无法满足供需快速匹配的需要。而在平台型组织中，消费者自身产生的数据和信号将取代传统企业组织中复杂销售和营销的从业人员，直接提升生产者和顾客之间的交互程度，以精准匹配供给和消费，缓解价值实现的危机。

第二，企业间的分工持续深化与信息分包。由于产品多样化需求增加，不同行业中产品和服务的复杂程度也会增加，由此生产产品和服务的知识和技术越来越分散于不同的企业中。通过市场分工，大量

---

① ［美］杰奥夫雷 G.帕克等,志鹏译:《平台革命:改变世界的商业模式》,北京:机械工业出版社,2017,第6—7页。

企业仅仅专注于提升自身的技术能力和竞争力。平台化转型可以促使企业有效地利用自身外部创新群体的多样化、专业化的知识和技能。特别是在数字经济中，任何能够数字化的产品和服务都可以分解为各种"数据包"，这种信息分包打破了地理区位的限制，进一步加速了专业化分工，并极大地扩展了潜在市场。通过应用程序接口（Application Programming Interface），任何数字信息项目都可以分解为一系列独立的工作任务，从而可以通过人类劳动得到完成。企业与劳动者之间、企业之间以及劳动者之间跨领域、跨市场以及跨地域的竞争和合作需要平台型企业组织对他们进行匹配，并提供高效的协调与管理。平台同时可以利用上述应用程序接口直接管理各类工作流程。

第三，软件嵌入。在经历信息技术飞速发展的数十年后，数字化的生产软件已经融入企业的日常生产以及服务等各个业务流程，产品和服务质量也越来越依赖于软件的运行效率。随着软件应用的网络信息化，业务流程中的数据可以在不同企业、市场和国家之间流动和聚合。如本章第二部分所述，数据在生产和服务中重要性的提升，使得软件嵌入把产品转化为平台化的服务，消费者消费产品和服务的过程同时也是企业搜集消费者行为和趋势实时数据的过程。

第四，廉价和快速的基础设施。技术的持续变革与相应基础设施建设的普及为企业的平台化转型提供了必要的物质基础。信息通信技术的持续发展、半导体成本的降低、移动通信基站的大量建成以及智能手机的普及使得普通消费者可以随时随地以较低的成本接触移动互联网。升级后的互联网协议大大扩张了网络地址的数量级。据统计，联通数字基础设施的创新创业公司的进入成本在过去十多年里大大下降，而持续利用无所不在的网络和数字化设施的关键则在于企业能否顺利进行平台化转型。①

---

① ［美］阿姆瑞特·蒂瓦纳，侯赟慧、赵驰译：《平台生态系统架构策划、治理与策略》，北京：北京大学出版社，2018，第11—20页。

　　在新一轮技术革命背景下，企业的平台化转型会使得更多的生产商和消费者聚合于平台组织之上，经济主体数量的增长虽然扩展了积极的网络效应，但同时也增加供给和消费的匹配难度。随着大数据、人工智能等技术的持续创新，一些企业试图通过更高效的算法和更强的计算能力来解决上述难题。但正如第一章中关于人工智能技术所描述的，数据的数量是决定人工智能算法模型质量的核心因素之一，而企业持续的平台化转型是能否获得大数据的关键。

　　此外，随着企业平台规模的扩大以及伴随而来的不正当市场竞争行为的增加，不少学者提出需要对垄断平台进行规制。因此，在分析未来企业组织平台化转型时除了需要分析技术—经济变革以外，还需要把政府相关政策纳入考量。Petropoulos（2017）提出了针对共享经济平台规制的基本原则，即保护消费者、调整对传统企业的规制、协调微观企业制度和法律法规以及联邦系统性监管。[①]国内一些学者也提出了一些对平台经济进行监管的新视角与新方法，如：互联网时代应鼓励创新与有效监管并重；[②]应构建平台规则与法律规定双重约束的"平台—政府"双元管理范式；[③]平台经济应构建以平台企业的私人监管为主、政府的公共监管为辅的双重监管体系；[④]互联网平台的监管政策的重点应放在推动资源有序流动和增强平台基础服务能力方面等。[⑤]此外，近年来国内外法学界针对平台经济规制的研究也取得

---

[①] Petropoulos G: "Collaborative Economy: Market Design and Basic Regulatory Principles", *Intereconomics*, 2017,52(6), pp.340-345.

[②] 李凌:《平台经济发展与政府管制模式变革》,《经济学家》2015年第7期,第27—34页。

[③] 汪旭晖、张其林:《平台型网络市场"平台—政府"双元管理范式研究——基于阿里巴巴集团的案例分析》,《中国工业经济》2015年第3期,第135—147页。

[④] 王勇、冯骅:《平台经济的双重监管:私人监管与公共监管》,《经济学家》2017年第11期,第73—80页。

[⑤] 胡凌:《从开放资源到基础服务:平台监管的新视角》,《学术月刊》2019年第2期,第96—108页。

了一定的成果，研究主要聚焦于平台经济规制模式的争论，即自我规制、政府规制以及二者的结合。由于学科的差异，在这里不再赘述。

## 三、网络化生产组织中核心企业控制力的增强

福特主义生产方式的危机促使资本主义企业在随后的调整中适当地缩小了原先生产组织的规模，不论精益生产还是大规模定制的生产组织都通过层级分包或外包的制度，由纵向一体化分解为由制造商—供应商（外包商）构成的核心——边缘的网络化组织结构。随着信息通信技术的不断发展和跨国公司的扩张，全球化生产网络逐渐形成。世界各地的企业通过全球生产网络联接在了一起，以实现全球化的分工协作。然而，在全球生产网络中，虽然企业之间存在一定程度上的信任与合作，但不同企业在这一生产网络中的权利和地位是存在差异的，处于核心地位的生产组织明显呈现出对边缘生产组织较强的控制力，其主要原因在于以下三方面。第一，核心组织掌握对生产过程的控制权；第二，核心组织对数据和信息的强大控制力；第三，核心组织拥有对边缘组织产品的议价权。在新一轮技术革命的影响下，网络化生产组织中核心企业的控制力将得到进一步增强，具体体现在以下几个方面。

### （一）核心生产组织集中性的增强

如本书前文所述，在当下新一轮技术革命的背景下，一些学者认为"社会制造"的模式将成为新的主流产业组织模式：新能源技术的发展使中小企业能够获得廉价的动力支撑；物联网等新型信息技术可以优化物流系统，从而大大降低中小企业成本；网络信息的共有共享

将大大提高生产要素的配置效率。①随着新技术浪潮影响的逐渐深入，大型企业将逐渐解体，分化为中小型企业，并且融入全球生产网络中。新技术革命中生产的本地化、定制化、分散化的趋势将与民主化的分布式能源、协同共享的经济机制相结合，大大削弱大型企业和跨国集团的规模经济优势，使它们逐渐丧失竞争力。②

实际上，如果回顾理论史，自20世纪中期计算机和信息技术逐渐兴起开始，就有相似的推测出现。英国学者E.F.舒马赫在其经典著作《小的是美好的》中曾深刻剖析了建立在传统工业技术之上的专业化、大型化的生产组织的弊端，并反思了西方的工业化模式。他认为，传统的大机器生产是一种建立在高资本密度、高能源投入以及节约劳动技术基础上的大规模的生产方式，而这一生产方式导致了效率下降、生态破坏并危害了人类本体。未来社会更需要一种社会化、适度规模的企业组织形式。③

诚然，随着技术的进步和生产力的发展，生产将呈现越来越社会化的趋势，但是这并不意味着大型企业的控制力、垄断力将被削弱。马克思认为，资本主义竞争的结果是分散的小资本通过互相吞并和联合形成大资本，或是它们在竞争中被大资本打败，进而被吞并。随着资本主义生产的积累和发展，竞争和信用成为资本集中最强有力的杠杆。技术的创新和扩散是一个动态的、不均衡的过程，先进的技术不可能瞬间被所有企业所占有。在新技术革命中技术领先的企业将呈现垄断性特征，而当下这些企业又往往是颇具竞争力的大型跨国企业。虽然此次新技术革命还处于蓄势待发的黎明期，但在其中具有代表性

---

① 刘芸、朱瑞博：《第三次工业革命的核心本质及其推进路径》，《中国浦东干部学院学报》2013年第6期，第106—112页。

② 戚聿东、刘健：《第三次工业革命趋势下产业组织转型》，《财经问题研究》2014年第1期，第27—33页。

③ ［英］E.F.舒马赫，刘清山译：《小的是美好的》，成都：四川人民出版社，2022，第233—235页。

的技术与行业，大型跨国企业对于知识以及科学技术的垄断局面已初见端倪。

以工业机器人为例，世界四大机器人整机企业——瑞士ABB，日本发那科、安川电机和德国的库卡占工业机器人的市场比重已经超过50%，其他的代表性企业还有德国的杜尔、莱斯和意大利的柯马。对于服务性机器人而言，占据市场垄断地位的则是专注于医疗机器人的直觉外科公司以及制造军用和家用机器人的IROBOT公司。同时，作为新技术革命关键技术之一的物联网技术也逐渐被垄断在发达国家的大型跨国公司手中。根据英国知识产权办公室报告中的物联网专利数量排行，美国的IBM、英特尔、通用电气、微软，日韩的索尼、东芝、三星等跨国企业均榜上有名。

在技术变革中，大资本掌握大量现金资产，并且更容易以较低的成本进行融资，即使其暂时没有掌握相关联的新型技术，也可以通过收购、并购等方式获得核心技术的能力。

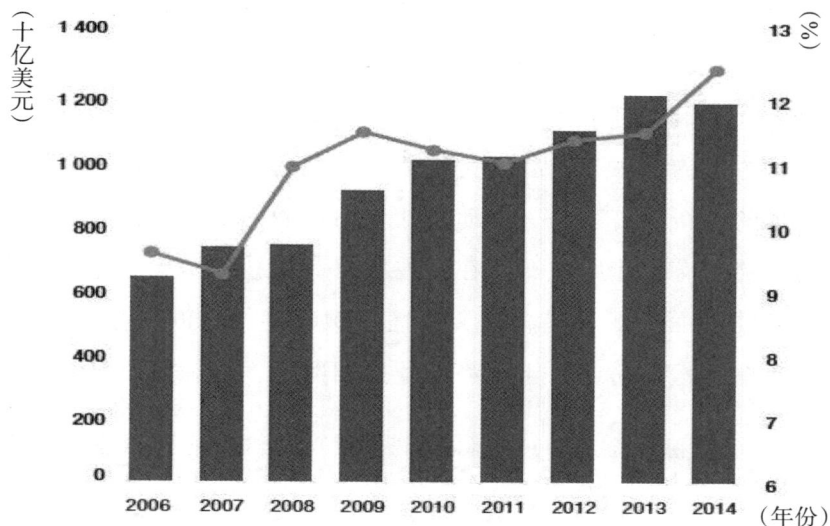

图3-6 全球最大100家跨国企业现金持有量及其占总资产的比重

资料来源：UNCTAD，World Investment Report 2015

148

从图3-6可以看出，全球最大的100家跨国公司所掌握的总现金流及其变化：从2006年起最大的100家跨国公司的现金持有量呈上升趋势，其最高点达到约12000亿美元。如果考察更大的样本量，以5000家跨国企业为例，上述现金持有总量在2014年末高达约4.4万亿美元，几乎是2008年金融危机前该数据的两倍。凭借大量现金流的积累，大型跨国企业往往在全球经济形势尚不明朗时具备更强的抵御市场风险的能力，其在新技术革命的酝酿期收购、并购也更具灵活性。即使不具备技术能力，大型企业由于有充足的资金优势，也可以通过资本运作等多种方式掌握前沿的技术。例如，西门子这些年已经悄然并购了多家著名软件公司，成为仅次于SAP的欧洲第二大软件公司。2016年，互联网巨头思科公司宣布将以14亿美元收购物联网技术的龙头企业Jasper。根据统计，2014年跨国并购总价值已达到9000亿美元，比上一年增长了34%，其净价值也达到了3990亿美元，同比增长28%。

20世纪80年代末，互联网民主、分享的技术特征使大部分人对互联网兴起及其未来发展怀有乌托邦式的热情。然而，由于互联网技术内生于特定的经济、政治和社会环境，使它很大程度上受制于资本的积累过程。互联网逐渐演变为一个更加封闭并且被私人垄断的领域。以谷歌（Googel现已改名为Alphabet）为例，至2015年10月，谷歌大约收购了184家企业，其中最大的是对摩托罗拉公司价值125亿美元的收购。根据相关数据统计，谷歌用于收购的资本至少达到了280亿美元。仅在2014年一年间，谷歌就收购了共41家公司。近年来，谷歌一直保持着收购的热情，收购的对象既有大型企业组织也有中小型的初创型公司。通过收购，谷歌可充分整合被收购公司所掌握的核心技术能力并把这些公司高科技研发人员"收入囊中"，如工业机器人制造、供应链管理、销售渠道、智能软件开发等，从而补充本公司在某些行业中的短板，增强其在市场中的竞争能力。整体看来，谷歌作为全球生产网络中核心组织的控制力随着其收购规模的扩大而不断增强。

此外，近些年来，跨界收购成为一种趋势。根据相关数据显示，通过跨行业并购实现跨界经营的案例逐渐增多。例如，传统上活跃于运输、房地产、金融服务、信息技术等行业的企业开始频频收购消费品及零售企业。此类并购交易的数量仅2013年就增长了46%，2014年上半年就基本达到了2013年前的全年水平。

除了上述核心企业通过收购或并购等资本集中的方式增加自身在全球生产网络中的控制力之外，发达国家在推动第三次工业革命的进程中显现出了区别于主流经济学的，增强核心生产组织竞争力和控制力的方式。

第一，充分发挥国家的作用。为增强本国工业制造业在全球生产网络中的竞争优势，国家与大企业联合形成创新共同体，并出台有关政策和行动方案，搭建先进技术的研究和推广平台，帮助核心生产组织提高自身的技术水平和竞争能力。客观地看，上述举措从某种程度上增强了核心生产组织（其中大部分为大型跨国公司）的控制能力。以德国工业4.0和美国先进制造伙伴计划2.0（AMP2.0）为例，其工作组、筹划指导委员会中的技术专家和有关成员绝大多数来自大型跨国公司（如表3-7所示），并且囊括了软件、机械工业、半导体、先进材料等多个产业领域。

表3-7　参与德国工业4.0和美国先进制造伙伴计划2.0（AMP2.0）的大型企业

| 工业4.0 | AMP2.0 |
|---|---|
| 威腾斯坦集团（WITTENSTEIN，欧洲机电一体驱动尖端技术开发制造商） | 诺斯洛普·格鲁门公司（Northrop Grumman，世界第四大军工生产厂商） |
| 西门子（Siemens） | 霍尼韦尔（Honeywell，多元化高科技和制造企业） |
| SAP（全球最大的企业管理和协同化商务解决方案供应商） | Overland Storage（分层式数据保护） |
| BOSCH（博世） | Alcoa（美国铝业公司） |
| BMW（宝马） | 格罗方德半导体股份有限公司（Global Foundaries） |
| ABB集团 | |
| FESTO（德国气动元件厂商） | 卡特彼勒公司（Caterpillar） |
| 戴姆勒股份公司（Daimler AG），Hewlett-Packard（惠普） | 美国应用材料公司（Applied Materials，全球最大的纳米制造技术企业） |
| 英飞凌（Infineon Technologie，全球领先的半导体公司之一）等 | 微软 |
| | 谷歌等 |

资料来源：根据德国工业4.0和美国先进制造伙伴计划2.0（AMP2.0）的报告整理得出

　　第二，大型企业主动展开合作。与历史上数次技术浪潮推动过程中更加强调市场的竞争作用不同，新一轮技术革命的指导核心是强调跨产业链、跨行业的技术合作，如德国工业4.0和美国先进制造伙伴计划2.0（AMP2.0）均是一个工业和电子信息行业联合的系统化的制造业解决方案。除了国家的主动推行之外，新一轮技术革命工业互联、产品互联的特征促使各个行业巨头，甚至彼此间存在潜在竞争关系的企业开始主动展开联盟和合作。例如，通用电气的医疗公司于2012年2月和微软各控股50%，成立了合资公司Caradigm。该公司主要致力于持续推动促使医疗系统和客户医疗更加高效运行的软件开发；通用电气旗下的航空公司和埃森哲成立了合资公司，开发软件、管理航班运营。同时，通用电气还有很多与潜在竞争对手合作的项目，比如英特尔的传感器技术、思科的网络硬件、埃森哲的服务交付以及亚马逊的云交付网络服务。新技术革命中的技术领域大多属于资本密集型的行业。这些行业在其投资初期，企业为了参与竞争，推动技术创新和市场发展的投入会越来越大，而这样规模的投资使得单一企业无法承受。并且如果技术路径选择错误，单个企业可能遭受毁灭性的打击。这也要求核心企业间彼此联合，共同开发相关技术。以微处理器行业的发展为例，20世纪末，200mm的晶圆体已经满足不了新一代处理器的性能要求，研制新的300mm晶圆体势在必行。但由于此项技术创新所需总成本高达约100亿美元，即使是微处理器的行业巨头也无法承担如此巨大的投入及其可能带来的风险。因此，行业内主要核心生产组织开始主动联合，共同开发下一代处理器。随后，包括英特尔、得州仪器、国际商业机器公司（IBM）等巨头联合建立了国际300mm晶圆体倡议（International 300mm Initiative，I300I）共同体，共同推进300mm技术的研制。

在新一轮技术革命中，核心企业可以通过行业协会、参与者间的正式协议或联盟、互相授予知识产权等方法展开合作。虽然在行业协会或协议联盟中也存在着中小企业的身影，但是其运作和决策通常都是由其中的行业巨头所引领。例如，在德国工业4.0计划中，为推进其实施而设立的工业4.0平台就是由德国机械设备制造业联合会（VDMA，欧洲最大的工业协会），德国信息技术、电信和新媒体协会（Bitkom）和德国电子电气行业协会（ZVEI）共同搭建的。虽然上述各联合会或协会都有众多中小企业的参与，但它们的参与度始终很低，并始终处于被动地位。尤其当涉及制定具体的行业标准等时，大型跨国公司如西门子、ABB、通快集团（TRUMPF）往往会发挥更加重要的作用。又如，日本企业为应对新技术革命，由42个大型制造商、25个大型通信信息技术企业以及21家中小企业共同达成了产业价值链协议，以支持制造业和信息产业的融合。其中，这一倡议的执行委员会成员几乎全是诸如佳能、三菱、日立、丰田、东芝、松下、富士、川崎重工、安川电机、欧姆龙等知名行业巨头和跨国公司。

综上可以看出，相对于中小企业，大型跨国公司更有能力在技术变革中掌握技术前沿，获得竞争优势，从而进一步增强企业的垄断能力。在信息化与工业化不断融合的趋势下，未来可能出现新的跨国跨行业联合的垄断巨头。例如，互联网的垄断性企业、垄断性的制造企业和金融企业相联合，共同开展商业业务，共同研发并且实践新的技术形式，以创造更大的商业价值，客观上也会增加核心企业本身的控制力。

## （二）核心企业对数据信息的垄断程度加强

在理想的市场经济假设中，市场中的数据信息通过市场分权模式，可以从一个市场参与者流动到其他任何一个市场主体。但现实中，企业对数据信息的占有却是不平等的。在传统的精益生产或大规模定制的网络化生产组织中，虽然存在着生产组织之间的信息共享，但是这种共享是不对称的，也即核心企业会通过各类控制手段强制边缘企业分享其所掌握的数据信息和技术知识，除非有利可图，核心企业本身的数据信息却很少分享给边缘企业。信息技术在网络化生产组织中的应用，更加保证了核心生产组织对边缘供应商的控制。在生产实践中，核心企业利用信息技术构建出跨越组织的系统（Interorganization System，IOS）以保证其对供应商商品信息的了解（这直接关系到其议价能力），从而进一步提升对供应商零部件质量问题的监督和管理。以通用汽车公司为例，零部件供应商若想与通用汽车公司发生交易，就必须使用汽车行业协会所制定的电子数据交换标准（Electronic Data Interchange，EDI）。这一标准的供应订货系统通过与通用汽车公司的库存管理系统连接在一起，来帮助其自动地分析判断出供应商零部件的库存供应量，从而增强通用汽车对其边缘供应商的控制。

在新一轮技术革命背景下，数据是人工智能、机器学习质量提升的关键之一，如果缺乏大量的数据，即使拥有精准的算法和强大的计算能力也无济于事。大多数企业在利用人工智能的相关技术与系统时，面临的最大难题就是对数据进行高效的获取、整合和处理。随着物联网、感应技术、大数据等技术的不断发展，机器设备设置产品都可以作为企业数据信息的来源，这使得收集和处理海量数据成为可能。高效的信息处理能力可以增强企业应对多变的市场环境和客户需求的能力。同时，数据信息也可以用于优化企业资产的配置，完善企业日常运营，改进企业产品的设计、监控和维护。

然而，技术的乐观主义者所认为的新型信息通信技术可以通过建立大数据分享平台，使商业数据在全球范围内免费共享的演化趋势过于理想主义，难以实现。现实的情况是由于收集和分析数据需要耗费企业大量的成本，尤其是关于消费者、供应商的核心信息关系到企业在市场上的竞争力，大数据信息逐渐变为一种核心企业资产。通过工业互联网和智能互联产品，核心企业可以把自身计算机辅助设计、计算机辅助制造、企业资源计划、供应链管理、客户关系管理和制造企业生产过程执行系统与边缘生产组织的上述企业信息系统统一于集成的大数据平台。核心企业掌握此类数据，可以提升其创造利润的能力。值得注意的是，规模庞大以及具有创新引领能力的大企业往往存在数据获取的"反馈效应"，这造成数据向大企业集中。[①]

相对于全球生产网络中的边缘企业，由于核心企业掌握了先进的技术能力和技术标准，其可以完全通过数据平台获得外围企业更多样化的数据信息，从而达到增强控制力的效果。相反，外围的生产组织并不能迫使核心企业共享数据信息，信息从核心企业流向外围生产组织受到极大的限制。

对于上述平台型企业组织而言，一些学者循着Rochet和Tirole以及Amstrong的思路，针对微观领域平台厂商竞争行为的开创性分析（"双边市场理论"）。Haigu和Halaburda的研究表明，由于平台能够

① ［奥］维克托·迈尔-舍恩伯格、［德］托马斯·拉姆什，李晓霞、周涛译：《数据资本时代》，北京：中信出版社，2018，第160—162页。

收集并控制用户的相关信息，平台在利润的驱使下可能会策略性地隐藏部分有益的市场信息。Eliaz 和 Spiegler 以及 McCathy 的研究证明了在某些假设前提下，搜索引擎平台会使得社会整体的广告费用推高并偏离最优。Guijarro 等通过分析搜索引擎对搜索结构的排名行为，证明了搜索引擎与网络内容提供者的联合会损害用户的权益。[①]

### （三）核心企业议价以及创造利润能力的提升

在网络化的生产组织模式下，核心企业凭借着外包生产活动的增多，生产趋于分散，其生产的灵活性以及资本周转的速度都随之有所提升。但外包生产活动又在某种程度上提高了核心企业的不变资本的支出，阻碍了其资本积累能力的提升。因此，核心企业出于压低成本从而获得更多利润的目的，存在着监督并挤压边缘生产组织产品价格的动机。例如：强迫外围企业以不合理的高价格购买其设备，将没有价值增殖空间的零部件分包给外围企业生产，迫使外围企业通过持续产品创新转嫁核心组织的创新成本和风险等。

在新一轮技术革命的推进过程中，各种新技术在生产中不均衡的应用和扩散将进一步提高核心企业对于边缘外围企业的议价能力，并且通过创造新的商业模式提高其获取利润的能力。在美国学者格里菲提出的"全球商品链"（Global Commodity Chains）有关概念中，由于主导企业驱动机制的不同，"全球商品链"被分为"生产者驱动型"（buyer-driven）和"买方驱动型"（producer-driven）。由于分工的不断深入，全球生产网络发生了新的变化，格里菲于2005年改进了其"全球商品链"理论，并提出了"全球价值链"（Global Value Chains）的概念。依据企业间不同的分工协调水平，他把"全球价值链"分为五

---

① Guijarro L , Pla V , Vidal J R ,et al:"Search Engine and Content Providers: Neutrality, Competition And Integration", *Transactions on Emerging Telecommunications Technologies*, 2015,26(2),pp.164-178.

种不同的治理模式，即市场型、模块型、关系型、被动型和层级型。[①]谢富胜等从资本循环角度出发，借鉴"全球商品链"和"全球价值链"的理论，将全球生产网络分为"生产者驱动的网络"和"买方驱动的网络"，以深入分析全球生产网络中企业间的互动关系。[②]在"买方驱动的网络"中，作为销售商的主导企业在全球生产网络中处于核心地位，主要原因有二。第一，主导企业掌握着资本循环的流通环节，即垄断了市场营销的渠道，控制了最终产品的剩余价值实现过程。第二，主导企业控制了整个产品创新的环节，即产品设计和产品服务。通过产品创新，核心企业可以使消费者建立起对其品牌的认知度，从而在价值链上获取更大的份额。例如，苹果、耐克等公司就属于这一类型，它们本身并不从事具体产品的物质生产活动，而是采取外包的方式把全球供应商集中在一个网络生产关系中。

从上述理论出发，在全球生产网络中，不论是生产者驱动型还是买方驱动型，由于核心企业生产组织在新技术革命中占有技术上的垄断优势，其对全球生产网络中的制造、交换和分配的控制力将日益增强。占有创新优势、信息优势，拥有技术核心、掌握技术标准的企业将逐渐在产业链上进行延伸，成为产业中的核心企业，从而进一步提升其议价以及利润创造能力。例如，通用电气作为生产商在生产中对物联网、嵌入式设备、工业互联网等技术的掌握能力和应用的成熟度远远超过生产网络中的边缘组织，因此其在整个资本循环中占据支配地位。通用电气对整个生产环节的控制权来自其在最终产品的剩余价值生产中发挥的主导作用，具体看来，其核心控制力在于对关键技术创新和核心零部件的垄断。通用电气近年来在其产品，如涡轮机和其

---

① Gereffi G ,Humphrey J , Sturgeon T :"The Governance of Global Value Chains",*Review of International Political Economy*, 2005,12(1),pp.78-104.

② 谢富胜、黄盛:《全球生产网络的政治经济学分析》,《教学与研究》2015 年第 8 期, 第 49—58 页。

他风能设备中嵌入传感器，使其可以提取设备产生的有用信息流。通过智能互联产品的普选和对大数据的分析，通用电气可以监测其产品的状态和外部运行环境；控制产品各项功能的实现，满足个性化的用户体验；优化设备性能并对问题进行诊断、维护和服务。依靠对核心部件的全流程的监控和封闭式的系统，通用电气可以完全占有市场定价权。

通过新技术的运用，核心企业还可以创造新的商业模式来提高自身的利润创造能力。引擎生产商劳斯莱斯基于物联网感应技术和数据管理技术建立的引擎健康监视系统，可以让劳斯莱斯公司及时发现飞机引擎可能存在的问题，从而展开预测性优化维修并同时改进引擎的设计。这种对成本控制的能力促使劳斯莱斯尝试一种新的商业模式：保留引擎所有权，同时为航空公司提供维修保养服务。这种服务仅根据实际的飞行时数收费，也就是"按飞行小时包修"。同样，目前通用电气从飞机引擎上获得的收入不仅仅来自单纯的交易，还来自改良性能的服务，如停工期缩短、年飞行里程增加等。从这类技术创新对利润的贡献来看，以大数据技术为导向的服务，使通用电气在2013年获得了约15亿美元的增量收益。通用电气的风电场与全球能源巨头意昂集团之间的合作也体现了上述这一全新的价值增殖模式。传统的商业模式仅仅是一次性的交易买卖，如果能源需求增加，电力公司和能源企业就会向通用电气购买更多的涡轮机和相关设备。然而，在与意昂合作时，通用电气利用内置于机器设备中的传感线收集到了大量的运行数据。通过分析模拟，可以获得不同商业对策，比如为了达到提高供电量的目标，意昂选择的是购买中等数量的涡轮机，并用软件使它们互联，对其进行动态控制和实时分析。通用电气根据设备性能改善情况，按一定比例与客户对增量收入分成。尽管通用电气没有卖出更多的硬件，但却与目标客户建立了长期互惠伙伴关系。美国通用电气公司已经从传统的电气制造商转变为同时生产产品和为产品提供增值服务的"制造—服务"企业。随着新技术集群的不断发展，这一转型趋势也同样在大型汽车制造商中扩散。如福特、通用、丰田等企业就在它们制造的新车型中置入了上百个传感器和通信系统，以保证车辆随时处于互联状态，这些设备将收集到大量数据并传输给企业进行分析。为此，通用汽车公司放弃了传统的数据分析外包服务，并在密歇根建立了两座数据中心，把数据分析和决策权掌控于企业内部。

在新一轮技术革命的影响下，这类核心企业的控制力将进一步增强，主要体现如下。首先，物联网和智能互联产品使企业可以实时获取关于个体消费者偏好、产品使用状况等多样化的数据信息。通过收集和分析此类信息，核心企业可以更有针对性地为目标消费人群设计产品和提供服务。从某种程度上来看，这一方面将促使消费者更加依赖于核心企业所生产的产品；另一方面，由于最终产品将直接面向个体消费者，这使得商品的剩余价值获取更为容易。其次，在全球网络化分工中，以智能制造为特征的新型制造技术的大规模使用，将使纯粹的代工生产商的地位下降。由于大规模个性化制造技术的普遍应用，某一行业内负责生产制造的企业之间的竞争大大加强。以3D打印为代表的增材制造技术和弹性可重构生产系统的应用，一方面可以使核心企业以低成本小批量的方式自主生产直接关系到产品质量的核心零部件，从而削弱了供应商在产品关键元件上的议价能力；另一方面，随着大规模定制生产技术的不断应用，从事具体的加工任务的代工工厂（原始设备制造商OEM）在价值链中获取利润的能力也不断被削弱。在新技术集群的作用下，外包代工生产的差异化越来越小，工厂拥有者难以提高产品的出厂价。虽然这将大大促进生产力的提升，但是拥有核心技术的企业将牢牢控制分工网络中的生产商。在价值网络中，控制技术和创新环节的核心企业的地位将更加稳固。

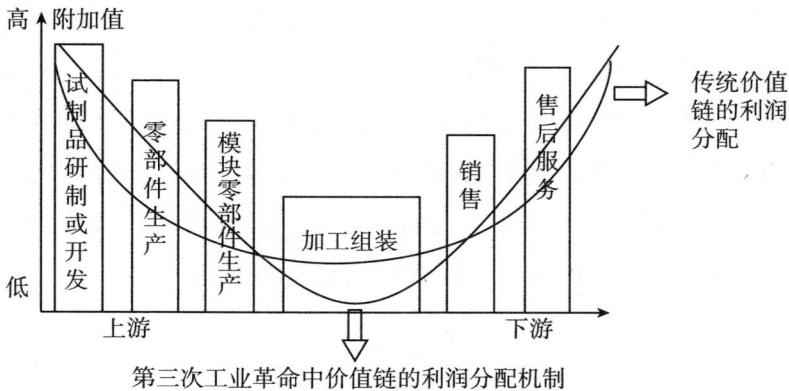

图3-7 第三次工业革命中价值链的利润分配机制（微笑曲线）①

图3-7所呈现的是第三次工业革命背景下新的价值利润分配机制：处于价值链中段的从事劳动密集型制造、组装的边缘企业，在新技术革命的冲击下，市场争夺会更为激烈，利润空间会被核心企业进一步挤压，传统的微笑曲线将进一步下降。反观核心企业，由于掌握了产品的研发、销售渠道和具有品牌维护的能力，其对边缘企业的控制力将进一步增强②。

综上所述，虽然第三次工业革命的技术特征将促使大量中小企业的兴起和发展，但是总体上来看，技术的创新和扩散并不是一个均衡的过程，相较于中小企业，巨型跨国公司、行业领先者等核心生产组织更有能力投入大量资金开发与研制各类新型技术。即使中小企业通过创新获得了技术领先，核心企业也会利用其资金优势展开收购，迅

---

① 宏碁集团创办人施振荣于1992年为"再造宏碁"提出了有名的"微笑曲线"（Smiling Curve）理论。微笑嘴型的一条曲线，两端朝上，在产业链中，附加值更多体现在两端的设计和销售中，而处于中间环节的制造附加值最低。

② 富士康收购日本夏普公司的举动可以看作是富士康对未来企业发展方向的布局之一。除此之外，2015年6月，日本软银、阿里巴巴及富士康还共同宣布达成协议，阿里巴巴、富士康向软银旗下软银机器人控股公司SBRH分别注资145亿日元，分别持股20%。在未来第三次工业革命的推进过程中，诸如富士康这类传统的代工厂企业在价值链中所能分得的利润很有可能大幅下降。上述富士康的种种资本运作行为也可以从某种程度上证明，传统的代工企业正在谋求转型。

速获得创新型技术的所有权。通过对新技术集群的垄断性掌控，核心生产组织将通过多种形式增加自身对外围企业的控制力，具体体现在：核心组织通过资本集中与协议联盟等形式获取和开发新技术以获得竞争优势，对信息控制力增强，获取利润能力和议价能力也会不断提升。因此，在第三次工业革命的背景下，以技术创新为基础的核心企业控制边缘企业的网络生产模式仍然会延续下去。

# 第四章
# 第三次工业革命与劳资关系的变迁

在马克思主义政治经济学理论框架中，资本主义生产方式具有两大特征。第一，资本主义生产方式生产的产品是商品，成为商品是其产品占统治地位的、决定的性质。第二，获取剩余价值是资本进行生产的直接目的和决定动机。工人出卖自身劳动力创造剩余价值，剩余价值是工人劳动的产物，这就决定了在资本主义生产过程中，资本为实现价值增殖，就必须对雇佣劳动进行控制，以提升生产的效率。在《资本论》中，马克思分析了随着生产力的发展，传统的工场手工业逐步发展为机器大工业，同时雇佣劳动对资本的隶属关系所发生的变化，即雇佣劳动对资本的形式隶属发展为实际隶属的过程。与此同时，面对资本家的控制策略，劳动者会采取一系列的反抗行为，正如布雷弗曼所言："工人对于强加于他们的退化了的工作形式的敌对情绪，仍然是一股地下暗流。只要雇佣条件容许，或资本家追求的更大劳动强度超过工人的身心能力限度的话，它就会冲到地面上来。"[1]为不影响利润的获取和资本的积累（有时甚至是为了获得超额利润和提高资本积累能力），资本家与劳动者之间连续不断的阶级斗争会倒逼资本家不断探索各种控制策略，从而把劳工的斗争限制在一定程度以内。因此，在研究技术可能对资本主义生产方式的变迁产生的影响时，就必须对企业生产组织内部劳资关系的动态演进展开分析。

---

[1] ［美］哈里·布雷弗曼，方生、朱基俊、吴忆萱等译：《劳动与垄断资本：二十世纪中劳动的退化》，北京：商务印书馆，1979，第136页。

# 第一节 福特主义劳资关系的形成和演化

## 一、福特主义劳资关系的形成和瓦解

20世纪50年代以来,随着福特主义企业生产组织在全球的扩散,标准化的大规模生产与消费者大规模的需求互相促进,使得发达资本主义国家经历了长达20余年经济增长的黄金年代。在福特制的形成和演变过程中,廉价钢的发明与化学工业的创新为其提供了材料基础,涡轮机、内燃机、新燃料以及电力的发明为其提供了动力支撑,加上支持可互换零部件生产的机床的工艺改进等一系列技术创新使得高效率、低成本、标准化的大规模生产方式成为可能①。然而,福特主义并不仅仅指的是建立在技术以及组织层面上的生产效率持续提高的大规模生产,还包括了以大规模生产和大规模消费为基础的良性资本积累和经济增长的循环。因此,除技术和组织因素以外,企业内部资本与雇佣劳动的特殊互动关系同样是福特主义生产方式最终形成的关键条件。

典型的福特主义劳资关系主要体现在:雇佣劳动与资本之间的斗争由传统的争夺生产过程中的控制权转变为工人群体对就业保障和工资水平的动态博弈,工会的兴起和国家力量的介入促使企业最终形成以劳资集体谈判制度为特征的劳资关系。19世纪中后期,由于连续性作业机床和泰勒式科学管理运动在工业部门的兴起,劳工对生产过程

---

① 福特制的标准化大规模生产的目标在于实现规模经济下的低制造成本。这一目标的实现大致需要以下三个技术基础:第一,可互换零件;第二,流水生产线;第三,专用设备和专用制造系统。

的控制权受到了严重的冲击。在大量工人抵抗运动宣布失败后①，美国劳动联盟（熟练工人的行业工会联合组织）主动放弃了对生产过程的控制权，并接受资方设定的工资体系。与此同时，工会利用与资方进行集体谈判的方式，设法力争和保证工人能拥有较高的工资标准，较少的劳动时间和更好的劳动环境。1914年，福特宣布把工人工资提高到5美元每小时，并承诺改善工人的工作环境，这使得劳工主动放弃了对生产过程的控制。由于高工资的吸引，工人们的流动性开始下降，并且更愿意留在工作岗位上。这一维持雇佣劳动稳定性的举措保证了制造业的主要生产投入——劳动力的稳定供应，使得企业可以免受市场波动的干扰。随后在20世纪20年代，资方在生产组织内部建立劳动力市场，采取了内部职业阶梯制度，以求进一步保障大规模生产所需要的高强度、高速度劳动并解决劳动者过高的流动性问题。该制度保证了较高职位的工人可以拥有更高的工资、更好的工作条件和更切实的就业保障，这不仅促使劳工放弃了通过外部流动获得更高收入的行为，并且使得工人愿意适应更高的劳动强度。

20世纪初的"大萧条"迫使资方放弃了内部职业阶梯结构，由于经济衰退，企业不得不进行减产和解雇工人。随后，劳资冲突的核心就表现在保障就业权的斗争上。20世纪30年代后期，汽车工会与三大汽车公司签订的协议规定了劳资双方必须共同决定工资结构。1948年，通用公司与汽车工会签订的《工资制定准则》（The Wage-Setting Formula）便作为美国长期的工资制定标准，并产生了深刻的历史影响。该准则规定了工资必须按照年劳动生产率的增长和消费物价指数的变化而改变。随后，《工资制定准则》在美国的大部分工业部门扩散，这一准则和最低工资法案共同保证了劳动者个人消费水平按一定比率的提高。最终，资方认可了工会的集体议价，工会也接受了资本

---

① 如1885年美国全国范围内的铁路工人罢工受私人警察镇压而失败，1882年卡内基钢铁厂罢工也在钢铁工会被以多种手段暴力瓦解后宣告失败。

对劳动过程的控制和实施企业战略的权力，以劳资集体谈判制度为特征的劳资关系最终形成。

福特主义生产方式及其内部的阶级再生产以其自身为中心，包含了具有明确特征的技术、组织以及劳资关系，形成了良性资本积累和经济增长的循环：建立在一定技术和组织形式基础上的标准化大规模生产，因其规模经济促使生产力水平不断提高；工资收入水平随着劳动生产率的提高而上升，又增加了大规模的需求，从而使得企业获得的利润不断攀升；由此，企业更有能力进行技术投资，以改进大规模生产设备，使生产率得到进一步的提高。此外，凯恩斯主义的干预政策和福利国家制度也在某种程度上使得社会工资水平有所提升，保证了社会总需求的稳定增长。

然而，从20世纪60年代后半期开始，经济社会等一系列外部条件的变化导致了福特主义生产方式原有的缺陷显性化。以劳资集体谈判制度为特征的劳资关系不断提高工人的工资水平，大大加速"滞涨"的趋势以及提高企业的生产成本。单位劳动成本的增长率（以每单位实际产出成本的美元计算）由1956年至1966年的平均1.2%上涨为1966年至1973年的平均4.5%。由于技术创新的非线性、不均衡，企业技术进步和劳动生产率提升的速率无法跟上工资的提高幅度。同时，大规模生产促成的经济发展并不均衡，随着劳动者收入的增加，其内部收入的差异性也逐渐显现出来，美国社会中不同阶级、种族、性别的消费方式的差别越来越大。大规模生产导致的消费市场饱和，加之日本、德国等新兴工业化国家在二战后的崛起使得美国企业必须面对竞争越来越激烈的市场，一些企业的利润率开始回落。上述因素共同导致了美国消费市场上的需求逐渐多元化，即标准化的产品需求向多样化、个性化转变，但是福特主义生产方式僵化的生产组织和专用的生产制造系统却很难满足这一转变的需要。最终，随着新自由主义政策的实施和信息技术背景下各类生产组织形式的兴起，发达资本主义国家于战后形成的以劳资集体谈判制度为表现形式，以"国家—资本—劳工"三方体制为核心的协调的劳资关系逐步解体。劳资关系双方从整体上体现出的疏离对抗即"离斥"的特征日益明显。①

## 二、后福特主义企业生产组织中劳资关系的特征

在调节学派学者看来，以生产率危机为主要表现的福特主义生产方式的危机主要归因于：专用的生产制造系统以及固定、僵化的流水线技术阻碍了劳动分工的进一步深化；常规化、去技能化的工作方式导致劳工在工作过程中的对抗增加；僵化的福特主义劳资关系和工资制度；缺乏灵活性的国家政策以及劳动、资本、国家之间不变的权力关系。一些学者认为，如若要改变上述福特主义僵化的因素以解决其危机，就必须使用能实现灵活、个性化生产的机器设备，重新构建资本与劳动之间的互动模式，并且重新塑造政府对福利资本主义的承诺。从本质上看，在目前的生产力水平下，"劳动"仍然是一种谋生手段，如何处理福利公平与效率的矛盾，实现劳资的正和博弈是每个采用市场经济体制的国家都需要着重考虑的问题。

回顾资本主义演化历程可以发现：资本主义在技术与组织上具有强大的能动性，它试图通过重建灵活化的劳动力市场、制造系统、产品和消费模式等方法解决福特主义危机中的种种问题。本书第三章着重分析了为应对福特主义"僵化"特征对资本积累的阻碍，资本主义工业结构内部以及政治、社会层面发生的一系列转变。具体看来，在生产组织内部，企业改进了生产的方式方法（如精益生产、弹性专业化以及大规模定制），重塑了制造的流程，引进了柔性化的制造设备和进行弹性化的分工。在企业生产组织以外，恢复市场的调节机制，

① 孙寿涛：《20世纪70年代以来发达资本主义社会劳资关系的新变化》,《教学与研究》2014年第2期,第62—69页。

去除国家、工会对工人工资形成的强力干预，将雇佣工人的收入压低（增加劳动力市场的灵活性）；通过模块化和外包生产优化企业结构，实现全球劳动套利（Global Labor Arbitrary）；通过扩大金融活动来恢复企业的利润率。由于资本运动的目的在于使剩余价值的榨取更为稳定并且合理化，因此技术和组织的创新都演变为资本力量"战略性"对待劳工的工具。剩余价值的获取不仅仅是生产一定量的商品与价值，它更是具有一定社会属性的生产形式。从本质上来看，资本主义应对福特主义生产方式危机的种种办法只是对劳动者剥削的形态转变的具体历史过程。无论是企业生产组织内部的改进，还是生产组织外部的应对措施，都没有改变资本主义生产的本质，即不断地加强资本主义生产关系的再生产。

相较于福特生产组织以劳资集体谈判制度为核心的劳资关系，随着技术和组织层面创新的不断深入，加之商业模式的创新，20世纪70年代以后，资本主义国家的劳资关系经历了一场彻底的重塑。在表4-1中，学者斯温格多夫大致分析了福特主义生产的劳动模式与灵活积累之间的差异。

表4-1　福特主义生产的劳动模式与灵活积累之间的对比

| 福特主义的生产(以规模经济为基础) | 适时生产(以地域经济为基础) |
| --- | --- |
| 由工人从事单项任务 | 多重任务 |
| 按比例付酬(以工作指定标准为基础) | 个人付酬(细节津贴制度) |
| 工作高度专业化 | 消除工作划分 |
| 没有或仅有很少的在岗培训 | 长期在岗培训 |
| 垂直的劳动组织 | 更高水平的劳动组织 |
| 毫无学习经历 | 在岗学习 |
| 强调减少工人的责任(对劳动力的惩戒) | 强调工人的共同责任 |
| 工作保障缺乏 | 核心工人的高度就业保障(终身就业)；临时工没有工作保障以及很差的劳动条件 |

从整体上来看，在上述（第三章）网络化生产组织形态下，资本主义劳资关系的主要特征表现为核心工人群体与边缘工人群体的二元分割（两极分化）。对于核心生产组织内部的工人，虽然集体谈判制遭到削弱，但是由于轮换工作制改变了传统福特制僵化的劳动分工，使劳动的概念与执行在工人生产中统一起来，工人获得了在一线生产中基本操作判断和决策的权力。同时，通过将核心组织的工人组成协作团队，并且进行一定的技能培训，实现了生产效率的提高和制造工艺流程的改进与创新。核心生产组织内部的工人与资本之间的关系得到了一定的改善：工作相对稳定，自身通过培训获得了专业资格，有较高的工资报酬，并且很有希望通过努力获得晋升。例如，日本的丰田公司对工人实行终身雇佣制，保障了劳动者的就业安全。

然而，核心生产组织内部工人工作境况的改善，并不意味着劳资关系对抗性的消失。首先，被提供终身雇佣制和就业保障的工人仅仅是相对很小的一部分。例如，美国和欧洲一些跨国企业虽然借鉴了精益生产的模式，但却并不向其核心工人提供就业保障，并且如果市场发生波动，尤其当生产超过市场需求时，这类工人可能会被要求提前退休或从事兼职、临时的工作。就业保障或终身雇佣制更像是一种管理策略，而不是福特制中类似《工资制定准则》或最低工资法的法律与准则，它并不被写入工人的就业合约。同时，精益生产以"节约""消除浪费"为核心理念构建的生产流程使得工人的劳动时间大大延长。例如，日本汽车工人1989年的人均总劳动时长高达2210小时，其中291小时为超时工作；日本汽车为其工业生产线和机器配备工人的工作时长比德国同类企业高250至800小时。①并且，工人劳动强度和劳动时间的提高并不一定导致工资的增加，关于收入分配的制度安排仍然掌握在管理部门的手中。利用工资的弹性控制，核心组织的工

---

① [英]戴维·柯茨,耿修林、宗兆昌译:《资本主义的模式》,南京:江苏人民出版社,2001,第220页。

人获得的收入很难与其付出相匹配。尤其是随着日本国内工资的普遍提高，日本的企业出于利润最大化的考量同样会将生产转移到劳动力成本较为低廉的国家与地区。而在这些国家与地区，企业更倾向于放弃向核心劳动力提供就业保障的政策。

与核心工人相对较好的工作环境和待遇不同，网络化生产组织内的边缘工人并没有类似终身雇佣制工人的就业保障，他们在劳动力市场上极容易被替代，基本上从事着临时劳动、分包、兼职等种类的工作。为了保证核心生产组织的生产的灵活性，其组织内的很多辅助性工作基本上采取外包的形式，而从事这种类型工作的外围工人群体工资较低，并且工作极不稳定。与核心企业相对应的边缘企业（供应商）也通过大量雇佣临时性、兼职的工人来满足核心企业的弹性需求，并且这类边缘企业的工人的劳动强度和劳动时间都大大超过核心工人。供应链越往下层，普通的工人被剥削的状况就更为严重。据数据统计，1970 年至 1990 年，美国的总雇佣人数呈缓慢上升趋势，但增加并不明显。然而非自愿兼职的工人人数显著增加，同时总兼职工作人数和自愿兼职的人数也在缓慢提升。1982 年至 1990 年，美国临时就业人数和总就业人数的演变趋势与非自愿兼职人数的变化趋势类似。在这一时间段内，美国临时就业的人数大大上升，1990 年的临时就业人数几乎是初始年份（1982 年）该人数的三倍。上述数据从某种程度上表明了劳动力市场的灵活性在不断增加，网络生产组织的非核心工人的工作的不稳定性与日俱增。

在以核心生产组织—边缘生产组织分割为特征的网络化社会生产结构中，核心组织工人与外围组织工人，全日制工人和兼职、临时雇佣工人之间产生了严重的分化。这一分化使得企业更容易将生产过程中劳资之间的矛盾转换为不同工人群体之间的矛盾，从而更加有利于资本对劳工进行控制。与上述福特制以集体谈判制度为核心的劳资关系相比，在网络化生产组织内部，资本对工人的控制方式更倾向于一种"精巧的结构化"控制体系，它不仅具备了福特制劳资关系不曾拥有的灵活性特征，并且拥有更强的把劳资对抗转变为在资本控制下进行合作的能力。①

## 第二节　信息技术革命与劳资关系的变迁

广义上的信息通信技术②指的是20世纪50年代开始酝酿，并于20世纪70年代兴起的以微电子、计算机和信息通信等技术为基础的创新集群。就此类新技术集群与经济增长的关系而言，经济学家们基本已经达成共识，即信息技术的发展是20世纪90年代以来欧美一些发达国家经济快速增长的主要驱动力，并且这一技术形式在当今的经济社会中继续扮演着核心的角色。如本书第一章所言，当前的新一轮技术革命（或技术浪潮）以新型信息通信技术为核心，是对传统信息技术的升级再造，并在此基础上与其他行业、产业进一步融合，如智能电网、工业互联网、云计算、人工智能等。借助于物联网、人工智能等新技术形式，制造业、交通物流、建筑业、能源电力，甚至产品之间都能实现相互联接，从而形成智能的国民经济体系。③以上述学者把第三次工业革命视为以传统信息技术为代表的第五次技术浪潮和正在进行的第六次技术浪潮的结合的观点为基础，那么分析过去近半个世

---

① 谢富胜：《分工、技术与生产组织变迁：资本主义生产组织演变的马克思主义经济学阐释》，北京：经济科学出版社，2005，第259页。

② 由于本书认为第三次工业革命实际上是由两次技术浪潮所组成，即第五次技术浪潮（以20世纪兴起的信息技术为特征）和第六次技术浪潮。为了便于与以物联网和服务联网为核心的新型信息通信技术相比较，笔者把第五次技术浪潮中的技术集群仅仅称为信息通信技术。

③ 黄阳华：《德国"工业4.0"计划及其对我国产业创新的启示》，《经济社会体制比较》2015年第2期，第1—10页。

纪以来传统信息技术革命对劳资关系所产生的影响和作用机制，对于研判当下新一轮技术变革对资本主义劳资关系的影响就具有非常重要的价值。

## 一、关于信息技术对劳资关系影响的争论

从人类社会演化的现实看，技术创新带来的不仅仅是产品、产业结构、生产组织的变革，同时也会促使劳资关系等社会层面发生转变。然而，学术界关于信息技术革命对劳资关系影响的研究却呈现截然不同的两类观点。

第一种观点认为：信息技术革命削弱了资本的权力，增强了劳工尤其是知识劳工对抗资本的力量。这类观点与本书第二章所总结的技术乐观主义者关于信息技术对未来社会影响的理论类似。这类学者的研究视角主要聚焦于信息技术兴起及其所引致的传统生产工具和经济模式的巨大变革。总体看来，他们认为随着信息技术革命的不断深入，知识在经济发展中的重要性与日俱增，智能化制造将改造传统的机器体系，人的重要性将凸显，资本的力量将被削弱。

以贝尔和托夫勒为代表的"未来学派"指出：理论性的知识会逐渐在资本主义社会中处于首要地位，资本主义的社会性质正在转型。贝尔重点阐述了知识技术这一中轴原理，他认为与传统的工业社会相比，后工业社会并不以机器技术为基础，而是在知识技术的不断发展中逐渐形成。在后工业社会中，资本与劳动的对立关系不再是其主要的社会结构特征，在社会结构中占据重要地位的是知识和信息。[①]随着知识社会的崛起，理论性的知识逐渐在资本主义社会中居于首要地位；新知识技术的产生将为经济问题的解决带来更有效合理的方法；

---

① ［美］丹尼尔·贝尔，高铦、王宏周、魏章玲译：《后工业社会的来临：对社会预测的一项探索》，北京：新华出版社，1997，第9页。

知识分子阶层将快速发展，成为社会上成长最快的阶层；资本主义社会的性质正在改变。在信息和知识的生产与分配中，以知识劳工、科技工人和技术专家所构成的智识阶级将最终引领后工业资本主义的发展。[①]

赫士宏从传统机器大工业的弊端出发，认为是传统的机械技术导致了劳动者的弱势地位。传统机械使用内置齿轮和凸轮的控制结构，造成了生产过程中的僵化运作。旧机械的这一技术特性使得企业是否采取严格的等级管理和劳动分工成为其能否发挥技术潜力的关键。因此，早期机器机械的技术局限性是导致泰勒制层级结构以及对劳工而言的负面影响的主要原因。然而，以电子信息控制为特征的新型工业技术，使技术系统在操作和目标上都变得更加灵活。因此，新型工业技术将产生深远的影响，其中就包括这一技术形式将提高掌握新技能的工人的地位。

与贝尔观点类似，卡斯特认为，在未来新的生产方式中，生产力的主要来源在于知识以及信息的处理与沟通技术。由于生产必须建立在一定的知识水平和信息水平过程的基础上，所有发展方式都必须以知识与信息为基本要素，同时这种新型的生产方式将会导致资本主义的重构。20世纪80年代兴起的信息主义加速引导与塑造了信息技术范式，并促使相关社会形式的形成。[②]在新的技术—经济体系中，劳动与生产关系在技术面和管理面的转化是影响整个社会的主要动力，随着信息技术的传播才发挥完整意义的自动化，戏剧性地提高了人类脑力投入在劳动过程中的重要性。虽然有权威管理和剥削资本主义这两项无法克服的障碍，但是信息技术仍然为劳工提供了更多的自由和

---

① [美]丹尼尔·贝尔，高铦、王宏周、魏章玲译：《后工业社会的来临：对社会预测的一项探索》，北京：新华出版社，1997，第234—246页。

② [美]曼纽尔·卡斯特，夏铸九、王志弘译：《网络社会的崛起》，北京：社会科学文献出版社，2001，第20—22页。

更充足的信息，更能充分发挥生产力的潜能。由于整体自动化而即将消失的是常规性、重复性的工作，变为可以预先编码、程式化而由机器操作执行的工作。因此，泰勒式生产线将会成为历史遗迹。信息化下工作团队的生产组织方式，以及扁平化职位分类系统的采用，使劳工在工作时将具有相当的自由度，公司也鼓励劳工在工作时能增加正式的互动。①哈维也曾推断，在当今这个信息技术飞速发展的时代，外包工作、家庭工作和其他相似工作的复兴，说明恢复到劳动对资本形式上的服从和隶属是完全可能的。②

　　国内一些学者也持有与上述外国学者相似的看法，他们从信息技术对分工、生产工具的影响以及未来生产方式可能的变革入手，探讨了信息技术对劳工的影响。他们认为信息革命将导致脑力劳动和体力劳动分工的消失，机器体系的全面自动化和智能化，改变了劳动者对于机器的附属物地位，劳动的强制性将会逐渐消失。随着信息技术的发展，科学在生产过程中发挥着越来越重要的作用，智力成为生产要素中最关键的因素。③在知识型企业中，资本等待智能雇佣，劳动（主要是脑力劳动）雇佣资本的体制将逐渐替代资本雇佣劳动的模式。④信息技术推动下知识经济的不断发展使资本主义生产方式出现了一些新的特征，知识取代资本成为最主要的生产要素。在知识经济的条件下，企业的管理制度日益民主化，网络化、扁平化取代了传统生产组织等级化、官僚化的特征。知识经济条件下，资本主义正向社

---

　　①［美］曼纽尔·卡斯特，夏铸九、王志弘译：《网络社会的崛起》，北京：社会科学文献出版社，2001，第290—296页。

　　②［美］大卫·哈维，刘英译：《跟大卫·哈维读〈资本论〉》，上海：上海译文出版社，2014，第192页。

　　③洪智敏：《知识经济：对传统经济理论的挑战》，《当代财经》1998年第9期，第26—29页。

　　④涂文涛、方行明：《知识经济条件下生产关系的嬗变》，《经济学家》2001年第1期，第40—44页。

会主义自我扬弃和过渡发展。①与传统资本主义生产的劳动简单化不同，信息技术的广泛应用使简单化的劳动复杂起来，对劳动者智力的要求日益提高。②

此外，还有学者从技术导致生产工具变迁的角度，考察资本统治下新的生产体系的到来，以及资本主义生产方式终结的可能。信息化引起生产工具的智能化，这就决定了当代生产工具是模拟人的智能的"类人装置"，其本质是"人机融合"，而不是之前机械化和电气化背景下的"人机分离"。在极度自动化的智能生产体系中，资本不再是单纯物化劳动的累积，掌握知识的活劳动才是其核心要素。在智能生产系统中，知识雇员呈现出了不可分离的特征，资本也无法单独占有充当固定资本的物化劳动，从而大大提升了知识劳动者的地位和权利。与传统机器时代的劳动者相比，更为自觉的知识劳工拥有更大的主体性。知识不再成为固定资本，反而将在生产中充当"一般智力"的因素对抗资本的统治。知识的不断发展将成为威胁资本统治的新的历史条件。③

然而，与上述观点截然相反，一些学者认为信息技术革命并没有改变劳动去技能化和被剥削的状况。知识在生产过程重要性的增加并没有逆转资本对劳工的霸权地位，相反却强化了劳动对资本的隶属程度。资本会继续对劳动加速盘剥、去技能化，并且造成了劳工内部分化。不同于上述信息技术的不断发展和知识经济崛起会削弱资本力量的观点，一些学者认为信息技术并没有改变资本对劳动过程控制的现状。早在20世纪70年代，布雷弗曼就指出以办公室工作人员为代表的白领工人去技能化的现象。为了控制信息而不是为了控制动作而设

---

① 于金富：《生产方式：经典理论与当代现实》，北京：社会科学文献出版社，2009，第145—155页。

② 刘英骥：《政治经济学与当代资本主义经济研究》，北京：经济日报出版社，2007，第167页。

③ 陈永正：《论当代生产工具》，《理论与改革》2014年第6期，第64—68页。

计的机器或计算机系统，是办公室的主要机械化工具。脑力过程一再重复并成为例行常规，或成为工作过程中很小的因素，以致能够用以完成操作中体力部分的速度和熟练程度就控制着整个劳动过程。任何体力劳动的过程也不过是这样。一旦办公室的劳动也是如此的话，那种形式的劳动就和形式比较简单的作为蓝领工人的体力劳动处于同等地位。①总体上来看，随着计算机等技术的普及，某些脑力劳动也逐渐丧失了自主性，变成机械、半机械的劳动。哈里·沙肯原先认为，技术能使从事工作的人更完全地控制工作，而不是让新技术形式下的工作控制工人本身，计算机和微电子学可以使工人的工作更富有创造性并且提高车间的决策的能力。但其在对美国自20世纪中期以来的工业自动化结果的重新审视后却指出，这类新技术将会被用于创造一个更加权威主义的工作场所，系统不是用来给工人设定工作速度的，而是被设计用来为工人提供更多的有关一般生产操作和工人自己的特定的工作的信息。在资本主义生产中，技术通常被用来扩大管理者的权力。知识在经济发展中的重要作用并不必然导致脑力劳动者在生产过程中地位的上升。发达国家以办公室职员为主体的白领雇员不论从工资待遇和失业情况来看，都与传统蓝领工人日益趋同。②胡斯认为，当前以信息通信技术的广泛使用为特征的技术革新导致了所谓"高科技无产者"的产生。未来很可能出现新的白领无产阶级，从事一成不变的"过程"知识工作，依旧在泰勒化工作流程的监视和高压的工作条件下劳动，与资本的谈判力量被严重削弱。此外，一些学者聚焦于发达国家媒体行业、高技术行业的劳资对抗案例，研究分析了劳工相对于资本的弱势地位，例如：劳工没有雇佣合约关系、工会力量的缺

---

①［美］哈里·布雷弗曼，方生、朱基俊、吴忆萱译：《劳动与垄断资本》，北京：商务印书馆，1978，第288—296页。

②孙寿涛：《20世纪70年代以来发达国家工人阶级的"白领化"特征》，《教学与研究》2011年第2期，第53—60页。

位等。[①]

在信息技术革命影响下，资本主义基本矛盾的进一步激化突出地表现在失业问题的日趋严重。有学者认为，近年来微电子技术的日益广泛运用对广大工人的就业形成了新的威胁，通过列举发达资本主义国家计算机、机器人等技术对工人的替代，说明技术的进步对工人产生严重的负面影响。1970—1980年，虽然由于采用新技术使联邦德国的工业生产率提高了93%，但就业人数却减少了18%。[②]布林约尔松等认为，从2000年起，美国的生产率与就业率开始相互偏离的主要原因是计算机、工业机器人等先进技术的普遍使用。技术促进生产率提高的同时，收入的中位数和工作数量却都在下降。[③]

美国学者施瓦茨通过比较综合熊彼特与曼德尔二者的理论，发现技术革命中创新领先部门的转变与劳动过程、工人组织形式的演化之间存在着一定的联系。他认为从18世纪起的历次技术创新高潮都伴随着生产管理体系和劳资关系的改变。[④]塞尔文结合施瓦茨的研究成果，认为在信息时代跨国公司以"超级巴贝奇化"的方式对全球劳工施加影响（见表4-2），具体包括跨国公司从全球劳动力套利中获利，对劳工采取"分而治之"的策略，利用离岸生产威胁核心经济体中劳工等不同手段。[⑤]

---

① ［加］凯瑟琳·麦克切尔、文森特·莫斯可，曹晋、罗真、林曦等译：《信息社会的知识劳工》，上海：上海译文出版社，2014，第7—19页。

② 金婉如、周通：《当前发达资本主义国家的技术进步对工人处境的影响》，《世界经济》1984年第2期，第39—43页。

③ Brynjolfsson E ，McAfee A:*Race Against the Machine*,Lexington Digital Frontier Press, 2011,p.213.

④ Schwartz H :States vs Markets: *The Emergence of a Global Economy* ,Basingstoke:Palgrave Macmillan, 2010,p.121.

⑤ Selwyn B: "Commodity Chains, Creative Destruction and Global Inequality: A Class Analysis",*Journal of Economic Geography*, 2015,15(2),pp.253-274.

表4-2　技术发展与阶级关系

| 时间<br>（熊彼特） | 时间<br>（曼德尔） | 领先部门<br>（熊彼特） | 劳动过程<br>（曼德尔） | 劳工组织形式<br>（曼德尔） |
|---|---|---|---|---|
| 1780s—1820s | 1789—1848 | 棉花、纺织、铁、水力运河和磨坊 | 手工工人与小型工厂操控水力和蒸汽动力的机器 | "欧文主义"工会联盟和宪章运动 |
| 1840s—1870s | 1848—1890s | 钢铁、蒸汽机和铁路 | 机器的工业化大生产，专业的机器操作工人出现 | 技能型工会 |
| 1890s—1920s | 1890s—1930s | 工业化学品、电力、有轨电车 | 泰勒制的生产方式 | 大众工会 |
| 1940s—1970s | 1930s—1960s | 内燃机、石油和汽车 | 装配线 | 1968年大罢工浪潮 |
| 1980s至今 | 1980s至今 | 数字化微电子和信息 | 连续的及时生产方式 | "超级巴贝奇化" |

资料来源：Benjamin Selwyn（2014）

　　造成上述观点对立的原因在于学者们在考察信息技术及其影响时，对技术的性质以及技术和社会互动机制采取不同的先验假设。正如本书第二章第二部分（"技术决定论还是技术的社会建构论"）所阐述的那样：重大的技术变革的确会使经济社会带来革命性的转变，但技术创新并非在"真空"中进行，技术在现实中的应用和扩散方式会受到经济运行机制和生产关系的制约。上述一些学者强调知识以及知识工作者在当今信息时代生产过程中的重要作用有一定的合理性，因为掌握高级知识的劳工可替代性较弱，面对资本表现出了较强的议价能力。但是如果仅仅把视角局限于高级知识劳工、技术专家地位有所提高上，并不能看出信息技术革命的背景下劳资关系的全貌。需要注意的是，知识工人待遇的提高并不意味着其不受资本剥削。同时，也并不是所有脑力工作者都将获得较高的地位，随着信息技术的不断发展，简单重复的脑力劳动依然有被逐渐替代的危险。同时，在信息技术影响下，虽然泰勒制的等级分工逐渐消失，但是工人在扁平化的生产组织结构内仍然难改被资本控制的处境。机器等生产工具的演变也并不意味着劳资关系的改善，在生产资料的资本主义所有制条件下，劳动作为剩余价值的唯一源泉，在资本主义生产方式中始终处于被剥削、被控制的状态。当知识工人、技术专家的工资增长"威胁"到资本积累时，资本主义演化历程中低技能、体力工人的命运将会重新降临在高技能的知识劳工身上。

## 二、信息技术革命与资本权力的强化

随着以集体谈判为特征的协调性劳资关系的解体，发达资本主义国家的劳资关系经历了一场重塑。然而，当前学界对于当代资本主义劳资关系的研究多把它放置于近30年来新自由主义积累模式中去考察，强调资本通过国家、政府的相关政策和法律的力量对劳工发起单方面的进攻。但这一分析路径忽略了20世纪中后期兴起的信息技术革命如何在资本的掌控下对劳工产生负面影响的。以信息技术为代表的新技术集群，其本身的特性及其在资本主义生产方式中的设计与利用，决定了它们逐渐成为资本控制劳动者以进行资本积累的工具。

根据本书第二章的分析，技术对于劳资关系的影响机制大致可分为以下三种。第一，技术创新通过对企业生产组织形态的创造来影响劳资关系的变迁，即"技术—组织—劳资关系"的作用机制[①]。第二，技术变革会对劳工技能产生不同的需求，进而影响到劳资关系的变化，即"技术—技能—劳资关系"机制。第三，技术创新会衍生出新产品与新产业，而新兴产业的用工形态和劳资关系往往具有新的形态，即"技术—产业—劳资关系"机制。从这三类机制出发，信息技

---

① 具体机制为：企业为充分发挥技术创新的潜力，会对其生产组织进行重构。在新的生产组织形态下，往往会产生不同于以往的劳资关系以适应这类生产组织，从而获得剩余价值的最大化。

术革命如何影响劳资关系的变迁？需要注意的是，在分析过程中不能把这两类作用机制割裂开来看，技术对劳动者在生产过程中特定的技能需求也是在一定的生产组织和产业中进行的；新产业和生产组织的转变所造成劳资关系的变化也是以一定劳动者的技能需求为基础的。

## （一）技术—组织—劳资关系

信息技术的不断创新促使企业尝试着将新技术融入生产组织内部，以改造福特主义生产方式僵化的业务和管理流程，从而降低生产成本并提高企业的生产效率。从 20 世纪 90 年代以来，信息技术的进一步发展使得企业对其内部生产组织进行了重新整合。不论是生产资料的需求、生产计划、成本计算，还是市场营销与战略都可以在信息技术的支持下进行统一的设计、管理和集成。网络技术的发展和广泛应用，使得企业可以通过客户关系管理和供应链管理及时地获取消费者的有关资料并控制供应商原材料供应。大部分的生产组织在吸收日本"精益生产"思想的同时，积极运用信息技术实现多技能工人的团队协作和并行开发，打破了传统福特制中设计、生产、销售的横向分割。在信息技术及以其为基础的组织变革中，不论是体力还是脑力劳工都获得了一定的生产过程中的基本操作和决策权，从而促使劳资关系得到了一些改善。但是从本质层面来看，上述转变并没有消除劳资双方的对抗性特征。

从 20 世纪 90 年代开始，使用公共数据和电子信息需求的增长使网络化的信息技术取得了突破性的进展。人造卫星、光纤传输所支持的远程网络可以消除业务上的地域限制。虽然在技术的层面上，互联网绝对不存在中央控制的问题，但其在企业生产组织内部的运用却可以增强公司尤其是跨国公司在全球范围内协调企业分工的能力。为了充分发挥信息技术降低企业成本的潜力，一些企业开始转变其生产组织形态，以求在此技术基础上实现利润最大化。他们试图把国内或企业内部的生产和经营流程分散开来，例如，将经营核算、策略管理、设计研发等功能安排到不同国家和地区，以追求最低的成本。信息技术的持续创新可以使核心企业在将生产过程中的辅助性工作外包出去的同时，仍然拥有对外包厂商和临时工人的较强的控制能力。随着模块化和外包生产方式的不断扩散，企业可以在更大范围内去雇佣劳动力，以降低生产成本，由此形成了上述以"核心-边缘"为特征的网络化的生产组织形式。

信息技术为后福特的网络化生产组织提供了必要的物质技术条件，在此种生产组织中，逐渐形成了核心工人和边缘工人的二元分割。边缘工人即没有就业安全保障，处于网络化生产组织分包体系中边缘生产组织的工人，以及处于核心企业的非全日制和临时工人。劳动力市场灵活性的大大增加，缓解了传统福特制生产组织内部僵化的劳资关系。但与此同时，核心工人和边缘工人的相互区隔便于资本把其与劳动者之间的矛盾转移到工人阶级内部，劳工阶层的分化使工人们很难形成合力与资本展开斗争。由于发达资本主义国家国内劳动力供给不足，以及分包体系中底层工人斗争力量持续增强等，大部分生产组织逐步将网络生产组织内底层的生产制造转移到工资较低、劳动力量较为薄弱的国家和地区。信息技术的革新使资本可以借助高科技的力量在全球范围内自由流动，为跨国公司组织弹性化生产提供了技术基础。离岸外包生产的普及，使得原先在一国以内的"核心-边缘"劳动力市场二元分割具有了新的空间特征，即多层转包生产体系内的高层次和低层次的生产被分散到不同的国家或地区进行。

以半导体行业为例，贝尔实验室于1947年发明晶体管，加之美苏冷战军费开支的支持，使美国本土涌现出一大批半导体制造商，如通用电气、西部电气、雷神公司、德州仪器、国际商业机器公司、摩托罗拉以及仙童半导体等。美国逐渐成为世界半导体产业的中心。然而，随着20世纪50年代末日本企业成功完成半导体的技术转移，全球市场的竞争压力大幅增加。因此，从20世纪60年代开始，美国的半导体制造商开始筹划把生产过程中的一些劳动密集型工序转移到具有廉价劳动力的海外国家。20世纪70年代起，虽然仍然选择留在美国本土制造的半导体公司升级了其生产线，使其实现了自动化生产，但是技术的飞速进步使这些工厂很快又落伍。因此，发展中国家或地区充足的廉价劳动力供给使得这些企业更愿意选择离岸生产的劳动密集型制造方式。据统计，至20世纪80年代前半期，美国半导体生产商80%的组装量都在海外完成，只有面向军方的采购才选择在美国本土组装生产。

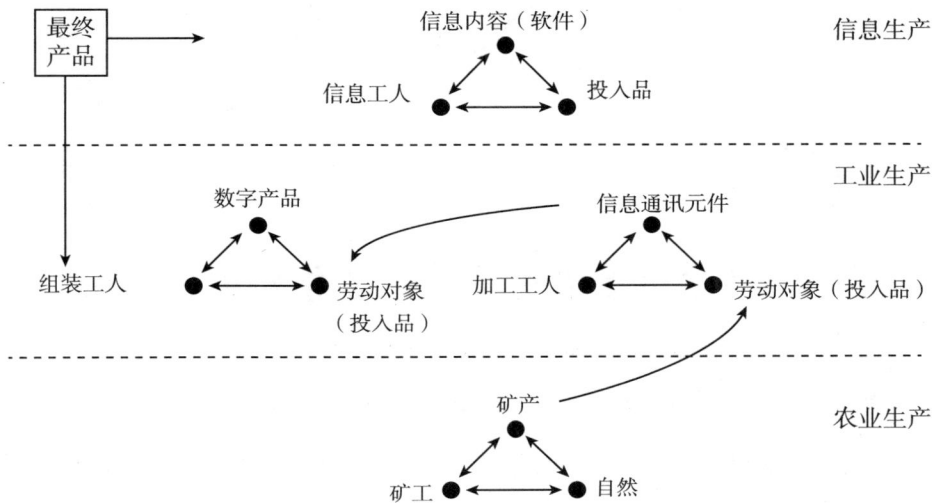

图4-1　数字产品的国际劳动分工①

　　图4-1大致勾勒出了数字产品（例如苹果手机）的国际劳动分工形式，此分工链条中，既存在贫穷落后国家（如非洲主要出口矿产国家）的农业工人，也有在新兴发展中国家劳动密集型工厂中的加工组装工人，还有发达国家工作待遇相对较高的软件工程师。处于核心地位的雇佣工人与边缘的无偿劳工、自由职业者、临时劳工等共同组成

---

① Fuchs C: "Digital Labor and Imperialism", *Monthly Review*, 2016,67(8),pp.14-24.

第三次工业革命与资本主义生产方式的变迁

了商品生产的全球分工网络。由于图4-1中的农业生产、工业生产和信息生产大都分散在不同的国家进行，因此核心工人（有就业安全保障）和边缘工人（没有就业安全）的二元分布，逐渐与核心—边缘的地理分割相对应并且强化了这种地理分割。①由此，随着离岸外包生产的扩散，全球生产网络的形成进一步削弱了劳动者阶层内部的凝聚力，使其逐步丧失了与资本集体议价的能力。

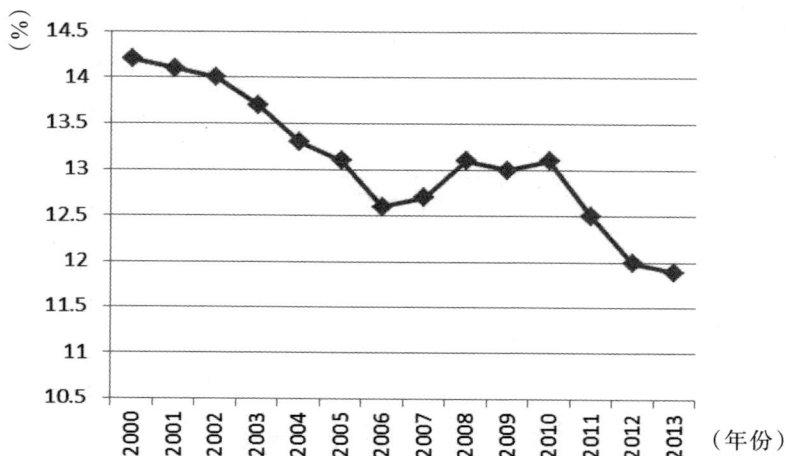

图4-2　美国工人集体谈判的覆盖率②

数据来源：国际劳动组织数据库（ILOSTAT，Industrial relations）

从图4-2可以看出2000年至2013年，美国工人采取集体谈判的方法决定其工资和工作环境的人数所占比重总体呈下降的趋势，虽然在2008年金融危机后有所反弹，但从2010年起，又重新呈现出下降的状态，并于2013年降至近年来的最低点11.9%。实际上，不仅仅局限于美国，多数制造业强国都存在着上述工人集体议价能力下降的现象。以日本为例，工人集体谈判的覆盖率这一指标从2000年21.2%逐

① ［美］贝弗利·J.西尔弗，张璐译：《劳工的力量：1870年以来的工人运动与全球化》，北京：社会科学文献出版社，2012，第91—92页。

② 集体谈判的覆盖率指的是通过集体议价的形式决定工资和工作环境的雇佣工人人数与总雇佣工人人数的比。

年下降至2013年的17.1%。即使在工会力量相对强势的欧洲国家，工人集体议价能力也在某种程度上不断地被削弱。例如，在2000年至2013年，英国的工人集体谈判的覆盖率从36.4%下降到29.5%。德国作为典型的欧洲制造业强国，同时也拥有着强大的工会组织。虽然其工人集体谈判的覆盖率较高（大部分时间保持在60%以上），集体议价能力也显著强于大部分国家，但该指标在近年来同样呈快速下降趋势，从2000年的67.8%迅速减少超十个百分点至2013年的57.6%（如图4-3所示）。

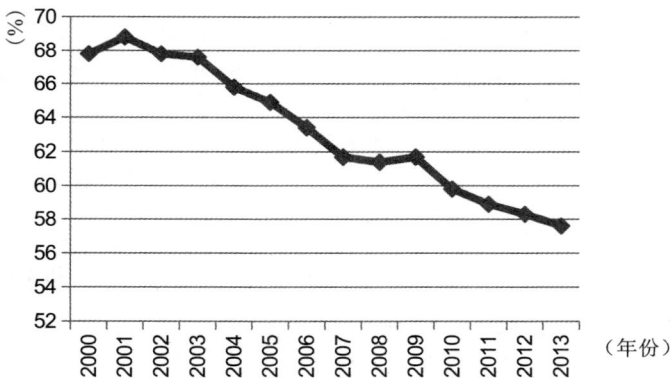

图4-3　德国工人集体谈判的覆盖率

数据来源：国际劳动组织数据库（ILOSTAT，Industrial relations）

　　传统的观点认为，信息通信产业的从业人员凭借其较高的技能或"人力资本"，往往能在与资本的博弈中占据主动。然而，进入21世纪后，美国信息通信技术产业的劳资关系与20世纪七八十年代相比发生了重要的改变，即高技术劳动力的全球化。原本处于生产核心地位的高技术脑力劳动者必须面对来自全球范围内的竞争，资本对其的控制能力大大增强。全行业技术标准的不断推进突破了传统企业内部专有技术标准对于全球化生产的阻碍，随着企业间劳工流动的增强，价值链的垂直专业化以及组装制造过程的外包，高技术劳工也进入了更加广泛的全球化时代。高精尖产品的研究开发和制造工艺流程的创新需要劳动者互动式的交流学习，需要集体协作并且具有较强的研发路径依赖。因此，大多数人曾经认为美国作为信息通信技术产业的中心，其高技术的工作无法转移至低收入的发展中国家。

其实早在20世纪六七十年代，以韩国为代表的许多亚洲国家和地区不仅可以向跨国公司提供廉价并且勤奋的制造工人，在那里同样存在着一些工资水平相对较低的劳动力可以从事高技能工程和管理工作。更重要的是，随着20世纪70年代以来，亚洲国家创新型的政府和企业投资战略的不断深入以及政府对于初等、中等和高等教育支出的持续增加，以韩国、印度、中国为代表的亚洲国家目前已经完全有能力提供大量低价的高技能劳动者。进入21世纪后，美国很多信息通信技术产业的跨国公司在扩大其全球雇员的同时，不断减少美国本土员工的数量。2001年至2007年，国际商业机器公司在增加其全球雇员的数量（从319867人至386588人，增长约21%）的同时，也削减了美国本土雇员的人数（从152195减至126804人，减少约17%）。与此类似的还有惠普和英特尔，它们在相同的时间段内也增加了其全球员工的人数，同时减少了美国本土的雇员。此外，一些美国企业虽然增加了其本土员工的雇佣数量，但是其增长速度却远远不及外国员工。微软公司的本土雇员在2000年至2008年增加了一倍，但其占全球雇员的比重却从69%下降到60%。在同样的时间段内，思科系统公司在本土员工增长约12000人的前提下，其占全球雇员比重竟然从74%下降到57%。①

随着外包生产的普及，原先拥有知识、掌握高技能并且获得就业安全保障的核心劳动者同样将面对全球劳动力市场的竞争。资本可以通过离岸生产等手段威胁核心劳动者的就业安全，其对核心劳动者的剥削和控制增强。总体看来，在信息技术飞速发展的今天，虽然网络

---

① ［美］威廉·拉让尼克，黄一义、冀书鹏译：《创新魔咒：新经济能否带来持续繁荣》，上海：上海远东出版社，2011，第133—134页。

化的生产组织内部存在着核心工人和边缘工人的二元分割，但不论是核心还是边缘劳动者，资本主导下全球化生产的加剧必将导致一国劳工面对来自全球劳动力市场的竞争，大大削弱了他们对资本的博弈力量。资本权力的日益集中加剧了劳动力对资本的依赖性，强化了资本对劳工的控制。

## （二）技术—技能—劳资关系

技术创新对劳资关系的影响不仅可以依靠生产组织这一中介形式产生作用，还可以通过"驯化"生产过程中劳动者所具备的技能来转变劳动者与资本的相对力量。在不同的技术应用条件下，资本对劳动者在生产中的技能要求有所不同，从而对劳资关系的影响也不同。

自20世纪70年代起，信息技术不论在生产还是生活中都不断重塑着劳动者的技能，其中最突出的表现是：信息自动化技术的发展使得传统制造工人的地位相对有所下降，而从事软件开发、信息技术研究、微电子制造工艺创新、高级企业管理等脑力工作的高技能、高知识劳工的地位不断上升。后者在面对资本时往往具有比前者更高的议价能力。在信息通信技术发展初期，由于高技能知识工人较为稀缺，企业为获得市场中的竞争力采取了多种方法以吸引此类劳动者，其中最具代表性的莫过于新的薪酬形式——非经理人股票期权[①]（nonexecutive stock option）的出现。通过金融市场，资本寻找到了控制高技能雇员的有效方法。非经理人股票期权的设计初衷在于：新兴的高科技企业通过向科学家、工程师等技术专家和管理人才授予股票期权，吸引他们脱离原先的传统企业与部门。虽然旧经济模式的企业可以为

---

[①] 股票期权指买方在交付了期权费后即取得在合约规定的到期日或到期日以前按协议价买入或卖出一定数量相关股票的权利，是对员工进行激励的众多方法之一，属于长期激励的范畴。在互联网大繁荣的时期，广泛的员工持股计划使得许多非经理雇员也可以获得股票期权。

这些高技能劳动者提供较好的就业保障以及逐级提升的报酬，可是一旦新兴的创业公司进行首次公开募股（Initial Public Offerings，简称IPO）或被上市公司收购，这些原先行权价格极低的股票期权将获得巨大的增值。因此，非经理人股票期权的采用使得新技术公司吸引高技术劳动者的能力与日俱增。由于大部分股票期权行权的前提在于该雇员并没有离开企业，同时获取期权的数量与员工在企业的层级密切相关，这一薪酬制度可以起到很好的留住员工的作用，从而保障劳动力供给的稳定，避免企业经历较大的雇员流动性。历史上，像思科、甲骨文这类以知识劳工为主的公司都曾向其几乎全体员工发放过股票期权。但是，高技能劳动者通过股票期权等形式获得收入的增加仍没有改变劳资关系的对抗性特征。虽然股票回购有利于这类劳动者，但是其前提是他们可以保证自己不被辞退。如前文所述，随着高技能劳工全球化的不断深入，这些工人需要面对来自全球劳动力市场的残酷竞争，因此在基本的就业安全都无法保证的时候，股票期权便失去了任何价值。

从20世纪90年代末开始，西方主流经济学涌现出大量文献试图分析新技术（包括计算机、自动化技术、信息通信技术）的发展和普及运用对劳动者技能需求的影响。西方主流经济学中的新古典增长模型认为，技术进步是人均产出保持持续增长的源泉。其模型假定资本与劳动的替代弹性为1，同时生产函数保持了柯布道格拉斯函数的形式。因此，在新古典增长理论中，技术进步是保持中性的。然而，在真实世界中，技术的进步往往带有非常强的偏向性。技术的偏向性特征可能会对生产过程中的收入分配格局产生重要的影响。在希克斯的理论框架中，技术创新的动力来自生产要素相对价格的变化，即在技术的使用过程中要能节约相对昂贵的生产要素，具体则可分为劳动节约型、资本节约型和希克斯中性技术进步。随着内生技术变迁理论的发展，一些学者建立了偏向型技术变迁理论的微观基础并将其内生化，这种新偏向型技术变迁理论被命名为"导向型技术进步"（Directed Technological Change）。以阿西莫格鲁和奥特为代表的经济学家们经过研究发现，20世纪70年兴起的信息技术革命具有非常强的技术偏向性，[①]从而会导致劳动力市场的两极分化。[②]通过将工作场所工作分为常规的日常或手工劳动（例如记录计算、重复分类、组装等）和非常规性劳动（如销售、管理、法律服务等），他们认为计算机等信息技术的使用改变了企业对职业技能的需求，即对常规劳动起替代作用，而对非常规性劳动起互补性作用。因此，普遍受教育程度较高的高技能工人的工资相较于低技能工人增长得更快，这造成了劳动力工资的两极分化和不平等的加深。还有一些学者认为，由于低技能工人的工资较低，但用新技术对其进行替代的成本将会过高；而高技能工作以现有的技术水平又很难对其进行替代，最终企业出于利润最大化考虑更倾向于用机器替代中等技能的工人，由此造成劳动力市场中职业和工种的两极分化。劳动者内部的分化趋势很可能削弱劳动集体与资本抗争的力量。以美国为例，笔者利用国际投入产出表（数据来源于WIOD）计算出了1995年至2007年美国高技能工人分别与中级、低级技能工人[③]的平均每小时收入差距之比（分别为H-M与H-L）[④]。

① Acemoglu D : "Why Do New Technologies Complement Skills? Directed Technical Change and Wage Inequality", *Quarterly Journal of Economics*, 1998,113(4),pp.1055–1089.

② Autor D H , Levy F , "Murnane R J :The Skill Content of Recent Technological Change: An Empirical Exploration", *The Quarterly Journal of Economics*, 2003, 118(4),pp.1279–1333.

③ 根据世界投入产出组织投入产出表的描述,技能的分类类型取决于劳动者受教育的程度。低技能劳动力代表接受过小学和初中教育的劳动者,高技能劳动力代表接受过高等教育第一阶段和第二阶段的劳动者。

④ 由于投入产出表中只有不同技能劳动者工资收入占全部劳动者总收入的份额以及不同技能劳动者工作小时数占总小时数之比。具体H-L的计算方法为,设 $w_h$、$w_l$ 分别为高技能和低技能工人总收入,W为全部劳动者总工资,$h_h$、$h_l$ 为高技能工人工作总小时数,H为全部劳动者工作总小时数。$w_h/W$ 和 $w_l/W$ 即为高技能工人和低技能工人收入份额,$h_h/H$ 和 $h_l/H$ 为高技能工人和低技能工人工作小时数份额,H-L=$(w_h/W/h_h/H)$/ $(w_l/W/h_l/H)$,即 $(w_h/h_h)/(w_l/h_l)$。同理,即可计算出H-M的数值。

图4-4描述了上述两个指标的演变状况，1995年至2009年，美国高技能工人与低技能工人的收入差距从不到2.5倍增加至近3倍，高技能工人与中等技能工人收入差距则从略高于1.5倍增加至接近2倍。

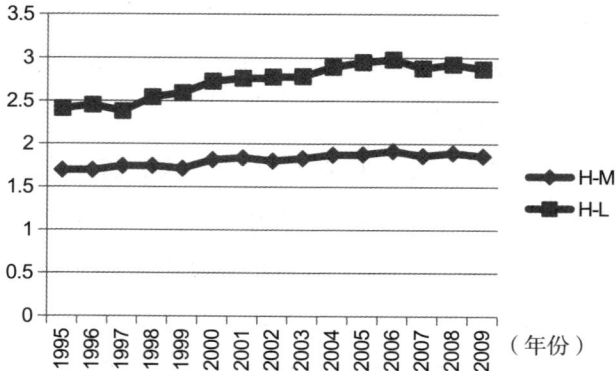

图4-4  美国高技能工人与中、低技能工作平均每小时收入比

数据来源：根据世界投入产出组织投入产出表计算得出

可以看出：美国国内劳动力市场分化趋势越来越严重，拥有不同教育经历的工人，其收入差距呈不断扩大的趋势。如果把考察对象扩展到此次新技术革命的主导国家——美国和德国的制造行业，可以发现与上述美国全体劳动者内部分化的趋势类似。

图4-5呈现了1995年至2009年，美国和德国制造业高技能与低技能工人收入差距的演变趋势。可以看出，美国制造业高低技能工人之间的收入差距与全行业的该项指标演变趋势类似，即从1995年的略高于2.5倍增加至2009年的3倍多。就德国制造业看来，高低技能工人收入差距也呈越来越扩大的趋势，1995年至2009年该项指标从2倍增加至2.9倍。上述不同技能（也即不同教育水平）的工人劳动收入差距的增加，证明了劳动力收入的两极分化趋势。从某种程度上来说，劳动者内部收入差距的拉大不利于其形成稳定的整体力量以对抗资本。

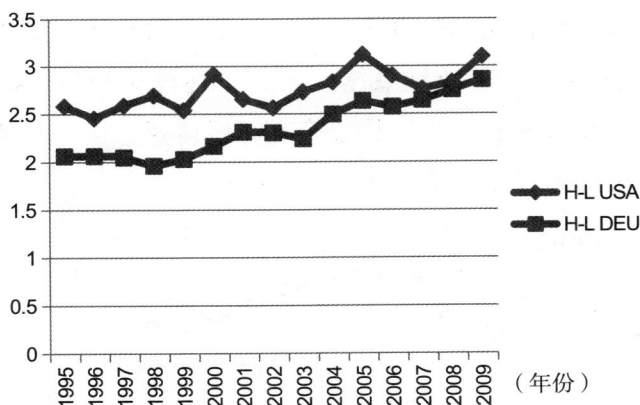

图4-5　美国、德国制造业高技能工人与低技能工人平均每小时收入比

数据来源：根据世界投入产出组织投入产出表计算得出（USA即美国，DEU即德国）

　　除高技能劳动与资本关系的转变，以及劳动力市场内部的不同技能水平的工人相互分化的趋势以外，信息通信技术飞速发展的影响最直接地体现在其对普通劳动力替代性的不断增强。尤其对传统的制造业工人而言，机器对普通工人的替代持续地压低了他们的工资水平。一些学者认为，与传统的"卡尔多事实"不符（即劳动收入份额应大致保持稳定），20世纪80年代以来，全球劳动力收入份额呈显著下降趋势，而这一现象主要归因于信息技术的进步和电子时代的来临导致的投资品的相对价格下降。在利润的驱使下，资本品价格的下降使得企业拥有更强的动力利用机器替代普通劳工，劳动者相对于资本的力量有所下降，从而造成了劳动者收入份额的降低。20世纪90年代美国因"新经济"增长再次腾飞时，劳动者收入所占份额却有不断下降的趋势。

　　以美国1995年至2009年的制造业为例，在经历1995年至2000年的波动之后，美国制造业的劳动收入份额迅速下降，时至2009年该指标仅为48%。虽然，德国制造业的劳动收入份额相对美国保持了较高的水平，但这一指标在1995年至2008年①下降的趋势则更为显著（如图4-6所示）。此外，从统计数据来看，上述理论描述的劳动者内部分化和劳动者收入份额下降的趋势确实有所体现。但是具体技术进步与其之间的联系还需要后续实证研究的检验。

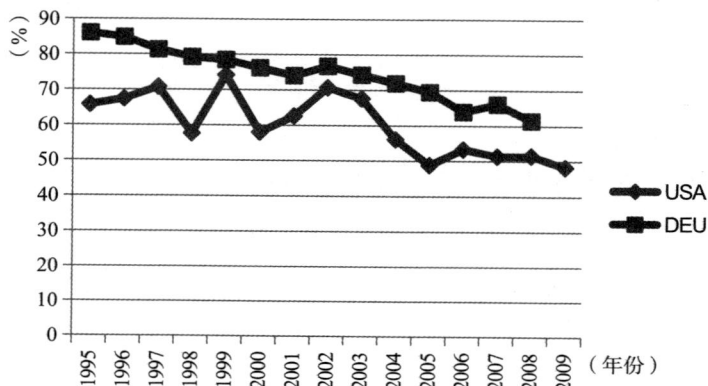

图4-6　美国、德国制造业的劳动收入份额②

数据来源：根据世界投入产出组织投入产出表计算得出（USA即美国，DEU即德国）

## （三）技术—产业—劳资关系

资本追求利润最大化和控制工人的策略，不仅仅局限于通过技术创新实现产业资本的空间重构、现有生产组织的重组以及劳动者技能的重塑。为了追求更高的利润和更强的控制工人的能力，资本还会"进入"新兴的产业和生产部门。随着信息技术的不断发展，以信息通信技术为代表的新兴产业部门逐渐成为劳资关系矛盾突出的行业。由于信息技术独有的技术特征，这类行业往往具有完全不同于传统企

---

① 由于德国2009年的该项数据缺失，因此该指标刻画的时间段为1995年至2008年。

② 制造业劳动收入份额的计算方法为国际投入产出数据库中制造业劳动力收入总额与劳动与资本收入总额之比。

业的运行模式、雇佣形式和劳资关系。

美国信息通信公司所雇佣的大多是受过大学教育的专业、技术和行政管理（统称为PTA）雇员。与传统体力工人倾向于通过集体谈判获取自身对工资收入和工作条件的影响不同，高技术脑力工人在信息技术发展的初始阶段较为稀缺，他们更愿意通过劳动力市场的流动性来增加自己与资本的博弈力量。拉让尼克曾指出，作为新经济企业模式的发源地，硅谷的氛围一直是反工会的。大多数企业认为，由于信息通信技术行业的技术进步十分迅速，各类工作的性质也在不断变化，工会的缺位对于行业发展十分有利。工会的存在会大大阻碍行业内的技术创新。"为了最好地利用人才及其技能，我们不断地变换员工的工作。在半导体技术日新月异的时代，如果有工会组织的掣肘，我们定然会寸步难行。"[1]不管人们是否接受工会组织与新经济企业不兼容的观点，从现实来看，新经济企业的大部分雇员的确拒绝由工会作为自己利益的代表。20世纪80年代，美国各个工会在硅谷试图建立组织的努力最终也都以失败告终。

在技术不断发展使得信息通信技术与现实的生产和生活联系越来越紧密的同时，旧经济企业模式主导的行业部门也通过引入信息技术调整经营管理和组织劳动之间关系，并且全面地提高劳动力的灵活性和质量，新经济企业模式逐渐在发达资本主义国家各行业内扩散。劳动力流动性的增强使得工会的力量被进一步削弱。根据国际劳工组织统计数据可以看出，进入21世纪以来，主要发达国家的工会密度率[2]均呈现下降的态势（如图4-7所示）。

---

[1] ［美］威廉·拉让尼克、黄一义、冀书鹏译：《创新魔咒：新经济能否带来持续繁荣》，上海：上海远东出版社，2011，第127—128页。

[2] 工会密度率（Trade Union Density Rate）指的是属于工会会员的雇员占总雇员人数的比重。

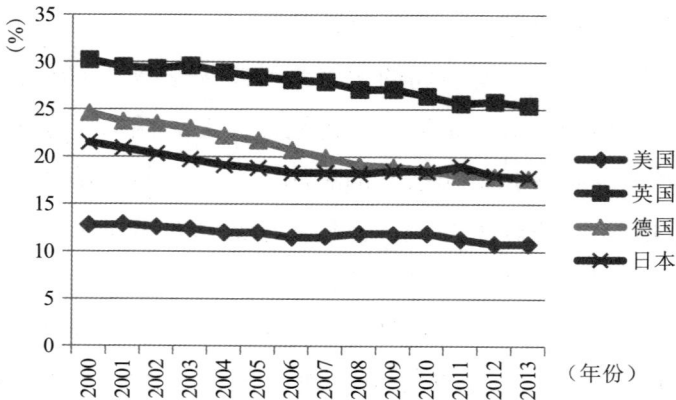

图4-7　美、英、德、日四国的工会密度率

数据来源：国际劳动组织数据库（ILOSTAT，Industrial relations）

2000 年至 2013 年，美、德两国的工会密度率分别从 12.8% 和 24.6% 下降到 10.8% 和 17.7%。同时，日本和英国的工会密度率也呈现不同程度的下降趋势。即使是工会力量较强的北欧国家，近年来其工会密度率也出现了严重的下滑（如图4-8所示）。

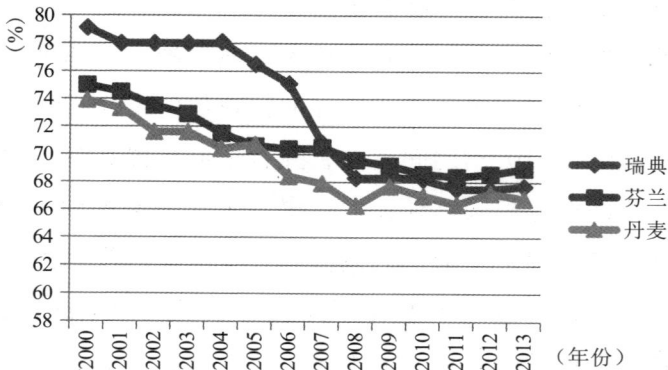

图4-8　瑞典、芬兰、丹麦的工会密度率

数据来源：国际劳动组织数据库（ILOSTAT，Industrial relations）

图4-8描绘了瑞典、丹麦和芬兰三国的工会密度率，虽然与其他国家相比该指标仍处于比较高的水平，但是数据同样表现出在进入21

世纪后，这些国家的工会力量在某种程度上的衰落。虽然工会力量的衰落有着复杂的政治、经济原因，但新技术、新产品以及新产业的涌现是促使传统工会制度消弭的重要原因之一。

　　近年来，平台经济、数字经济等新产业、新业态发展迅猛，国内外一些学者运用马克思主义政治经济学理论分析了平台经济劳资关系的新形式。Srnicek 将他的"加速主义"理论与对各类平台的分析有效结合起来，认为相较于以往的资本主义形式，平台资本主义对劳动者的控制反而更加强大。[1]Staab 和 Nachtwey 基于对亚马逊的案例分析了平台寡头垄断格局的形成以及它们如何运用数字技术加强对劳工的控制。[2]Scholz 阐述了平台资本主义背景下劳动呈现出"优步化"（Uberisation）的趋势，即低工资、高强度并且无保障的短期劳动逐渐增加。[3]Schor 则认为平台经济扩大了高技能工人和低技能工人的收入差距，增加了劳动者内部的不平等，便于资方采取"分而治之"的策略。[4]Montalban 等则运用"调节学派"的理论框架分析了平台经济的特征和本质，他们认为平台经济的兴起是一种"脱嵌"过程，它是金融化积累体制矛盾的产物，是新自由主义的一种新形态。[5]国内一些学者运用政治经济学原理从平台组织的源起、本质和特性入手，阐述了平台经济背景下动态不完全竞争的企业组织关系和不稳定就业的劳

① ［加］尼克·斯尔尼塞克，程水英译：《平台资本主义：触碰新兴技术的化身》，广东：广东人民出版社，2018，第44—46页。

② Staab P , Nachtwey O :"Market and Labour Control in Digital Capitalism", *Triple C Communication Capitalism & Critique* ,2016,14(2)pp.457-474.

③ Hannah J , Scholz T : "Uberworked and Underpaid: How Workers Are Disrupting the Digital Economy", *Journal of Labor and Society*,2017,20(4) , pp.552-555.

④ Schor B J :"Does the Sharing Economy Increase Inequality within the Eighty Percent?: Findings from A Qualitative Study of Platform Providers", *Cambridge Journal of Regions, Economy and Society*,2017,10(2),pp.263-279.

⑤ Matthieu M , Vincent F , Bernard J :"Platform Economy as A New Form of Capitalism: A Régulationist Research Programme",*Cambridge Journal of Economics*,2019,43(4),pp.805-824.

资关系，以及平台经济日益暴露出的过度剥削、信息掠夺、过度金融化、严重过剩等内在缺陷。[①]

如前文所述，通过精准匹配和需求规模经济，平台型企业组织在某种程度上缓解了福特主义生产方式带来的"生产过剩"危机。随着数字化嵌入生产和生活的方方面面，加之数据与信息分包生产出现，大量劳动者依附于数字化平台，呈现出新的雇佣劳动特性。具体而言，主要体现在以下几个方面。第一，模糊的劳动关系。数字零工平台普遍要求劳动者（劳动者提前知晓或采取签订默认隐藏条约）承认自己独立承包商的地位，也即劳动者与平台是一种"合伙关系"。这实际上减轻了用人单位必须承担的法律所规定的许多强制性义务，如工资必须高于或等于当地最低工资标准，必须为劳动者缴纳社会保险，劳动不得超过法定时间，解除劳动合同时应当给予劳动者一定的经济补偿等，从而变相地降低了平台的支出。[②]第二，隐秘的劳动过程控制。在数字化平台的监督和控制下，数字劳工的劳动质量可以由"产品本身来控制"[③]，其工资给付方式更贴近于"计件工资"。在这种劳动模式下，平台资本能够掌握一个十分明确的计算劳动强度的尺度。数字平台的工人出于"个人利益就会使他尽可能紧张地发挥自己的劳动力，而这使资本家容易提高劳动强度的正常程度"[④]。一些学者聚焦于国内平台劳工（如网约车、外卖、直播以及网络文学）具体的劳动过程，他们认为平台厂商普遍运用技术控制和"意识形态"的

① 王彬彬、李晓燕：《互联网平台组织的源起、本质、缺陷与制度重构》，《马克思主义研究》2018年第12期，第65—73页；崔学东、曹樱凡：《"共享经济"还是"零工经济"？——后工业与金融资本主义下的积累与雇佣劳动关系》，《政治经济学评论》2019年第1期，第22—36页；谢富胜、吴越、王生升：《平台经济全球化的政治经济学分析》，《中国社会科学》2019年第12期，第62—81页，第200页。

② 丁晓东：《平台革命、零工经济与劳动法的新思维》，《环球法律评论》2018年第4期，第87—98页。

③《马克思恩格斯全集》（第四十三卷），北京：人民出版社，2016，第582页。

④《马克思恩格斯全集》（第四十二卷），北京：人民出版社，2016，第571页。

自我规训方法，使劳动者嵌入平台经济的资本积累过程。[①]第三，工作的不稳定性增加。与传统福特主义和丰田生产方式中稳定的雇佣关系不同，依附于数字平台的劳动者的劳动呈现出不稳定性的特征。这种不稳定性主要表现为收入的不稳定性以及工作日常的不稳定性。[②]整体看，这种不稳定性的劳动关系实际上不利于工人团结一致，成立集体组织同资本抗衡。第四，劳动者的"高收入幻觉"。相较于传统制造业，数字平台为劳动者提供了较为灵活的工作制度和看似较高的收入。然而，这种高收入实际上是一种"幻觉"：数字平台劳工的高收入首先需要建立在其极高的劳动强度和过长的劳动时间基础之上；选择在数字平台以打零工为生的劳动者普遍属于低技能、低收入人群，相较于平台是否提供社会保险和就业权益保障，这类劳动者更青睐于能否获得较高的当期收入，而当期的高收入实际上是以牺牲工作的稳定和保障为代价的。第五，工作场所的分割。与工场手工业和机器大工厂集聚的劳动空间不同，数字平台劳工普遍没有统一、稳定的工作场所。实际上，割裂的工作空间不利于劳动过程中形成稳定的社会纽带，原子化的工作模式削弱了平台劳动者与资本进行博弈的能力。

虽然一些学者，如 Zysman 和 Kenney 提出平台经济的规制原则的核心应该是给予劳动者（消费者）机会，使他们能够主动参与并引领智能技术和平台经济的演化进程，[③]但在资本普遍嵌入数字平台的背

---

① 胡慧、任焰：《制造梦想：平台经济下众包生产体制与大众知识劳工的弹性化劳动实践——以网络作家为例》，《开放时代》2018 年第 6 期，第 178—195 页，第 10 页；徐林枫、张恒宇：《"人气游戏"：网络直播行业的薪资制度与劳动控制》，《社会》2019 年第 4 期，第 61—83 页；冯向楠、詹婧：《人工智能时代互联网平台劳动过程研究——以平台外卖骑手为例》，《社会发展研究》2019 年第 3 期，第 61—83 页，第 243 页。

② 谢富胜、吴越：《零工经济是一种劳资双赢的新型用工关系吗》，《经济学家》2019 年第 6 期，第 5—14 页。

③ Zysman J, Kenney M : "Intelligent Tools and Digital Platforms: Implications for Work and Employment", *Intereconomics*, 2017, 52(6), pp.329-334.

景下，利润导向而非劳工导向是主宰数字平台演变的主导性力量。

综上所述，信息技术的发展增加了生产中对高技能脑力劳动者的需要，从而在一定程度上增强了知识劳工与资本博弈的力量。与此同时，资本并没有放弃对高技能工人的控制，企业利用非经理人股票期权等新方法吸引和保留高技能工人为其效力。持续的技术创新对工人技能需求的改变，造成了劳动力市场内部的两极分化和工资分化，使工人内部很难形成合力与资本进行斗争。随着信息技术的不断深化，生产中资本品价格的逐渐降低促使企业更有动力使用新技术以替代工人的劳动，从而造成劳动收入份额的显著下降。在技术变革引致的新产业、新部门和新业态中，新的用工形式和劳资关系逐渐显现，模糊的劳动关系、工作的不稳定性以及劳动保障制度的缺失等特征也慢慢向其他产业和部门扩散。资本利用技术创新不断强化着自身在劳资关系中的霸权地位。

## 第三节　新一轮技术革命背景下未来劳资关系走向

在新一轮技术革命的背景下，以物联网、云计算、大数据以及人工智能等技术为代表的新技术集群正在对企业生产组织、产业转型升级、商业模式和业态等方面产生巨大影响。在新技术集群的作用下，全球工业发展模式正发生着巨大的变革，这一变革以智能化、数字化、信息化技术的发展为基础，基于可重构生产系统的个性化制造和快速市场反应，试图对大规模生产流水线和柔性制造系统进行改造。[①]

那么在新一轮技术革命的背景下未来劳资关系会有何种走向？新

---

① 黄群慧、贺俊：《"第三次工业革命"与中国经济发展战略调整——技术经济范式转变的视角》，《中国工业经济》2013 年第 1 期，第 5—18 页。

技术集群到底将削弱还是会增强资本的权力？对此，一些学者持乐观主义的态度，他们认为新技术集群及其零边际成本的特点将逐渐改造传统的资本主义经济模式，一个以"协同共享"为主要特征的新的经济范式将逐渐取代唯利是图的资本主义生产方式。物联网、能源互联网、微信息化制造和网络教育等技术集群可以将价值链、能源供给、产品生产流通以及教育资源等的边际成本降低并使其接近于零，极大地推动生产力发展。在技术变革推动生产力实现跨越式发展的背景下，物质资源不再稀缺，人类社会也逐渐走向丰裕，以竞争和利润为导向的资本主义生产方式将逐渐被协同共享的经济模式所取代，资本的力量将不断弱化。然而，由于技术变革促成的生产力发展，社会必将面临最终的剩余产品如何分配等问题。按照马克思主义的观点，分配的方式由生产的方式所决定，尤其受现实中具体生产条件的所有权所影响。在生产资料资本主义私有制的前提下，劳资关系并不必然走向协同共享的模式。知识经济中劳动技能的探讨往往忽视了"技能是什么"这一基本问题，发达资本主义国家出现的普遍的劳动者"技能提升"其实是一种假象，其背后掩盖的是新的生产组织形式下对剩余价值生产和占有手段的变化。资本凭借着对知识、技术的垄断和占有，使得劳工很难改变其相对弱势的地位[①]。具体原因体现为以下几点。

## 一、相对过剩人口将愈发严重

关于技术革命是否会对社会就业产生负面影响，一直是学界争论的热点。由于学者们在研究过程中存在着研究对象、研究方法以及假

---

① 劳动者面对资本时的弱势地位当然不全由技术因素决定和仅仅局限为上层建筑方面的转变。例如美国1947年颁布的塔夫脱–哈特莱法，禁止针对管理层有关工人分配的决定而进行"司法管辖范围内的罢工"或停工，从而使得工会很难有效组织工人应对雇主针对工人的举措，也会影响到劳资力量的对比。

设前提等因素的差异，对于这一问题理论界得出了不同的答案。德国学者Shettkat和Wagner在20世纪80年代通过对技术创新和就业关系的研究发现：虽然短期内由于技术变迁一些非技术工作会被替代，但是随着生产力水平的提高和经济增长，工作机会将持续增加。[1]20世纪80年代末期，美国学者米勒研究了产业机器人的使用对就业可能造成的影响，结果发现很大一部分被机器替代的工人会重新进入劳动力市场。[2]经济学家里昂惕夫和杜钦利用美国经济动态的投入产出矩阵，模拟美国1963年至2000年信息技术对就业冲击的研究发现，以电脑使用为代表的技术变革对劳工有显著的替代效果。但是，由于模型前提的局限性和假设固定的需求和产出水平，他们的研究也颇受其他学者诟病。2013年，Frey等学者利用新的方法（高斯过程分类）估计了美国劳动力市场上具体702个职业被计算机化的可能性。其研究指出，美国就业人数的47%都处于被计算机等新技术替代的风险之中。总的来说，认为技术创新可能造成严重的失业现象的观点一直处于主流之外，抱有此类想法的人经常被冠以"新勒德分子"的称号[3]。大部分学者认为，整体经济的就业状况与信息技术的发展和扩散没有系统性的关系。虽然有些工作可能被取代，但由于新技术所促成的新产品、新产业、新部门、新企业的诞生，就业会持续被创造出来。[4]

马克思曾在《资本论》中批判了以大小穆勒、西尼尔为代表的资产阶级经济学家的论断：所有排挤工人就业的机器，总是会游离出一部分资本去重新雇佣这些被排挤的工人。马克思认为，制造新机器所

① Schettkat R , Wagner M :*Technological Change and Employment : Innovation in the German Economy*,Belin:W. de Gruyter,1990,pp.15-26.

② Miller S M :*Impacts of Industrial Robotics:Potential Effects on Labor and Costs within the Metalworking Industries*,Madison:University of Wisconsin Press,1989.pp.15-31.

③ 勒德分子是19世纪英国工业革命时期，因为机器代替了人力而失业的技术工人。现在引申为持有反机械化以及反自动化观点的人。

④ ［美］曼纽尔·卡斯特，夏铸九、王志弘译：《网络社会的崛起》，北京：社会科学文献出版社，2001，第312页。

需要的工人要比被新机器排挤的工人少，这些被排挤的工人重新进入劳动力市场，增加了被资本主义剥削支配的劳动力的数量。马克思阐述了一条生产部门技术创新的绝对规律：如果采用先进技术的部门所生产的产品总量与被它所替代的传统生产方式所生产的产品总量相等的话，它所使用的劳动总量就要减少。而生产上述先进技术以及原材料等所需要的劳动量的增加，必然比应用先进技术所排挤的工人数量要少。[①]但马克思同时也承认：被新机器排挤出来的工人可以在另一个工业部门重新就业，虽然机器的应用必然排挤工人，但也能引出其他劳动部门就业的增加，就业工人数量增加多少取决于上述劳动部门的资本有机构成。[②]

在马克思的理论框架内，"价格下降和竞争斗争也会刺激每个资本家通过采用新的机器、新的改良的劳动方法、新的结合……就是说，提高既定量劳动的生产力，降低可变资本和不变资本的比率，从而把工人游离出来，总之，就是造成人为的过剩人口"[③]。资本主义生产的最终目的并不是利用机器或先进技术排挤工人，而是追求更大的剩余价值。"资本主义积累的本性，决不允许劳动剥削程度的任何降低或劳动价格的任何提高有可能严重地危及资本关系的不断再生产和它的规模不断扩大的再生产。"[④]因此，资本通过技术变革不断地使工人受到失业的威胁，形成巨大的劳动后备军作为廉价劳动力，从而在劳资关系中占据主导地位。

以美、德、日三个在此次新一轮技术革命中处于领先地位的发达资本主义国家为例，它们的制造业就业人数在1995年至2009年均呈现出不同程度的下降趋势。具体看来，美国制造业就业人口在进入21

---

①《资本论》（第一卷），北京：人民出版社，2004，第509页。

②《资本论》（第一卷），北京：人民出版社，2004，第504—510页。

③《资本论》（第三卷），北京：人民出版社，2004，第284页。

④《资本论》（第一卷），北京：人民出版社，2004，第716页。

世纪后便开始逐渐下滑，至 2009 年该人数仅为 1995 年的约 65%。日、德的下降趋势则更为明显，尤其是日本，该数据在近 14 年间下降了约一半（如图 4-9 所示）。高峰教授等利用世界投入产出数据库（WIOD），根据马克思资本构成的相关概念，测算了 1995 年至 2009 年美、德、日三国的资本价值构成和资本技术构成[1]。根据他们的关于资本价值构成的计算方法，资本价值构成（VCC）为：VCC=C/V。其中，C 为现行价格的固定资本净存量，V 为雇员工资和薪金总额。

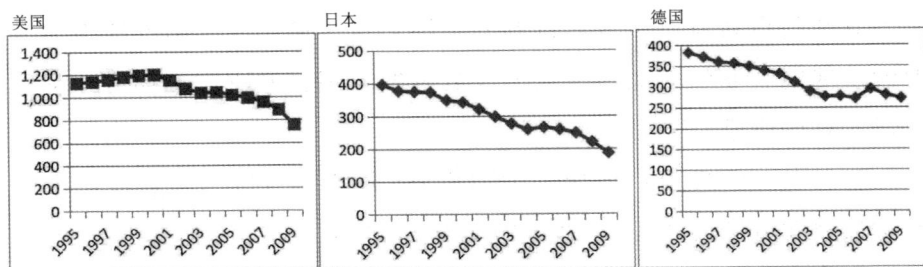

图4-9　美、日、德制造业就业人数（1995—2009年）

数据来源：世界投入产出数据库（WIOD）

根据上述计算方法，下图呈现出了美、日、德三国的制造业于 1995 年至 2009 年的资本价值构成的变化趋势[2]（如图 4-9 所示）。由图 4-9 可以看出，除日本以外，美、德两国制造业的资本价值构成上升并不十分显著。美国在 14 年间经历了一个"U"形的变动趋势。而德国在 2004 年经历了一个几乎断崖式的下跌，并于 2007 年重新开始上升。

然而，由于资本价值构成会受到固定资本贬值、劳动力工资上涨等因素的影响，如果只考察资本对雇佣劳动需求的变化趋势的话，资

---

① 根据高峰教授的观点，要想正确判断资本对于劳动需求的实际变化，需要区别资本的价值构成和技术构成这两个概念，并分析二者的变化趋势。

② 根据世界投入产出数据库数据，现行价格的固定资本净存量计算方法为：经过价格调整的真实固定资本存量除以雇佣工人的薪金总额。由于 WIOD 给出的资本折旧率每年均相同，因此，是否做折旧的处理，并不影响资本价值构成的变动趋势。

本的技术构成可能是一个更好的衡量指标（如图4-10所示）。根据高峰教授和莫斯利的方法，资本的技术构成（TCC）为：TCC=MP/PL。其中MP等于不变价格固定资本净存量，PL为雇佣工人人数。由此，资本的技术构成实际上就是推动一定生产资料的劳动力数量，它更能反映出实物资本对劳动力的相对需求，即实物资本对活劳动的替代趋势。

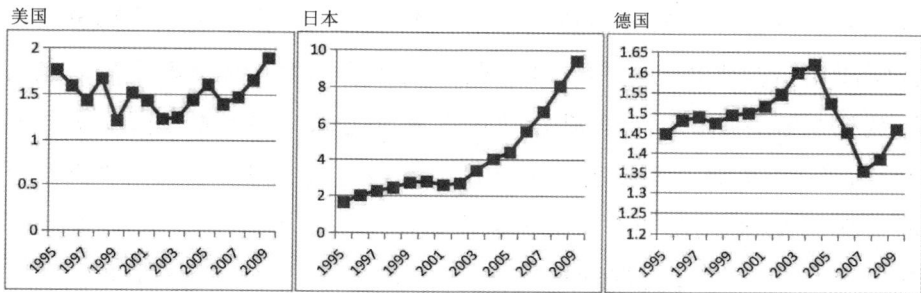

图4-10　美、日、德制造业资本价值构成（1995—2009年）

数据来源：世界投入产出数据库计算得出（WIOD）

图4-11描述了美、日、德制造业资本技术构成在1995—2009年的演变。从图中可以看出，这三个国家的制造业在1995年至2009年的资本技术构成的上升趋势显著。

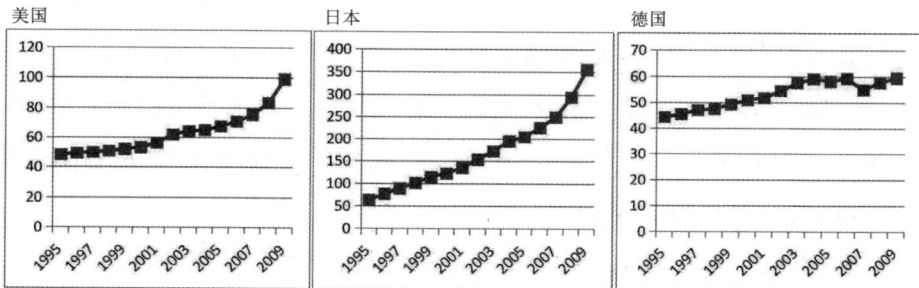

图4-11　美、日、德制造业资本技术构成（1995—2009年）

数据来源：世界投入产出数据库计算得出（WIOD）

综上所述，虽然这三个国家制造业的资本价值构成呈现相对缓慢的增长，但其背后资本的技术构成仍然在快速提高。制造业中，每单位资本所需要的工人数量呈大幅度下降趋势。诚然，仅从制造业就业人数并不能断定资本对于雇佣劳动的排挤作用以及相对剩余人口的增加。特别是在全球生产网络逐渐成型的背景下，发达国家经历着一个"去工业化"的过程，大多数制造企业可能通过离岸外包等把产品的制造过程转移到劳动力成本较低的发展中国家进行，从而导致制造业就业人数的下降。但毋庸置疑的是，不论上述何种原因，大部分发达国家以制造业为代表的传统部门创造就业的能力正在逐渐下降。从实际数据来看，美国经济创造就业机会的能力确实在不断下降，据数据统计，从20世纪中期开始，美国每十年创造就业岗位的增长率都在不断下降，2000年至2007年就业岗位数量仅增长了5.8%。[①]对于上述多数研究来说，其时代背景处于20世纪80年代后期，当时信息技术的发展水平跟目前完全不能同日而语。

回顾历史，第二次工业革命以及在其技术基础上构建的福特主义生产方式导致了企业内部的分工深化，劳动的"概念"与"执行"出现分离使上述二者分属于不同的劳工群体。为适应技术变革，企业内部出现了庞大的科层组织和办公室工作人员（伴随着大量女性劳工进入企业行政管理部门），白领工人开始涌现。随后技术变革尤其是自动化技术的持续发展不断削减了从事劳动"执行"的一线蓝领工人的数量。随着信息与数字化技术的普及和演进，一方面蓝领工人持续从实体经济中游离出来，另一方面，从事重复性、程序性的办公室白领劳工也面临着日益增大的被技术排挤的风险。

新一轮技术革命是20世纪兴起的传统信息技术革命的进一步深化，关于信息技术的摩尔定律在此次技术革命中并未失效，其指数级的增长速度使劳工对计算机等机器的相对能力明显下降。蓄势待发的

---

① ［美］马丁·福特，王吉美、牛筱萌译：《机器人时代：技术、工作与经济的未来》，北京：中信出版社，2015，第48页。

增材制造技术、机器人技术等很可能使大部分工厂在不远的未来实现"无人化"制造，体力劳动在生产中的重要性与日俱减。3D打印等增材型制造技术的不断完善将导致体力工人在生产过程有被完全替代的可能。不仅在生产领域，整个物流行业加速自动化的趋势使得人力劳动不断被替代。曾经学者们普遍认为，复杂的、无法推测规则的模式识别任务如驾驶汽车很难实现自动化，如今，谷歌、特斯拉等科技公司已基本上实现了对无人驾驶技术的开发与应用。以亚马逊为例，它正在仓库增加智能自动引导车、机器人和数字仓储系统，试图在物流价值链的每个环节上都减少体力劳动。

与此同时，新一轮技术革命的智能化特征使得体力劳动，甚至一部分脑力劳动（特别是简单性、程序性、重复性的脑力劳动）也有被进一步替代的趋势。在马克思所处的大工业时代，工厂主利用自动化技术应对体力劳动者的反抗以及劳资之间的矛盾，而如今的智能时代，资本针对脑力劳动者对抗的作用机制与大工业时代并无二异。以"认知计算"（Cognitive Calculation）、深度学习等技术为基础，人工智能很可能在未来与医疗、教育等相结合，逐渐取代一些简单的脑力劳动者。上述技术不断发展和优化已经对金融业产生巨大影响。面对海量的金融信息和数据，具备大数据模型化计算能力的智能机器在某些方面比人类更具优势。自2012年起，美国金融行业中机器人投资顾问逐渐兴起，其掌控的资产在短短两年间实现了从零到140亿美元的高速增长。曾经涉及复杂、情绪化或表达不明确环境下的复杂沟通一直被认为是机器难以代替人类能力的领域，然而，如今大部分发达国家的零售行业正迅速地走向自动化。1995年美国国内生产总值中每一百万美元需聘用2.08人从事销售及相关职业。但到2002年，这一数字已降低至1.79人，并且这一趋势还将持续下去。以ChatGPT为代表的人工智能技术由于拥有超大规模的数据和强大的计算能力已经可以在许多领域替代脑力劳动。

因此，从新技术浪潮的技术特征可以看出，在动态的长期视角下，技术替代劳动的大趋势并没有改变，新技术无法扭转甚至会加速资本构成的提高的趋势，从而导致相对过剩人口经常存在并愈发严重。诚然，正如马克思所指出的，资本利用技术创新对劳工的替代是一个复杂的动态过程。当出现市场需求预期不明朗、产业后备军增加导致工人工资持续下降（甚至低于劳动力价值）等现象时，以利润为导向的资本可能会更多地采用资本有机构成较低的生产方式。在不同的领域，技术可能对劳工同时表现出"去技能化""再技能化"或二者兼有之。在新技术革命中有些拥有专业知识、专业技能的工作人员暂时仍然无法被替代，如涉及新技术的研发人员、智能机械的维修工人等。相对于普通劳工，他们拥有更强的与资本博弈的力量。但是，由于技术变革与生产力提升所具有的"单向时间之矢"[①]特征，当这些劳动的工资上升威胁到企业的利润创造与资本积累能力时，新的技术应用也一定会对他们产生替代效应。因此，从整体看，我们无法改变由于新技术替代工人这一大趋势所造成的资本相对于劳动的强势地位。

## 二、就业不稳定性持续增加

从资本主义演变历史看，由于传统福特主义和丰田生产方式下的稳定的雇佣关系正逐渐解体，加之自20世纪70年代以来，美、英等主要资本主义国家实行新自由主义政策和金融化资本积累模式的转向，使得普通劳动者收入长期停滞不前。同时，政府债务负担的不断加重导致社会保障支出持续被削减。很多劳动者如果仅依赖于正式全

---

① 单向时间之矢指的是劳动生产力具有一个特点，即它的发展只能往前。人一旦获得了能力就会使用新的技术、新的社会组织去组织生产，而不会倒退回去用更低级的方式生产，这是由人类天性决定的。从局部的历史条件来看，它可能会有曲折，会有反复，但是从宏观历史尺度上来看，劳动生产力的进步永远不会停歇。

职工作，便很难完成其劳动力的再生产。随着信息、数字技术的发展，更多劳动者倾向于选择自雇佣、兼职和打零工等工作模式。

如图4-12所示，从"大萧条"至今，美国自雇佣人口数量呈现出典型的"U"字型变化，在"大萧条"后一直到"黄金年代"结束，美国的自雇佣人口数量总体上持续下降。但自20世纪70年代到爆发金融危机的2008年，自雇佣人数呈现出上升趋势，从最低点将近700万人升至1000多万人。可能是由于金融危机带来的冲击，美国的自雇佣从业者人数在2008年前后开始有所下降，但至2017年始终维持在900万人以上。

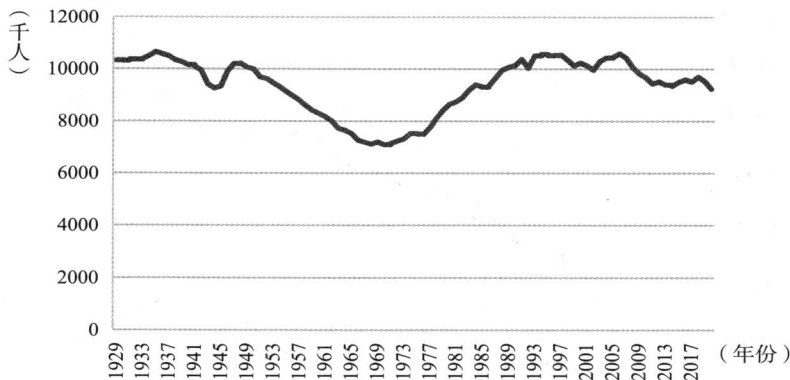

图4-12　美国自雇佣人口数量

数据来源：美国圣路易斯联邦储备银行数据库

如前文所述，在新一轮技术革命的推动下，以高度专业化、需要持续更新的产业和服务为特征的数字经济持续扩张。数字化平台将持续吸引大量劳动者从事"众包"和"按需生产"的新工作。据麦肯锡预测，到2025年，数字众包工作平台提供的信息服务预计将达到2.7

万亿美元，与英国的年GDP相当。[①]这类新工作形式之所以能够蓬勃发展，除了企业可以利用外包降低自身成本以外，还有一个重要原因，那就是众包平台的雇佣按需工人往往具备较高的工作质量：由于按需工人更渴望长期建立合作关系，以及大量的就业竞争促使劳动者必须掌握新的技能。[②]

然而，这类用工形式最显著特征就是工作的不稳定性持续提升，缺乏足够的对劳动技能的培训，并且几乎没有任何内部晋升机会。同时，更加灵活、不稳定的雇佣关系正在从新兴产业和部门向传统产业和部门扩散。长期视角观察美国的兼职人口数量，呈以下态势（如图4-13所示）。

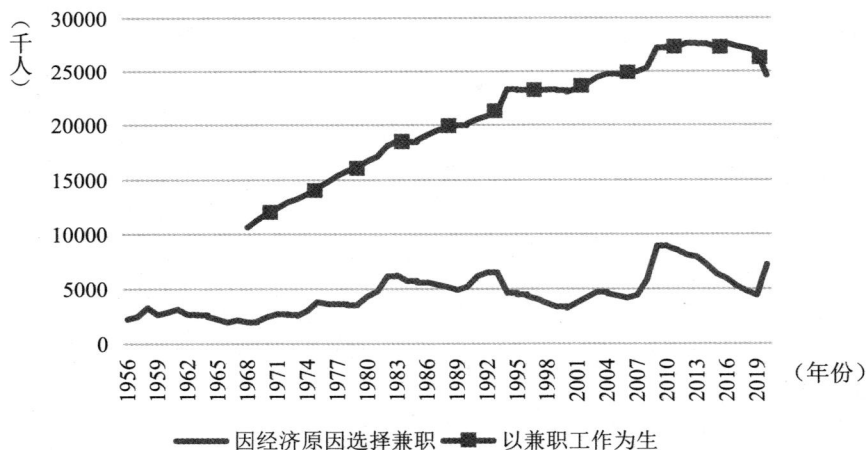

图4-13　美国兼职工作人口数量

*数据来源：美国圣路易斯联邦储备银行数据库*

1956年以来，美国国内因经济原因不得不选择兼职工作的人数呈现出持续上升的趋势。如果忽略新冠疫情及后续政府干预政策对劳动

---

[①] Adams J E , Leontief W , Duchin F :"The Future Impact of Automation on Workers", *Southern Economic Journal*, 1987, 54(2):p.487.

[②] ［美］玛丽·L.格雷、西达尔特·苏里，左安浦译：《销声匿迹：数字化工作的真正未来》，上海：上海人民出版社，2020，第65页。

力市场的冲击，美国以兼职工作为生的人口数量在近五十多年来增长幅度十分巨大，由约 1000 万人增加至将近 2500 万人。据相关数据统计，2022 年，美国共有近 6000 万自由职业者，占所有劳动者比例达到 39%，比 2021 年增加了 3 个百分点。51% 的自由职业者（近 3100 万专业人士）从事的是计算机编程、营销、IT 和商业咨询等脑力劳动。将近 17% 的美国劳动者同时通过传统就业和从事自由职业赚取收入，同样比 2021 年增加了 3%。值得注意的是，与传统印象有所区别，自由职业不再与低技能、低人力资本的劳动者挂钩。2022 年在美国从事自由职业的人群中约 26% 的劳动者拥有研究生学历，比 2021 年增加了 6%。

此外，数字平台内部的垄断性特征使得市场中的博弈力量更多向需求者和平台倾斜。在亚马逊的众包劳动平台（Mturk）上，98%—99% 的工作任务是由 10% 的需求方发布的，任务的报酬也是由需求方单方面决定，这种劳动力的买方垄断，[①]加之众包劳动分散化、缺乏社会联结等的特征，使得市场力量集中在劳动力的需求方手中。

## 三、针对脑力劳动者更精巧的控制策略

资本主义生产的最终目的和决定动机在于追逐剩余价值的最大化。由于劳动力是剩余价值的唯一源泉，因此在生产过程中资本往往通过多种手段控制雇佣劳工，以达到劳动力使用的高效率。在前两次工业革命过程中，体力劳动者尤其是制造工人生产效率的高低是决定企业是否能够取得最大利润的关键因素，因此，如何提高体力劳动者的生产效率成为资本主义生产组织的首要任务。"效率工资"、泰勒式科学管理体制的应用和扩散，以及构建企业内部劳动力市场等方法促

---

① ［美］玛丽·L.格雷、西达尔特·苏里，左安浦译：《销声匿迹：数字化工作的真正未来》，上海：上海人民出版社，2020，第 128 页。

成了20世纪以来制造业劳动生产率的空前提高。不论是福特制的大规模流水线，还是日本丰田"及时生产""持续改善"的"精益生产"模式，泰勒式的任务分析和工业工程的思想都渗透到了它们对体力劳动效率改善的每一个流程当中。

随着20世纪信息技术革命的兴起，知识逐渐成为生产过程中关键的生产要素之一，知识劳工迅速成为发达资本主义国家中一支规模较大的劳动力的大军。资本主义企业生产组织所面对的最主要的挑战不再是如何提高体力劳动者的生产效率，而是对知识劳动者进行优化管理使其发挥最大的利润创造能力。在传统的观念中，随着工业社会逐渐向知识社会转型，信息技术行业通常被看作是一个后泰勒主义和后福特主义知识工作的典型范例。然而，自资本主义诞生起，对于"知识"的管理始终贯穿于资本主义劳动过程中，只不过"知识"在那时表现为技能或技术。企业对知识劳动者实行的管理策略，并不意味着企业重视知识本身，而是为了消除知识在剩余价值占有中所造成的困难。①

由于知识劳动者劳动的特有属性，他们并不直接参与物质商品的具体生产过程，企业的管理人员很难使用传统管理体力劳动者的方法，即利用机器设备、工序流程改造等规范和限制知识劳动者的行为，反而需要充分发挥其在生产中的主体性。美国管理学家彼得·德鲁克认为，决定知识劳动者生产效率的主要有以下几个因素。第一，由于知识劳动者不会根据机器生产流程执行任务，因此企业应该明确他们工作的具体内容和责任。第二，知识劳动者必须学会自我管理，并具备一定的自主权。第三，知识劳动者在工作、任务和责任中必须不断创新。第四，知识劳动者除了本身不断接受教育以外，更重要的是不断指导他人学习（形成集体学习效应）。第五，综合采用质量和

---

① 谢富胜、周亚霆：《知识经济与资本主义劳动过程》，《教学与研究》2012年第3期，第63—71页。

数量双重标准衡量知识劳动者的产出。第六，给予知识劳动者相应的待遇，塑造其为组织工作的意愿。①而上述各因素要想顺利发挥作用，与企业相应的管理和组织形式密切相关。

如前所述，在新一轮技术革命的影响下，生产组织内部将进一步集成化和扁平化，工人尤其是高技能的知识劳动者将获得更大的自主性。物联网、大数据、云计算等技术使得工厂和企业逐渐智能化，知识劳动者的重要性也会与日俱增。但是同时，随着人工智能、大数据等新技术集群的兴起与演化，企业可以利用新型的技术形式再造知识型工作，即对知识劳动者实施更加精巧的控制策略，以充分发挥知识劳动者的生产力，实现追求企业利润的最大化，具体表现在以下几个方面。

## （一）最大化知识劳动者的产出效率

以物联网为基础的大数据、云计算和人工智能技术可以使企业更好地辨别技能缺口：企业可以利用上述新技术集群建立技能目录，准确地评估有关企业战略决策和执行的技能职位，并且预测其未来的变化趋势；基于上述数据企业会详细地分析组织内部的技能利用状况和知识劳动者的工作时间分配；随后，根据分析结果，企业可以对雇员的工作职位进行重新设定，将低技能的日常工作转移给生产组织内部或外部的普通员工，并将有些需要特殊技能但并不具有战略意义的工作通过外包的工作形式来完成，而高技能的知识劳动者将仅仅从事那些只能由他们完成的工作。这一举措可以很好地避免生产组织内部技能与任务的错配，即专家型员工可能会被指派去从事没有技术要求的日常性工作，确保了高技能的知识劳动者在生产过程的大部分时间内都从事着其最大化产出效率的工作。

---

① ［美］彼得·德鲁克，朱雁斌译：《21世纪的管理挑战》，北京：机械工业出版社，2009，第125—126页。

## （二）隐性知识显性化

针对知识劳动者的管理策略，实际上是企业生产组织内部长期以来对大部分从事脑力工作的白领工人控制方法的一种延伸。由于知识劳动者从事劳动行为的特殊性，其专业劳动力中包含的不仅仅是物质层面的生产力，还有精神生产力。与传统体力劳动者并不占有生产资料的状况不同，知识劳动者所掌握的生产资料，即储存在头脑里的知识，是完全可以移动的，并且是巨大的无形资产。因此，如何将知识劳动者头脑中的隐性知识和信息显性化，同时如何使"知识"与专业脑力劳动者分离并使其资本化，就成为企业进行知识管理的重要的目标。

在新一轮技术革命的推动下，越来越多的企业开始关注并利用物联网、云计算、大数据和人工智能等数字化技术重塑企业整个产品研发、生产、售卖以及售后服务的流程。在此过程中，企业必须学会如何处理海量的非结构化和不确定的数据，并从这些数据中挖掘商业价值。网络大数据时代的重要特征是企业做出有关决策将不再依靠传统的分析方法，而是更多地利用知识劳动者发明设计出的用以分析大数据的认知计算模型。利用模型化的运算方式，企业可以根据搜集到的大数据信息，判断和预测消费者需求的变化、产品实时使用状态等。以认知计算、"深度学习"等智能技术为基础的模型化的数据分析方式由知识劳动者创造出来后，便与他们自身相分离。企业可以通过知识产权等法律法规把核心算法等创新产品变为市场上的竞争优势。由此，劳动者脑中的隐性"知识"显性化并与其分离，成为资本可以占有并加以使用的财富。

## （三）更隐秘的劳动控制措施

新技术集群的应用与扩散在创造了企业对大量脑力劳动从业人员

需求的同时，还为企业提供了控制知识劳动者、高技能劳动者劳动过程的更为隐秘的手段。在数字信息相关产业中，脑力劳动者的工作时间和空间往往具有灵活性，而这导致了传统工业管理控制模式的失效。但企业同样可以依赖人工智能、大数据等新技术的持续革新，在实践中创造新的劳动控制模式，例如：企业可以用复杂的人工智能技术检测脑力劳动者在生产过程中是否有异常操作，并及时纠正；一些企业利用自然语言处理算法创建人工智能模式来监测脑力劳动者对劳动过程的不满情绪，对其特征进行分类和标注，并对其进行数据分析和研究，定期跟踪、校准数据。而实践中，大多数员工基本感受不到这些底层技术在劳动过程中的应用。①

## 四、劳工内部的持续分化

金融危机后，虽然美国实施的"再工业化"战略确实使少数企业重回境内，但劳工的地位并没有得到改善。美国工会会员比例从2008年的7.6%降低到2012的6.6%。

虽然美国公司首席执行官（CEO）的平均收入与普通工人收入之比并未从危机导致的剧烈下降中恢复，不过其仍然维持在20世纪90年代中期的水平，并且在2009年后重新显现出增长的倾向，特别是因生产效率提升所带来的财富增长并没有在企业内部的员工间平均分配。相关数据统计显示，从20世纪70年代末至2019年，美国社会生产力增长了60%，而从事一线工作的劳动者工资只提升了16%，而同一时期企业高收入1%员工的工资却增长了160%，公司首席执行官和

①［美］斯科特·安东尼、［英］保罗·科班：《推进数字化转型的3种策略》，《哈佛商业评论》2022年第1期，第17页。

一线员工之间的收入差距在 2020 年达到惊人的 351∶1。[1]

虽然脑力劳动也有被逐渐取代的倾向，但是涉及新技术研发的部分工作者、企业的高级管理层等由于掌握了专业知识和技能，工资仍较高，依旧处于劳动市场的上层。同时，此次技术革命对中低技能体力劳动的大规模替代的可能性决定了这类劳工对资本的议价能力将被进一步削弱。劳动力内部分化的问题仍然无法得到有效解决。

从全球整体视角看，新一轮技术革命的深化发展将再次提高资本的全球流动性。新型信息技术在生产制造领域的应用将改变传统大规模流水线和柔性制造系统，使企业生产更加弹性化、更能满足顾客的需求、决策更加及时，从而大大提高资本的灵活性。即使技术不断创新，但资本仍以追逐利润为目的，其流动性和灵活性的增强将进一步为其在全球范围内寻找廉价生产资料提供便利。资本的"全球劳动力套利"行为短期内并不会改变。例如，近年来跨国公司加大了对成本更为低廉的发展中国家和低收入国家的投资和转移力度，德、美、日、韩向东南亚转移的速度逐步提升，2006 年至 2013 年 7 年内外商直接投资增速达到上百倍。2015 年 8 月，富士康与印度马哈拉施特拉邦政府达成合作协议，在未来五年内将在该地区投资 50 亿美元用以建设数字产品制造工厂。物联网和务联网、大数据等先进技术可以使企业更精确地进行产量和成本控制，帮助企业迅速高效地寻找到价格相对低廉的生产资料，进一步为资本实现弹性化生产组织而形成的全球分工体系提供了技术支持。

在新技术革命的背景下，劳工的分化趋势主要表现在以下两个方面：第一，由于增材制造、机器人等先进制造技术对工人的替代，普通体力工人的地位将继续受到严重的打击。同时随着更加先进的信息通信技术和智能技术，如物联网、认知计算、深度学习等在生产中的

---

[1] ［美］比尔·乔治：《CEO 需要回到一线》，《哈佛商业评论》2023 年第 1 期，第 24 页。

重要性与日俱增，高技能知识劳动者的重要性相对于普通劳动者将会进一步提高。从技术发展的角度出发，如果国家宏观层面不出台相应的政策调整措施，劳动力内部分化的趋势便难以得到扭转。

第二，随着社会的生产组织形式逐渐演变为核心企业和边缘企业的网络结构，这两类企业中的劳动者也会呈现为核心—边缘的状态，并使这两类群体互相竞争。同时，由于核心企业在技术变革中对边缘企业控制力的不断增强，边缘生产组织内部的劳工的地位将进一步下降。随着大规模定制制造技术的不断扩散，尤其是处于价值链中的负责加工组装的劳动密集型生产企业所能分配到的利润将会进一步降低，从而导致其所雇佣的原本就处于边缘地位的劳工的处境进一步恶化。随着印度、越南以及非洲一些发展中国家的经济改革与开放，更多的劳工将持续被纳入资本主义全球生产体系，不论是体力劳动者还是脑力劳动者，他们面对来自全球劳动市场的竞争的状况不会改变。外包生产、模块化生产网络中核心劳动力和边缘劳动力的分化也将持续下去，劳工的内部性断裂很难使其形成稳定的共同利益主体与资本进行抗争，资本相对权力将得到增强。

综上所述，新一轮技术革命并不必然导致合作共享的劳资关系。以里夫金为代表的技术乐观主义者们认为，此次技术革命通过分布式的可再生能源，物联网和制造技术的创新等，将使人类迈入分散式的资本主义时代，人类社会将逐渐走向物质丰裕的时代，劳资协同共享将成为一种全新的经济模式。然而，这类观点大都只关注技术的功能和潜力，即工具理性的一面，却忽视了生产关系和社会制度对技术应用的制约。技术的不断进步仅仅为超越资本主义经济模式提供了越来越大的可能性。然而，资本主义最重要的要素之一，就是永不停歇、贪得无厌地榨取财富的强烈需要，如此，以利润动机催生的技术创新是否必然导致促成协同共享的劳资关系并改变孕育其诞生的资本主义制度便存在很大疑问。以物联网、大数据和人工智能为代表的新技术集群无疑为集体管理的生产组织和协同共享的经济模式提供了更为扎实的技术基础，但总体看，劳动者目前仍然无法实现充分的抗争，从而把相关技术的设计和应用权利掌握在自己手中。资本为了追求最大化的剩余价值而控制技术创新所产生的弊端，如垄断、对劳动过程的控制等，都将进一步加剧。资本主义生产方式的发展是一个自然史的过程，它要在内部进行自我"扬弃"，在这一过程中，就包含着对它自身的否定，即马克思所说的"扬弃"。协同、共享、互惠虽然是资本主义生产方式未来的演变方向，但是资本绝不会主动削弱自己的权力。因此，在这一演变过程中，要充分发挥劳工阶级的主体性，发挥工人在技术发明和使用中的自主权，最终达到改造资本主义生产资料所有制和以剩余价值生产为动机的资本主义生产方式的目标。

# 第五章
# 第三次工业革命背景下社会主义
# 生产方式的构建

第三次工业革命与资本主义生产方式的变迁

在传统政治经济学的理论框架内，资本主义生产关系已然不能容纳社会蓬勃发展的生产力，而共产主义①（包括社会主义阶段）可以天然地解决资本主义的核心矛盾，即由技术创新促成的生产持续社会化趋势与资本主义私有制之间的矛盾。从当代典型的发达资本主义国家演化的历史实践可以看到，贫富差距持续增大，金融化、经济危机与生态危机如浪潮般持续涌现，资本主义无法充分运用持续进步的技术为社会谋求福利，相反这一能力被用作维护阶级关系、阶级统治和阶级规则再生产的工具。然而，作为资本主义替代方案的社会主义在现实中同样也遭受了巨大的挫折，以计划经济、纯粹的公有制以及按劳分配为特征的苏联模式未能在与资本主义的全方面竞赛中"存活"下来，社会主义运动至此蒙上了一层阴影。

中国七十多年的社会主义实践为如何在生产力落后的国家建设社会主义以实现现代化开辟了一条崭新的路径，提出了一系列发展社会主义经济的独创性观点。改革开放后，我们党创造性地将市场经济与社会主义相结合，把马克思主义政治经济学基本原理同当代中国国情和时代特点相结合，取得了巨大的经济增长成就。然而，在短期实现"增长奇迹"的同时，我国也逐渐出现了一些实行市场经济体制的国家所共有的问题，如贫富差距过大、创新驱动能力不足、生态环境破坏、债务和金融风险增加等。

在发展中出现的问题需要进一步通过发展解决。在第三次工业革命的背景下，我国作为社会主义国家，如何充分发挥社会主义的制度

---

① 在马克思和恩格斯的经典文献中,共产主义被分为两个阶段,共产主义的第一阶段即社会主义阶段。马克思和恩格斯通常把共产主义和社会主义当作同义语使用,但为了把自己的理论与当时流行的其他社会主义流派(空想的、改良等)区分开来,他们更多地用共产主义而不是社会主义来阐述自己的理论和观点。

优势，推动、利用并引领新一轮技术革命，努力探索劳动组织和劳动方式的变革，构建和谐的劳动关系，逐步克服资本主义生产方式的各种弊端，建立更人性化的有利于劳动者全面发展的社会主义生产方式，从而解决上述经济增长过程的种种问题，使劳动者共享技术创新所带来的生产力进步的成果是社会各界需要重点研究的课题。

## 第一节　新一轮技术革命与计划经济的可行性之辩

近年来，以物联网、大数据和人工智能等技术为代表的新一轮技术革命使信息化渗透到了人类生产和生活的各个方面，给人类社会的发展带来了空前深刻的变革。随着信息化不断向纵深发展，社会经济形态也将发生重大转变。一些学者认为此次新技术革命将对经济、社会、企业造成前所未有的颠覆性影响，生产、消费、运输与交付体系等都将被重塑。[1]因此，在新一轮技术革命来临之际，能否顺应并推动新技术的发展以及各项社会制度的变革将成为中国未来经济是否能够保持高质量发展的关键。

对经济学界而言，引起巨大争论的莫过于在新一轮技术革命背景下计划经济的可行性问题。实际上，关于"计划"与"市场"（或"政府"与"市场"）关系的探讨一直是构建中国特色社会主义政治经济学体系中重要的一环[2]。从20世纪20年代起，关于计划经济可行性的论战给后人留下了丰厚的思想遗产，与之相关的争论一直持续至今。

---

① ［德］克劳斯·施瓦布、世界经济论坛北京代表处，李菁译：《第四次工业革命：转型的力量》，北京：中信出版社，2016，第6—9页。

② 实际上，在1992年确立社会主义市场经济后，计划与市场关系的讨论在话语体系中逐渐转变为对政府与市场关系的探索。

## 一、计划经济可行性争论的历史溯源

20世纪初，关于社会主义经济核算的论战揭开了计划经济可行性问题的序幕，其争论的核心为：在生产资料公有制的社会主义市场经济体制下，实现准确经济核算在理论与实践上的可行性，即计划经济能否实现静态的资源配置效率问题。从理论上看，以米塞斯为代表的奥地利学派学者认为：在计划经济下，中央计划的制定者必须做出成千上万个决策来决定生产什么商品、生产多少以及如何生产，同时还必须决定每个厂商的产品销售渠道等。但由于计划当局不可能掌握计算均衡价格从而进行合理资源配置所需要的信息，因此奥地利学派断言市场是唯一有效的进行资源配置的手段。就实践而言，哈耶克认为，即使计划经济进行资源有效配置在理论上成立，但实际操作中却会因为生产资料公有制的掣肘而难以实现。同时，由于计划经济必须建立在大量可获得的动态数据以及高水平计算能力的基础上，而当年现实的技术能力只会使得精准经济核算以失败告终。[1]针对奥地利学派对社会主义计划经济可行性的否定，以泰勒、勒纳、兰格为代表的经济学家却提出了相反的观点。他们指出：中央的计划者实际有能力履行瓦尔拉斯普遍均衡分析中的拍卖者的职能。奥斯卡·兰格（Oskar Lange）以意大利经济学家恩尼科·巴罗尼（Enrico Baroni）的相关研究[2]为基础，发展了社会主义计划经济理论。通过将"试错法"嵌入分权式的市场社会主义经济框架中，兰格展现了社会主义条件下瓦

---

① ［波］奥斯卡·兰格，王宏昌译：《社会主义经济理论》，北京：中国社会科学出版社，1981，第4—5页。

② 巴罗尼认为，中央计划者能够起到瓦尔拉斯普遍均衡分析中拍卖者的职能，定出均衡价格，市场出清。

尔拉斯式完全竞争市场的资源配置效率特征。①实际上，如果单纯从技术层面来说，兰格已经取得了这场争论的胜利。但随后，哈耶克转换了分析视角，从"知识"的性质及其在社会中的运用出发，驳斥了兰格以"试错法"构筑的均衡论。他认为现实中知识的分散、不完全、冲突和隐秘等特性决定了只有市场机制才能对资源进行有效配置。

　　20世纪80年代，关于计划经济是否具有资源有效配置能力问题的争论逐渐偃旗息鼓，奥地利学派的继承者们把对计划经济可行性讨论的重点从静态的资源配置转向了动态的效率提升，即社会主义计划经济能否有效地促进技术创新活动和生产率提升。按照上述哈耶克的理论，由于建立在分工细化基础上的现代经济社会中存在大量分散的默会知识，即无法通过文字、图表、语言等方式表达出来的知识，任何创新创业活动都必须通过企业家的市场行为才能够实现。同时，市场中的创新活动都必须存在一定的利益和激励机制，因此只有在私有产权以及自由的市场环境的条件下，创新创业活动才能够持续地推进。实际上，这一理论逻辑所表达的是：资本主义与创新、生产率提升以及增长之间存在着内在的必然联系，即所谓资本主义合法性。但社会主义计划经济则由于公有制和僵化的计划管理体制而无法推动技术创新，从而实现生产力的持续进步。对此，社会主义学者提出了不同的观点。曼德尔指出："在一个以民主方式进行计划的自治经济中，生产者为实现合理的技术进步而尝试各种机会的动机会十分强烈。"②并且，历史上的很多重大发明创新并非基于完全的利润导向，市场机制和私有产权也并非培育创新的必要条件。Adaman and Devine 则认为

---

　　①［波］奥斯卡·兰格，王宏昌译：《社会主义经济理论》，北京：中国社会科学出版社，1981，第9—22页。

　　②［比利时］厄内斯特·曼德尔，孟捷、李民骐译：《权利与货币马克思主义的官僚理论》，北京：中央编译出版社，2002，第267页。

默会知识以及创业行为的产生，并非必然由个人单独承担。现实中，很大一部分创新创业活动是由社会群体进行推动的。[1]

从上述理论回溯可以看出，对于计划经济可行性的争论实际上可分为两个主要阶段，而这两个阶段中的各种争论实际上涉及现代经济学的两大理论要义，即社会主义计划经济能否实现资源配置的静态效率，以及社会主义体制能否推动创新创业和生产率提升，从而实现总体生产力提升的动态效率。[2]

## 二、大数据、人工智能背景下计划与市场之争

关于计划经济的可行性以及由其衍生的计划的经济意义、计划经济的具体实现方式、"计划"和"市场"的关系等问题一直以来都是国内外学界研究的重点。2016年，马云发表观点认为，在新技术的加持下，未来三十年"计划经济"会越来越强大，由此引起了国内商界、学术界关于大数据、人工智能背景下关于"计划经济"可行性的广泛讨论。总体看来，学界对于大数据、人工智能背景下计划经济的可行性问题可分为以下两种具有代表性的观点。

### （一）计划经济不可行论

持有计划经济不可行论观点的学者们基本沿袭了奥地利学派的理论逻辑，他们认为，虽然目前大数据、人工智能等技术取得了很大进展，但计划经济仍然是不可行的，其具体原因如下。

第一，技术能力的局限。与当年奥地利学派对社会主义精准核算

---

① Adaman F，Devine P："A Reconsideration of the Theory of Entrepreneurship: A Participatory Approach"，*Review of Political Economy*，2002，14(3)，pp.329-355.

② [英]卢荻、[澳]罗塞尔·斯迈斯:《"可行的社会主义经济学"新论》,《政治经济学评论》2004年第1期,第44—61页。

问题所涉及技能的质疑一样，学者们认为："实行计划经济的关键，在于人类能不能做到精准配置社会资源，而不是仅仅做到合理配置社会资源。"①然而在现阶段的技术水平下，全面实现社会资源的精准配置仍然还不具备任何可能性。仅以中国为例，市场环境中所涉及的人口、行政单位以及产品和服务的数量非常巨大，而现有的大数据计算速度还远远不能达到动态实时、集中大规模核算的要求。

第二，信息的不完全性。秉承哈耶克关于现代经济体系中"知识"的论断。有学者认为：由于信息的非对称性，信息机制不可能建立在传统计划经济条件下，即使在大数据和人工智能的技术条件下，完全的、真实的信息在现实中也是不可能获得的。首先，广义上的信息（包含了知识、习俗等）既涵盖了可客观描绘的信息，也包括了无法用语言、文字、数字等表达和传递的默会知识，如诀窍，观念、直觉，而默会知识即使运用人工智能也无法获取。其次，在计划经济体制下，市场的消弭反而将使得重构计划经济的核心即大数据完全消失，形成计划经济的悖论。②再次，经济社会中的信息处于动态的、不断演变的过程中，而影响经济社会动态演变的因素具有巨大的不确定性，很难准确捕捉，同时也难以将其用于预测未来。③最后，计划经济中的等级制特征很可能导致决策受个人专断和官僚体制等负面影响的支配，导致信息在创造和传递过程中出现严重失真。④

第三，激励不足。传统计划经济除了存在信息不完全所导致的资

① 何大安、杨益均：《大数据时代政府宏观调控的思维模式》，《学术月刊》2018年第5期，第68—77页。

② 宁越：《"大数据+人工智能"能否支持计划经济？》，《汕头大学学报》（人文社会科学版）2017年第9期，第11—21页。

③ 张旭昆：《大数据时代的计划乌托邦——兼与马云先生商榷》，《探索与争鸣》2017年10期，第72—77页。

④ 晏智杰：《大数据时代：重议计划与市场》，《中国经济报告》2018年第1期，第77—78页。

源配置严重缺乏效率以外，还会导致严重的激励问题。随着大数据、人工智能的发展，数据信息的获取变得越来越容易，但只要人的决策在经济中仍然起决定性作用，人的激励问题就始终不能被忽视。传统计划经济不可行的重要原因之一就在于始终无法解决其激励不足的问题。同时，个人的利益是非常主观的，无法利用数据和人工智能技术进行度量。①因此，倘若失去了私有产权、市场、自由的环境，仅仅依靠大数据和人工智能等先进技术并不能解决创新中激励机制缺失的问题。

综上可以看出，对于持大数据和人工智能背景下计划经济仍不行论的学者，其理论依据仍然延续了20世纪计划经济可行性争论中奥地利学派及其他自由主义经济学者的核心理论要义，即出于种种制约条件，传统的计划经济既不能达到静态资源配置的最优，也无法实现促进技术创新和生产力提升的动态效率最大化。

## （二）计划和市场融合论

与上述计划经济不可行论不同，部分学者认为在新一轮技术革命的影响下，计划机制和市场机制将不断融合、协同演变，以大数据以及人工智能等技术为支撑，在发挥市场资源配置作用的同时，能够更好地发挥政府的计划功能。但由于对现有大数据和人工智能的技术能力、市场的演化趋势等方面认识的差异，此类学者的观点又呈现出细微的差别。

第一类观点认为大数据和人工智能并没有改变社会主义市场经济的制度优势，但新技术集群可以为完善社会主义市场经济体制提供必要的技术手段。例如，大数据技术能够通过扩展人类理性和减少机会主义行为来降低市场的交易成本。但由于其难以准确地挖掘和预测默

---

① 宁越：《"大数据+人工智能"能否支持计划经济?》，《汕头大学学报》（人文社会科学版）2017年第9期，第11—21页。

会知识以及自然、政治和社会环境的变化，大数据始终无法完全消除交易成本。因此，受制于交易成本，市场和政府在不同的情境下仍具有各自的比较优势。①还有学者指出，持续发展的信息化技术在使得市场化趋势加深的同时，也会促使行业、区域以及国家层面计划配置资源的能力空前提高。社会主义市场经济体制的升级方向并不是所谓的"新计划经济"，而是市场调控、信息调控与计划调控多种资源配置手段有机结合的"新鸟笼经济"。②

第二类观点在坚持市场基础性作用的同时，更加强调大数据和人工智能技术对提升社会主义经济计划可行性的价值。这种可行性建立在大数据和人工智能多样化功能之上：（1）发现和利用默会知识；（2）具有完备和实时预测的能力；（3）可利用集中计划和个性计划的方式促进供需动态平衡，同时促进多样化、个性化的供给与需求；（4）推动企业组织和商业模式的深刻变革。同时，大数据技术将促进政府治理范式向更加协同合作、多元共治、精准治理的方向转变。利用大数据可以实现数据监督，保障人民权利，从而有效地防范官僚主义行为，规避传统计划体制的僵化风险。③通过引入"平台经济组织"替代中央计划局在传统计划经济中的核心作用，可以较大程度地缓解官僚制组织所内生的官僚主义及其对资源配置的扭曲。因此，在大数据背景下，以大数据为技术条件、平台经济为制度和组织条件，可以构建起一种计划主导型市场经济体制。④

---

① 程承坪、邓国清：《大数据与社会主义市场经济体制——兼与马云先生和张旭昆教授商榷》，《探索与争鸣》2018年第4期，第95—101页，第143页。

② 鄢一龙：《新计划经济还是"新鸟笼经济"》，《经济导刊》2017年第8期，第65—69页。

③ 孙倩倩、张平：《大数据的计划逻辑——大数据时代社会主义市场经济实现"有计划的社会生产"之可能性》，《企业经济》2018年第5期，第158—166页。

④ 王彬彬、李晓燕：《大数据、平台经济与市场竞争——构建信息时代计划主导型市场经济体制的初步探索》，《马克思主义研究》2017年第3期，第84—95页。

第三类观点则从更长期的角度，描绘了计划与市场的未来走向。这类观点的持有者认为在进入大数据时代之后，由于信息具有了公共性、及时性、预测性和动态性的特征，因此伴随着生产力的发展，计划经济赖以实现的客观和宏观信息越来越丰富可测。而作为市场发挥作用基础的主观和微观信息却愈发模糊，这将导致社会主义计划的边界有不断扩展的潜力。[①]"大数据"正驱动着工艺范式上的"大工业机器体系"向代表更发达生产力的"大数据物联网"生产体系转换。物联网生产体系运转的智能、开放、共享的特征必将引发人类物质生产方式"资本主义范式"向"社会主义范式"转换。在基本"范式"的竞争中，世界的天平已开始向社会主义倾斜。[②]

整体看来，虽然秉承计划和市场融合论的学者都认为在大数据和人工智能的背景下，市场和计划将出现互相融合、协同演化的新趋势，但由于不同的学者对新技术能力、市场经济的优势、信息演化的趋势等问题的认知存在差异，计划机制在国民经济中所处的地位和实际作用在上述三种观点持有者看来存在程度上的差异。

通过对计划经济可行性的理论溯源以及对大数据和人工智能背景下计划经济争论性的归纳，可以发现不同学者间的共识和差异。总体而言，无论是不可行论者还是融合论者，都承认市场机制在当前生产力条件下对静态资源配置和动态生产率提升中的积极作用，并且也都反对传统苏联模式下僵化、等级制的计划经济体制。然而，由于对大数据和人工智能等技术的能力以及经济体制演化趋势的认知存在差异，对社会主义经济计划究竟在经济运行中能够起到什么样的作用，学者们的观点却存在较大分歧。

---

① 王丰：《"企业家才能"批判：大数据视阈下社会主义计划的新证、边界及走向》，《教学与研究》2017年第9期，第54—63页。

② 刘方喜：《"大机器工业体系"向"大数据物联网"范式转换：社会主义"全民共建共享"生产方式建构的重大战略机遇》，《毛泽东邓小平理论研究》2017年第10期，第73—79页，第108页。

实际上，上述两种主要观点在理论上都存在一定缺陷。具体看来，其不足之处主要体现为以下三点。第一，对大数据、人工智能以及默会知识等技术和理论的理解不够准确。当前在生产和生活场景内应用的人工智能实际上是一种"模式识别"技术。而这一技术是否能够得到准确、高效的应用需要三方面的基础作为支撑：数据规模、计算能力和算法。也就是说，要想人工智能技术在计划机制中充分发挥自身的功能就必须拥有海量的数据、具备高水平计算能力的先进处理器以及精准、高效的算法模型。大数据作为人工智能技术得以充分发挥作用的基础要素之一，其获取途径除了已有的静态数据以外主要来源于物联网。通过将物理信息传感器、条形码或二维码嵌入各种商品实物中形成万物互联的基础网络，可以获得远远超过互联网时代的数据。通过对不同场景数据的计算和分析，大数据和人工智能技术可以使消费者一部分的隐性信息显性化，例如，通过大数据和智能算法的分析可以根据消费者以往消费行为推测出消费者的偏好，也能够使生产者以工业大数据为基础，从策略层面来实施维护流程，实现预测性维护，以提高生产效率①。但现阶段，经济社会所生产的所有信息和知识并不都能够通过大数据和人工智能技术获得，尤其是市场中因创业创新行为产生的诀窍、经验等。

第二，对新技术革命的考察不够全面。2008年金融危机后逐渐兴起的新一轮技术革命是以新型信息通信技术（物联网、大数据和人工智能）为核心，以新能源技术为动力支撑，以新型制造技术为表现形式的创新技术集群。因此，在讨论当前以大数据、人工智能为代表的新技术革命背景下计划经济可行性的问题时，对新技术形式的聚焦点应该拓展到包括新型制造技术以及新能源技术等一系列技术变革上。毕竟，在上述理论设想中，动态的供需平衡不仅仅需要大数据、人工智能对供给和

---

① 本书第三章介绍了通用电气、瑞典轴承制造商、卡夫食品等如何运用大数据、人工智能技术的案例。

需求进行实时准确的捕捉和预测，还需要以可重构生产体系、3D打印为代表的更加弹性、高效的物质生产技术作为支撑。虽然虚拟的数字技术可以为现实中经济生产和生活赋能，但是社会生产力的持续进步而最终达到物质丰裕的状态才是社会主义必要的物质基础。

第三，以大数据、人工智能为代表的新技术在上述争论中依旧是一个外生变量。这一讨论的先验假设直接造成的是不可行论者对待大数据、人工智能技术发展的静态观念，也即以当下新技术暂时性的不足来断言实时、精准计划和预测的不可行。例如，有些学者认为由于当前人工智能还无法识别幸福、愤怒、悲伤等主观认知的感受，即所谓"热数据"与"热识别"问题。诚然，目前的人工智能技术还存在很大的局限性，但是人工智能当下研究的重点以及未来的发展趋势正是对认知感受进行准确的识别。利用深度学习加上符合逻辑的混合方法，通过数据学习进而借助"高纬度矢量"表示诸如"愤怒"等主观感受正是当下人工智能研究的焦点。同时，新技术的外生假设也使得部分融合论者过分强调社会主义"按计划进行生产"的主观构建，而忽视了其必然性。社会主义"按计划进行生产"不是空洞的理念和道德说教，资本主义市场经济在长期演化的过程中虽然促进了生产力的发展，但其生产效率的提升也导致了大量商品的堆积和价值实现的困难。为此，个性化、多样化和弹性化的生产方式应运而生，而大数据、人工智能的发展恰恰为按需生产提供了必需的技术手段。因此，正是资本积累的矛盾不断推动了新技术的发展和应用，同时也为未来更高阶段的社会形态铺平了道路。

## 三、新技术条件下市场机制和计划机制的演变

新古典经济学和市场社会主义的最初理论（即兰格模式）均认为市场是一种稀缺资源配置的中性的工具。但对于市场本质的认识如果

仅仅停留在工具性的物质层面是远远不够的。实际上，资源配置具有二重性，即物质内容和社会形式。社会的资源配置，归根结底是资源在相互间存在利益差别以至利益冲突的不同人们之间的分配……价值就是反映这种社会形式的一个范畴。①市场经济配置资源以价格信号为核心，价格又以价值为基础，反映了市场中不同行为个体的交换关系，而交换关系又是建立在一定的分工基础之上。因此，在技术进步和生产力发展的影响下，社会分工方式的演化会使市场制度本身也随之发生转变。

现代科学技术的发展表明，大规模自动化系统存在两种典型的构成方式，因为尚未形成统一的概念，本书姑且称它们为集中控制的机械系统和分布式自组织的超生物系统。虽然现实中大多数系统的构造都介乎二者之间，但大致的区分还是可能的，比如钟表装置、传统制造业的机器设备属于集中控制的机械系统，而互联网、物联网、人工智能和机器学习，则显然具有分布式自组织的超生物系统的特征。未来学家凯文·凯利曾经对二者的优势与缺陷做过比较，认为：集中控制的机器系统具有可预测、可控制、精确、即时与高效的特点，而分布式自组织的超生物系统的优点在于弹性和可适应性、新颖和可进化性。②分布式自组织的超生物系统之所以有以上优点，是因为其系统构造具有四个突出特点：一是没有强制的中心控制，二是系统的组织单元具有"自治"特质，三是系统单元之间彼此高度连接，四是"点对点间的影响通过网络形成了非线性因果关系"。因此，说分布式自组织的超生物系统是"无控制"系统肯定不对，这种系统是"自组织"的。当然它也有自己的缺点，如非最优、不可知、不能精确控制等。因此，凯文凯利认为：为"在控制与适应性中间寻找一个平衡

---

① 张宇：《过渡政治经济学导论》，北京：经济科学出版社，2001，第61—62页。
② ［英］凯文·凯利，张行舟等译：《失控：全人类的最终命运和结局》，北京：电子工业出版社，2016，第35—36页。

点","最有利于工作的设备"应该是两种构造的"混血儿"。①

　　新一轮科学发现和科技成就将更多社会科学家的注意力聚焦到分布式自组织的超生物系统，于是，一种新的社会科学理论应运而生。这种理论注意到，市场经济同样是一个分布式网络结构。从信息传递层面考虑，市场经济中的信息流可以从一个市场主体到任意一个市场主体，由所有市场参与者共同决策。因此，市场结构是一个强调个体自治和个体间连接的没有控制中心的社会结构，应该具备适应性和自组织性的巨大优势，因此天然成为人类社会的最优组织形式。企业内部的信息流则是集聚式的，即将全部信息集中到某个中心，通过大科层，由管理者做出关键决策。计划经济作为企业扩张的无限大形式，作为一种中央控制体系，在社会制度的竞赛中必然失败。马克思的社会理论建立在机器系统的技术基础之上，他只看到了机器系统的高效率和可预测、可控制性，而从没有看到过网络结构自组织的强大功能，当然也不可能预测这种功能未来发展的巨大潜力。因此，他们认为马克思的理论已经过时了。

　　上述社会理论的错误在于：首先，对未来生产有计划的本质特征在理解上有偏误，其将计划经济等同于机械构造的结论是错误的。计划经济条件下的人并不是毫无主见、盲目服从、机械式的个体，马克思所设想的未来社会，是一个自由人联合体，每个社会成员都是自由个性得到全面发展的具有高度自主性的个体，社会组织本质上一定是自治的。中心控制并不是计划经济的本质特征。社会经济，尤其是社会生产过程的事先的可预测性、合目的性才是根本。社会有机体预测未来，并且为之做好准备，这便是计划经济的基本特征。

　　从马克思主义经济学看，在持续技术创新的作用下，分工的发展推动着市场规模的不断扩大以及劳动生产率的持续提升（同时也是斯

①［英］凯文·凯利，张行舟等译：《失控：全人类的最终命运和结局》，北京：电子工业出版社，2016，第38页。

密的观点），这就意味着有更多的产品需要实现它们的价值，也即其付出的私人的、具体的劳动需要成功地转化为社会的、抽象的劳动。然而，由于市场的需求和供给都存在巨大的不确定性，供求双方可能存在极大的结构不平衡，当上述结构失衡影响到企业价值增殖能力时，一些企业便会利用技术创新以缓解价值实现的困难，而这一类技术创新往往会导致社会分工形式的变化。[①]在当前新技术革命的影响下，以3D打印技术为代表增材制造技术和可重构生产系统提高了制造快速成型的能力，降低了定制化生产的成本，缩短了生产周期。通过物联网技术将工厂与工厂相连，使得同一生产网络中的企业共享数据，加之大数据、人工智能使得整个生产系统更加实时化、数字化、智能化，使得从消费者到生产者的直接连通——订单生产成为可能，从而在技术上规定了生产的直接社会性。

现代网络技术，通过从消费者到生产者的直接连通—订单生产，在技术上规定了生产的直接社会性，这是向计划生产迈出的坚实一步。千里之行始于足下，现代科学技术的发展，预示了生产直接社会性的未来。现代经济中货币形式的演化，预示了事物的另一面。作为商品价值表现的货币，在网络化电子货币形式上已经不再与任何具体的商品使用价值相联系，它表现为一个数字符号。毫无疑问，这个数字符号背后的实质，仍然是商品生产中的社会必要劳动时间，但是劳动时间通过使用价值来表达的颠倒的关系，至少在技术上已经不再必要。电子货币的形式预示着直接用劳动时间衡量和调节社会经济的技术可能性，这里可调节的不仅是生产，而且包括分配和消费。最后，未来社会个人消费的计划性当然不是以一个社会中心来控制和规定的，它需要社会中的个人从自身能力全面发展出发的消费理性，以及个人理性与社会监督的结合。说到底，全面发展的自由个性仍然是基

---

① 谢富胜、李安：《分工动态与市场规模扩展——一个马克思主义经济学的分析框架》，《马克思主义研究》2009年第9期，第49—58页，第160页。

础。现代互联网、物联网、人工智能技术的快速发展，预示着未来社会有计划生产的可能性。我们完全可以设想由亿万全面发展的自由个人，运用更高效的智能计算技术，掌握更全面的社会经济大数据，在一个分布式社会网络系统中形成社会经济决策，来预先调控社会生产、流通、分配和消费。社会经济的计划性并非一定要产生于控制一切的计划中心，计划经济与分布式网络系统完全可以相容。当然，在未来经济中，会有更具专业色彩的社会经济计划机构，它们仍然可以对个人决策做出必要的辅导和引导。但自由个性共同参与的分布式网络体系一定是社会劳动时间按比例分配的主导方面。需要强调的是，未来经济中的个人与社会机构，都将直接用时间尺度计算和分配劳动，而不再需要"著名的商品价值"插手。马云等人从电子商务的发展趋势猜测计划经济的可能性，并不是毫无根据的。

其次，对市场经济这个社会构造与现代科技所谓分布式自组织系统的类比不全面，将二者画等号的结论不正确。市场经济这个社会构造的确是分布式的，其组织单元的自主与连接也与其他分布式自组织机构有相似之处，因此也兼具了分布式网络体系的若干优点。但这里存在两个重要区别。其一，市场个体之间的联通性是不充分的，他们只是通过商品价格这一高度简化的、间接的方式相互沟通信息，更多的相关信息被屏蔽甚至扭曲。其二，市场个体的行为策略，或者如计算机技术所谓"算法"，与生物系统及人工系统中大多数自组织系统根本不同，它建立在个体与个体利益矛盾、个体利益与整体利益相互对立的基础上，因此具有经济学所谓"机会主义行为"的特征：损害别人，为自己牟利。市场信息经常会被故意隐瞒、扭曲，甚至造假，因此整个系统的效率损失和反应迟缓会更加严重，其波动和不可控往往会发展到社会无法承受的程度。必须强调的是，市场自组织系统信息层面的"试错"过程，是通过商品物质层面的"试错"展开的，其物质与能量消耗按照现代控制理论的观点，显然是不经济的，对社会资源造成的巨大浪费完全是不必要的。现代科技推动的生产力发展以越来越明确的方式预示突破市场局限的必要性：直接生产过程中劳动时间的持续缩短，网络经济的"零边际成本"特征，互联网信息沟通的即时性，电子货币的符号化，职业的高流动性，劳动者需求层次攀升和全面素质提高。市场经济并不是一种理想的分布式自组织社会系统，它最终必然要在生产力的进步中被更具适应性和进化能力的新的社会经济组织所取代。

综上，现代科技发展更加有力地证明了市场经济终将被更具适应性、更加有效率地建立在分布式网络系统基础上的新计划经济所取代，人类社会历史进化的趋势必然如此，而不是相反。当然，我们对未来社会有计划生产的经济体系具体形式的猜想已经有所改变，它可能是在更加先进的信息技术基础上形成的并行式网络系统，它可以直接利用劳动时间尺度，在信息层面上完成必要的"试错运算"，在亿万人的互动中"涌现"社会经济的计划性，[①]从而最大限度地减少生产过程中物质和能量的损耗。这也许可以被称作"计算机社会主义"，或者"计算机共产主义"。其与奥斯卡·兰格的"计算机社会主义"不同，未来的计划经济不是依附在一个由计划中心控制的覆盖全社会的科层等级结构中，而是镶嵌在全体社会成员参与的平等的并联的网络系统中。

未来在新技术革命背景下的"社会按计划生产"绝不是苏联式等级式僵化的指令经济，中心控制并不是计划经济的本质特征。同时，新技术革命所带来的生产率的持续提升为共享发展提供了可行的空间，生产的社会性使得任何人都可通过社会媒介和众包等形式参与到

---

① ［英］凯文·凯利，张行舟等译：《失控：全人类的最终命运和结局》，北京：电子工业出版社，2016，第38页。

生产的创新过程中来，并可以分享其产品的利润。①随着劳动对象的改变和劳动者自身素质的提高，劳动者不再成为机器的局部工具，而是可以通过生产改造自身，成为真正"富有的人"，即自由全面发展的个体。②

当然，新技术革命绝不可能自觉地调和资本主义市场经济的内在矛盾，达成上述可行性必须发挥社会主义的优越性。在以大数据、人工智能等为代表的新技术革命背景下，不断完善的社会主义市场经济体制既可以发挥市场机制在资源配置、生产效率提升方面的积极作用，还能够更好地发挥社会主义制度的优越性，主动克服当下自由市场主义的缺陷。

## 四、以社会主义市场经济体制促进新一轮技术革命的必要性

党的十九大报告指出：中国特色社会主义进入新时代，我国社会主要矛盾已经转化为人民日益增长的美好生活需要和不平衡不充分的发展之间的矛盾。而中国经济能否转变发展方式、优化经济结构、转换增长动力，构建现代化经济体系以实现平衡、充分的高质量发展的关键在于，我国能否在目前新一轮技术革命来临之际不断推动创新，占领新技术革命的制高点。纵观历史上数次工业革命可以发现，但凡在新技术革命中成功实现技术跨越式发展的国家都充分、合理地运用了市场和政府的力量，同时在推动创新能力提升的过程中，实现了市场手段和计划手段的良性互动。

不言自明的是，资本主义在至今两百多年的历史发展的过程中呈

---

① 王飞跃：《从社会计算到社会制造：一场即将来临的产业革命》，《中国科学院院刊》2012年第6期，第658—669页。

② ［加］迈克尔·A.莱博维奇，陈凤娇、高卓辉译：《何为21世纪的社会主义？》，《国外理论动态》2016年第12期，第36—45页。

现出了比历史上出现的任何一种社会形态都超凡的生产力和技术进步的动力。马克思、恩格斯在其著作中曾描绘了资本主义推动生产力取得的巨大成就，以及资本主义经济机制如何促进技术创新和扩散。理论上看，资本主义市场经济体制下技术进步的动力主要来自如下两个方面。第一，从企业外部来看，资本家面临着外在竞争的压力，获取剩余价值和超额利润是资本家生产的目的，这一竞争环境迫使资本家采用先进技术以求得在市场中生存。马克思的核心观点在于无论采用什么样的方式和手段，竞争都是激励资本主义永久生产力变革的主要因素。但是，企业通过先进的机器、组织结构等获得的竞争优势（更高的利润）并不可能长期存在。企业的竞争性促使它们迅速采用新的方法（除非新技术有专利限制或被垄断力量保护起来）。这一竞争的结果将是跨越部门的技术上的巨大创新。一旦市场中的竞争者对原先采用先进技术的企业完成了赶超，被超越的资本家为了保持先前获得的相对剩余价值便获得再一次进行技术创新的激励。第二，从企业内部来看，资本生产不仅仅是物质生产的过程，同时也是价值增殖和劳动力受剥削的过程。在此过程中，资本不停地通过技术创新使新技术成为对劳工进行有效控制的手段，这便是技术进步的又一动力。对劳动过程和劳工的控制一直以来都是资本获取利润、保持资本积累的核心能力。因此，资本家为了实现商品生产的效率而对雇佣劳动进行控制是资本主义劳动过程的核心。总体来说，不论是面对企业外部残酷的竞争，还是对企业内部劳动过程的控制，所采取的技术创新实际上统一于资本家对剩余价值和超额利润的追逐。

然而，资本主义市场经济发展至今，以超额利润为导向的自由市场机制对创新的促进作用已出现日趋弱化的迹象，其大致表现为以下三点。

第一，创新以及创新所必需的物质技术条件具有巨大的外部性和公共品特征，仅仅依靠市场机制已经远不能够满足当前需要。以弗里曼、佩雷兹为代表的演化经济学家通过对历史上数次技术浪潮的研究发现:凡是在新技术长波前期,针对此次技术变革进行充分的基础设施建设的经济体均能获得新技术革命的成功以及此次技术长波内持续的经济增长。当前,大数据与人工智能技术的持续演化与发展需要海量的数据作为支撑,而丰富充足的数据采集又是建立在物联网全面普及的基础之上。但由于物联网建设需要巨大的投入,并且具有一定的外部性和公共品性质,目前,掌握人工智能前沿技术的私营企业没有足够的动力对相关基础设施建设进行投资。因此,国家应该在宏观层面对物联网等新型基础设施建设进行统筹规划,同时借助市场的力量提升微观企业的积极性,为完成新一轮技术革命打下坚实物质基础。例如,德国在其工业4.0的核心——物理信息系统,即物联信息系统的建设过程中,就采取了政府、行业协会与私人企业相结合的方法。

第二,自资本主义进入金融化阶段后,经济上的新自由主义与金融创新所带来的超高利润使得经济虚拟化程度越来越严重。加之信息技术的崛起与全球化分工的日益深入,生产者可利用全球劳动力套利的手段,即资本进行空间重塑,把生产转移到具有丰富廉价劳动力的国家,来保持较高的利润率,从而导致经济体出现产业空心化现象。上述现象说明以利润为导向的市场机制并不必然促进技术创新和生产率的提升,相反,却造成了实体经济的创新不足,甚至工业化的中断。在一定的制度和政策背景下,经济金融化和产业空心化甚至可能成为国民经济演化的必然趋势。因此,在新一轮技术革命方兴未艾的背景下,除了发挥市场的决定性作用外,应更好地发挥政府的作用。例如,促进实体经济的良性竞争,同时通过制度建设调节不同部门间利润率的差别以抑制经济虚拟化的趋势。争取利用市场和计划两种手段,构建良性的积累结构以持续推动创新和实体经济发展。

第三,纵观工业革命史可以发现,在资本主义条件下,以利润为导向的技术创新极大地削弱了劳动者在劳动力市场上的议价能力,例如先进机器、人工智能技术对部分体力和脑力劳动者的替代，从而导致收入的两极分化以及有效需求的不足，而市场需求的下降某种程度上又抑制了市场的创新能力。因此，既要利用市场机制发展生产力，创造巨大的财富，形成可持续发展的物质基础，也要充分发挥社会主义经济制度的优势以保障创新成果为社会所共享。公有资本主导的企业着眼劳动者根本利益，保证劳动报酬与生产力同步增长；以人民利益为根本出发点的执政党，能够保障社会政策、再分配政策更多向劳动者倾斜，保证全社会劳动者及其子女劳动能力发展机会的平等。由于劳动者收入随着创新发展持续增长，企业生产经营中劳动者地位不断提高，我国人口总体素质必将出现大幅度提升。劳动者素质的普遍提升，将极大提高我国科技创新和产业革新能力，为国家创新体系的建设打下最扎实的基础，为我国产业国际竞争力的提升提供最重要的人才保障。

## 第二节　社会主义生产目的与增加价值

社会主义生产目的是社会主义政治经济学的一个核心范畴，体现了社会主义生产方式的实质，是社会主义制度区别于资本主义制度的重要标志。因此，在讨论如何构建社会主义生产方式时，首先必须对社会主义生产的目的展开研究。其次，资本主义生产目的与资本主义生产方式是内在耦合的，它们可以通过剩余价值的生产将彼此连接起来。那么，在社会主义的制度背景下，特别是在社会主义市场经济的条件下，如何通过理论上基本概念和范畴的创新构建社会主义生产目的与社会主义生产方式的连接点？不同于一些学者把"剩余价值"以及"相对剩余价值生产"理论作为分析社会主义市场经济的锚点,[①]本书提出"增加价值""相对增加价值生产"等理论范畴,试图由此入手,分析中国特色社会主义市场经济中的劳动过程和价值增加过程,并在此基础上对新一轮技术革命背景下社会主义生产方式的构建提供思路。

## 一、社会主义生产目的

回顾人类社会演化的历史,人类学家们普遍认为吃、穿、休息、保护自己不受恶劣的自然环境侵害、通过生殖保证族群的延续是人类最基本的需要,即生存需要。[②]马克思和恩格斯在对历史唯物主义基本原理的阐述过程中也曾提出:"人们为了能够'创造历史',必须能够生活。但是为了生活,首先就需要吃喝住穿以及其他一些东西。因此第一个历史活动就是生产满足这些需要的资料,即生产物质生活本身,而且,这是人们从几千年前直到今天单是为了维持生活就必须每日每时从事的历史活动,是一切历史的基本条件。"[③]更重要的是,对于人类而言,上述需要必须通过社会来满足,人类通过自觉的和社会的劳动实践使自然界服从自己的需要,即不是通过单纯的生理活动,不是通过个人和自然力量的决斗,而是通过人类一个集体的各成员之间建立相互关系从而产生的活动。因此,对于任何一种社会形态而言,维系这一社会形态延续的基本条件是社会生产必须满足人们维持基本生活的需要。任何一个社会形态的社会生产目的都必须完成上述

① 孟捷:《相对剩余价值生产与现代市场经济——迈向以〈资本论〉为基础的市场经济一般理论》,《政治经济学报》2020年第2期,第3—20页;《剩余价值与中国特色社会主义政治经济学:一个思想史的考察》,《学术月刊》2021年第2期,第65—74页。

② [比]埃内斯特·曼德尔,廉佩直译:《论马克思主义经济学》(上),北京:商务印书馆,1964,第2页。

③《马克思恩格斯文集》(第一卷),北京:人民出版社,2009,第531页。

这一"最低"要求，否则其"合法性"（或者说"历史正当性"）便会受到普遍质疑，从而逐渐消亡。

但是，不同社会形态的生产目的也存在差异。马克思认为，剩余价值的生产是资本主义生产方式的直接目的和决定动机。在这一目的支配下，虽然生产力获得了巨大发展，但同时导致了贫富差距过大、阶级对立、经济危机以及生态危机等深刻的弊端。而在社会主义社会，随着生产资料公有制主体地位的确立，阶级矛盾不再是社会主要矛盾，社会经济的基本关系转变为平等劳动关系。社会主义劳动是劳动者从自身利益出发的有目的的生产活动，社会生产目的不再是少数人财富的积累，而是全体人民日益增长的美好生活需要。

那么该如何理解"日益增长的美好生活需要"呢？

首先，与价格理论和价值规律分析中供求关系中的"需求"不同，"需要"范畴体现的是：对使用价值的追求是人类本质特征，并且人们需要满足的层次和内容会随着生产力发展水平的提升而有所变化。但由于人类生产生活总是处于一定的社会关系下，人们满足需要的内容本身也具有阶级性。社会主义社会的生产目的是满足最广大人民群众的美好生活需要，而不是少数剥削阶级发财致富的需要。

其次，"人民群众日益增长的美好生活需要"的表述实际上刻画了一个动态的历史过程。马克思说："需要本身、满足需要的活动和已经获得的为满足需要而用的工具又引起新的需要。"[1]就新中国成立七十多年来的历史实践看，人民群众对物质文化生活的需要是逐步增长的。新中国成立初期，国家还不能够为人民群众提供满足美好生活需要的物质基础，那时的主要问题是解决温饱。20世纪50年代初，我国的经济水平很低，在世界上人均GDP的排名相当落后，农村农业受自然灾害的影响非常大，因此少有余力来支持城市化和工业化建设。数量型的经济增长、外延式的经济发展成为当时经济发展的基本

---

[1]《马克思恩格斯文集》（第一卷），北京：人民出版社，2009，第531页。

特点。随着经济建设和改革开放的不断向前推进，我国从解决温饱问题逐步过渡到建设小康社会和社会主义现代化国家。随着生产力持续快速增长，人均GDP已超过一万美元。2020年，脱贫攻坚取得全面胜利，中国进入全面小康社会。在这样的前提下，我国进一步提出了高质量发展的要求，如何满足人民群众日益增长的美好生活需要逐渐成为当前的主要矛盾。

再次，美好生活所涵盖的内容十分丰富。随着生产力的提升以及经济社会的发展，人们不仅仅满足于维持基本物质生活的需要。在温饱问题解决的基础上，人们的需要日益多样化。马克思曾指出："人以其需要的无限性和广泛性区别于其他一切动物。"[1]恩格斯也曾提出人类社会中"生存资料、享受资料以及发展资料"的分类方法。主流经济学习惯用恩格尔系数，即食品消费占总体消费的比重这一指标作为衡量某一家庭、某国或地区生活水平的工具，该指数越低，意味着生活水平越高。习近平总书记曾指出："人民群众的需要呈现多样化多层次多方面的特点，期盼有更好的教育、更稳定的工作、更满意的收入、更可靠的社会保障、更高水平的医疗卫生服务、更舒适的居住条件、更优美的环境、更丰富的精神文化生活。"[2]因此，美好生活所指向的不仅包括物质产品数量的增加，还包括了产品质量的提升和多样性的拓展；不仅仅是物质生活水平的逐步提升，还包括了美好生活需要的其他方面，如政治、公平、正义、安全、生态、法治等一系列方面。

最后，美好生活的需要包含了个人需要和社会需要两方面，社会主义社会不能单纯地从个人消费角度去考虑劳动者个人生活水平的提高。虽然个人消费和家庭消费是社会主义的生产目的，但它们不是全部，因为劳动者的美好生活有很大一部分需要通过社会以及公共消费

①《马克思恩格斯全集》（第三十八卷），北京：人民出版社，2019，第11页。
②《习近平谈治国理政》（第二卷），北京：外文出版社，2017，第61页。

的形式去提供，如文化、教育、医疗和体育等。进一步来说，比如社会管理、国家安全、国防建设都与劳动者美好生活的安全、秩序、公平、正义这些需要相关联，都要通过公共消费得到满足，它们体现的形式就是社会需要。

## 二、增加价值的含义

社会主义市场经济条件下的生产过程不仅是劳动过程，同时也是价值生产过程。市场经济体制下的社会生产是通过市场交换来组织的，这就意味着企业只有把产品顺利出售之后，其产品的社会有用性才能得到证明，企业事先无从得知。这一特征可以称之为市场经济条件下企业劳动的间接社会性。正如马克思在《资本论》中所说的，生产者总要面对市场交换的"惊险的一跳"。因此，社会主义市场经济同资本主义市场经济类似，产品的社会有用性也要通过市场来验证，需要通过交换来实现。尽管企业家是根据市场需求进行生产的，但他们对行情的理解是否准确、对技术在生产应用以及生产活动的组织是否合理都是未知的，都要通过产品能否成功出售来检验。由于劳动的间接社会性，劳动需要通过商品的价值来体现它的社会有用性。同时，这个"惊险的一跳"还可以作为体现企业的私人劳动是否能达到社会必要劳动的衡量标准。

在政治经济学的理论体系中，任何商品的生产都要消耗所谓的物化劳动和活劳动，具体表现为生产中所消耗生产资料的转移价值和活劳动创造的增加价值[1]。在《资本论》中，马克思说明了劳动产品的

---

[1] 本书使用的增加价值范畴与国民收入核算中使用的增加值概念基本含义一致，但也正如大家所了解的，两个概念在技术细节上存在差异。增加价值意指生产过程中活劳动创造的全部新增价值，其总和构成古典政治经济学意义上的国民收入。SNA核算体系中的增加价值未扣除固定资本折旧，因此在数量上与此处所谓增加价值有一定差额，其社会总量等于国内生产总值（GDP）。

价值由两部分投入组成：一部分是生产资料投入，例如原材料、燃料以及各类机器设备和厂房等，所有生产资料的价值会转移到新产品的价值中去，构成产品价值中的 C，即生产资料的转移价值；另一部分则是劳动者在劳动过程中新创造的价值，即活劳动创造的增加价值，即为 L。上述两部分价值对企业生产来说意义并不相同：转移价值体现的是生产过程中消耗的生产资料，这些生产资料在劳动过程中作为劳动资料和劳动对象使用，其价值随着实物量的消耗转移到新的产品价值中。由于它们的价值在之前的生产过程中已经形成，因此生产资料在生产过程中不再创造新的价值。而增加价值是企业劳动者劳动投入的物化形式，是生产过程中新创造的价值。在社会主义市场经济条件下，生产过程同样需要耗费生产资料和活劳动，这与《资本论》中马克思的分析是相同的。社会主义生产过程中形成的商品价值依旧由转移价值和增加价值两部分组成，即转移到新产品中的物化劳动量和生产过程消耗的活劳动量，公式表现为 C+L。

如果对增加价值进行进一步分解，可以将其划分为必要价值和剩余价值，即马克思所讨论的劳动力商品价值和剩余价值。马克思曾指出："劳动力一天的维持费和劳动力一天的耗费，是两个完全不同的量。前者决定它的交换价值，后者构成它的使用价值。"[①]由此，反映为劳动者个人收入的必要价值由劳动者参与企业生产过程所付出的必要劳动所创造。必要价值是劳动者个人为维持劳动力再生产所需要的价值量，其货币表现为劳动者的工资。此外，必要价值并非静止不变的，它会随着生产力的进步、上层建筑的变迁等因素呈现出动态演化的特征，即所谓"历史的、道德的因素"。增加价值减去必要价值以外的部分就是剩余价值，它同样由劳动者的劳动所创造，是耗费的活劳动量的一部分。所以，上述活劳动投入创造的增加价值 L 可分解为必要价值（即可变资本）V 加上剩余价值 M。按照马克思的理论，在

---

① 《马克思恩格斯全集》（第四十二卷），北京：人民出版社，2016，第186页。

资本主义制度下，"产品是资本家的所有物，而不是直接生产者工人的所有物"[1]，剩余价值由资本家所无偿占有。同时，为了扩大剩余价值率，资本家会想方设法把必要价值控制在劳动者仅仅能够维持其劳动力再生产的程度。而正是这样一种充满矛盾的资本对劳动的剥削性关系会危及资本主义制度的原动力——资本积累本身，最终导致资本主义的消亡。

社会主义公有制经济中的增加价值与劳动者利益密切相关。一般而言，为了再生产的顺利进行，企业在分配前需要扣除生产过程中已消耗的生产资料的价值，即不变资本C。完成扣除后，公有制企业创造的全部增加价值主要划分为三大类使用：第一类，劳动者个人及其家庭的生活需要。第二类，满足社会公共消费的需要，包括社会管理、国防安全、社会发展需要的公共服务，如公共教育、医疗以及基础设施等。第三类，用于扩大再生产所需要追加的投资。由此可见，上述第一类用途就是增加价值中的必要价值，这部分价值涉及劳动者的个人利益和眼前利益，直接决定了劳动者当下的消费量以及生活水平的高低。增加价值中的剩余价值部分则主要用于第二类和第三类开支。人类社会的正常运转和延续需要第二类开支的不断投入，优质的公共教育和医疗等社会公共服务供给与人民的"美好生活需要"紧密相连，这部分涉及的是劳动者的整体利益。同时，增加价值中的一部分还需用于社会扩大再生产的投资，即上述第三类的开支，这类投资为劳动者未来生活水平的提高提供了可能性，是保障劳动者长远利益的必然要求。

从整体来看，社会主义公有制经济中的必要价值体现的是劳动者的个人利益和眼前利益，而剩余价值则体现了劳动者的整体利益和长远利益，它们都是影响劳动者福利的重要因素。把上述二者相结合，组成了"劳动者完全利益"这一概念，二者共同决定了劳动者的实际

①《马克思恩格斯全集》（第四十二卷），北京：人民出版社，2016，第177页。

生活水平，即劳动者的个人利益、眼前利益与整体利益、长远利益的结合。劳动者的完全利益持续提升应是社会主义增加价值生产的目标，社会主义企业生产应当满足劳动者完全利益，增加价值是企业生产目的的完整表达。[①]当然，劳动者的个人利益、眼前利益与整体利益、长远利益之间在某个历史时期内可能存在矛盾，但它们并不是绝对对立的：如一个劳动者集体如果只关心个人利益和眼前利益，不顾整体利益和长远利益，长此以往会导致经济增长乏力，最终损害的还是劳动者的个人利益。因此，企业和国家都需要进行科学决策，做出权衡，劳动者完全利益要求的是一种总体权衡的利益最大化。

相较于剩余价值及其相关理论，增加价值范畴显然更适用于对社会主义经济的分析，该范畴在社会主义政治经济学体系中的重要性主要体现在以下三方面。

第一，增加价值完整概括了社会主义公有制企业的生产目的。斯大林在《苏联社会主义经济问题》一文中首次提出了社会主义生产目的，他在描述社会主义基本经济规律时提道："保证最大限度地满足整个社会经常增长的物质和文化的需要，就是社会主义生产的目的。"[②]结合社会主义百年实践，上述提法的问题在于：其一是未将社会主义生产目的与社会主义市场经济接轨，没有从价值形式上理解公有制企业生产目的与社会主义社会生产目的的内在关系；其二是没有区分劳动者当前利益与长期发展利益，更没有分析二者的对立统一关系，而解决上述问题正是增加价值范畴的理论意义所在。

第二，借助增加价值范畴可清晰区分两种所有制经济生产目的的差异。马克思认为，建立在私有制基础上的资本主义始终不变的生产

---

① 荣兆梓、王亚玄：《增加价值生产的两种方法与社会主义创新激励的两重来源》，《当代经济研究》2021年第8期，第5—16页。

② 《斯大林选集》下卷，北京：人民出版社，1979，第598页。

目的是最大限度地获取剩余价值或利润。[①]私有制中劳动者新创造价值的两个部分——劳动力价值与剩余价值——是以阶级对抗的形式存在的，本质上是零和博弈关系，而公有制经济不存在这种阶级对抗关系，扣除生产资料消耗后的全部收入（即增加价值）就是公有制经济生产的反映了劳动者完全利益的基本动机。[②]近期，有学者研究证明，以我国国有及国有控股企业为代表的公有制企业相对于其他所有制企业的确有更强意愿扩大人均增加值。[③]

第三，增加价值范畴有利于理解社会主义经济增长区别于资本主义的基本规律。社会主义经济增长所带来的增加价值既可以用来满足劳动者整体利益、长远利益的需要，也可以用来满足劳动者个人和家庭当前消费需要，因此，经济增长与劳动者能力提升相互促进，全体人民稳步走向共同富裕，这与资本主义积累走向两极分化的一般规律具有根本区别。实践表明，中国特色社会主义的经济增长恰恰体现了劳动者个人利益与长远利益、消费利益与积累利益的统一，增长的目标在于劳动者的完全利益。而主导这一增长进程的，正是一个人民民主的国家政权和一个坚守以人民为中心根本立场的执政党。

## 三、企业生产目的的差异性

以上讨论的是一个公有制企业的增加价值，它覆盖劳动者的完全利益，也就是说，公有制企业的生产目的与社会的生产目的没有区别。但社会主义市场经济的一个特殊性在于：社会主义生产目的从企业层面和从社会层面观察，还存在差异。由于社会主义的生产过程中

---

①《马克思恩格斯全集》（第三十四卷），北京：人民出版社，2008，第619页。

②［南］米拉丁·克拉奇、蒂霍米尔·弗拉什卡利奇：《政治经济学：资本主义和社会主义的商品理论分析原理》，北京：人民出版社，1982，第221—224页。

③孟捷、张雪琴、马梦挺：《增加值与社会主义初级阶段公有制企业的目标模式》，《政治经济学评论》2022年第4期，第52—68页。

不仅包括公有制经济，还有多种所有制经济，而这些非公有制企业并不都像公有制企业那样关心劳动者完全利益。比如数量最多的个体经济，它的生产目的其实就是满足个人与家庭的消费需要。当然，在市场化程度较高情况下，个体经济的生产目的也是要通过生产增加价值实现的，只不过其生产的增加价值会更多用于个体劳动者的消费需要。现实中，有一部分经营良好的个体经营户想进一步发展，他们会把自己的"增加价值"分成两部分，一部分是当前消费，一部分是未来的扩大生产。但即使如此，多数个体经营者的生产目的还是为了改善自己和家庭的生活，为了个人与家庭的消费利益。雇工经营的私营企业的生产目的当然是为了利润，也就是企业劳动者所创造的剩余价值，这和资本主义经济中的情况区别不大。企业生产当然会创造增加价值，包括必要价值和剩余价值两部分。但是对于私人资本而言，必要价值是用来支付工资的，是生产成本的一部分，与生产中必须消耗的生产资料价值没有区别。由于实现剩余价值是生产的全部目的，必要价值在这里表现为劳动力商品价值，是实现生产目的必须付出的代价，是必须支付的工资成本，而不是生产目的本身。

进一步考察公有制企业的具体形式，会发现其生产目的也并非上述那么简单。公有制企业总体而言当然追求的是劳动者的完全利益，它不光要保障劳动者个人利益，而且要追求整体利益，进而要把整个增加价值作为生产目的。但是，公有制的实现形式是多样化的。现实中存在着多种公有制实现形式，并且这些实现形式会随着经济发展不断改变。企业层面的制度差异会在生产目的上体现出来，表现为共性目的前提下的差异性。比如，劳动者合作经济可能更关注的是个人的劳动收入，因此会把必要价值的落实放在首要位置。合作社可能也会有盈利的剩余，但这不是合作社生产的主要目的。例如：一个奶牛养殖户合作社即牛奶生产者合作社的主要任务是把社员家庭生产的牛奶运到城里卖掉，这是基本任务，合作社经营有盈余并不是必需的。其他形式的合作社也一样。一般而言，劳动者集体所有、自主治理的公有制经济的生产目的侧重于关注劳动者个人利益，会优先考虑落实增加价值中的必要价值部分。

另一部分公有制经济，如当前在工商业领域内利用公有资本形式来管理的国有经济，在生产目的和收入分配上就更加侧重于资本回报和资本积累。实践中，这些企业可能会把增加价值中的剩余价值部分放在企业生产目的的首要位置。国有经济现在基本上都实现了公司制改造，成为股份有限公司或者有限责任公司，公有资本控股的混合经济在生产过程中侧重于追求企业利润，强调国有资本的保值增值，因此企业目标与职工利益有可能会发生矛盾。公有资本与剩余价值生产有必然联系。总体来说，公有制企业的生产目的是全部增加价值，但是公有资本控制的企业更侧重于剩余价值。其原因首先是市场竞争的外在压力，企业要想在竞争中生存和发展，没有充足的剩余价值来进行持续积累是难以实现的。剩余价值是企业长期发展的必要条件。由于公有资本的剩余应归于全体劳动者所有，公有资本对剩余价值的追求也代表着劳动者长远利益的追求。从这个意义上看，外来压力造成的对剩余价值的追求与公有制企业内在本质的追求并不矛盾。如果不仅关注眼前，而且是从长远的角度去看每个劳动者个人的家庭的利益，会发现发展生产和劳动者利益并不矛盾，只有协调好两者的关系才能最大限度地满足劳动者需要。随着国有经济改革的进一步深入，国有控股公司在管理中将更加突出国有资本的性质，更加关注企业员工利益，将整体利益与劳动者个人利益有机结合，以调动劳动者积极性，更好地发挥公有制经济的竞争优势。

## 四、社会主义生产目的的综合考察

从社会整体看，社会主义生产目的与公有制经济的生产目的具有一致性。这不仅体现在占主体地位的公有制企业以劳动者完全利益为生产目的，而且还体现在作为社会整体利益代表的国家对社会经济的治理，体现在执政党和政府在管理社会经济时坚持以人民为中心。但同时也应当承认，社会经济中存在不同所有制形式、不同企业形式，它们的生产目的客观上有所区别。大体而言，个体经济把必要价值放在首位，私人资本的企业则是把剩余价值放在首位，而公有制经济则兼顾二者。

　　进一步比较社会生产目的和企业生产目的的差异，还可以看到使用价值目标与价值目标的差异。由于整个社会的生产目的是劳动者的完全利益，追求的是劳动者的美好生活需要，是物质文化生活的逐步提高，因此它应当聚焦于使用价值。但是具体到社会主义市场经济体制内的所有企业，不管是公有制企业还是私有制企业，由于劳动都是间接的社会劳动，都要通过市场买卖过程才能实现劳动的社会有用性，因此企业生产目的是直接指向价值的。概括地说，社会主义社会的生产目的是以增加价值为外在形式的国民财富。增加价值是一个价值形式的东西，而国民财富应是一个使用价值的东西。社会生产目的从本质上来说是使用价值，是劳动者美好生活需要的增长，但是在市场运动的外在形式下表现为增加价值。增加价值这个概念在社会主义的劳动过程和价值增加过程中有特殊的重要性，这就是社会主义生产目的的复杂性，使用价值和价值在这里对立而统一，它背后的根本是劳动者当前利益与长远利益、个人利益与整体利益的对立统一和相辅相成。当然，劳动者个人利益和整体利益、眼前利益和长远利益的对立并不是绝对的：一个劳动者集体如果只顾个人利益、眼前利益，不顾长远利益和整体利益，要不了多久就会发现经济增长太慢，最后还是会影响和损害个人利益。所以，上述两者的关系需要一种总体权衡的劳动者利益最大化。社会生产目的和企业生产目的虽然有差异，但并不总是矛盾的。社会主义社会的生产目的要在公有制为主体，多种所有制经济共同发展的总体格局中实现。通过这些既有共同点又有差异性的多种多样的所有制经济共同发展，来实现社会主义的生产目的。

　　既然社会主义的生产目的是满足全体人民的美好生活需要，而当前社会的主要矛盾又是人民日益增长的美好生活需要和不平衡不充分的发展之间的矛盾，那么如何在供给侧发力来满足人民的美好生活需要就成了目前我国社会面临的主要问题。对于社会主义经济而言，上述问题的唯一解决之道就是劳动，劳动者靠自己的劳动来创造美好生活是劳动者社会的一个基本特点。社会主义劳动是劳动者创造自己的使用价值的有目的的活动，它不是阶级与阶级之间的关系，不存在阶级之间的矛盾，而是平等劳动关系。

　　进一步而言，随着需求的不断增长，生产也要增长。生产增长有两个途径，一是增加劳动投入，二是提高劳动生产率。既然社会主义的生产目的是要满足全体人民的美好生活需要，而在社会主义条件下达成这一目的又必须依托于劳动，那么实现上述目的的最重要手段就是发展生产力，提高劳动生产效率。虽然增加劳动投入可以提高产出量，但实际上劳均产出并没有增长。因此从提高消费生活水平的角度看，真正解决问题的办法就是提高劳动生产率。提高劳动生产率对于满足人民日益增长的美好生活需要来说更加根本。说到底，只有生产力提高，人民群众的生活水平、生活质量才有了不断提高的条件。社会主义的劳动过程具有一定的特殊性，这个特殊性表现在：一方面，当下社会主义社会生产力发展属于人类生产力发展的工业化阶段。工业化过程是一个不断分工深化、不断机械化和自动化的发展过程，这是社会主义劳动技术条件的历史特殊性。另一方面，社会主义还需要以市场经济的形式组织社会生产，社会主义劳动表现为劳动者共同占有生产资料基础上的平等劳动。

# 第三节　社会主义创新的二重激励

在新一轮技术革命条件下实现社会主义的生产目的，推动构建社会主义生产方式离不开技术创新与社会生产力水平持续提升。总结中国七十多年的经济增长历程，厘清并完善社会主义的创新激励来源具有十分重要的意义。

企业创新在资本主义市场经济下与相对剩余价值生产密切相关，马克思通过对相对剩余价值生产内在机理的阐发，间接探讨了资本主义企业创新激励以及企业劳动生产率的提高。在资本主义条件下，创新激励只有一个来源，即超额剩余价值，企业创新的目标就是追求超额剩余价值。社会主义企业创新的逻辑前提是企业的相对增加价值生产；在社会主义条件下，创新激励有二重来源，除了超额剩余价值同样发挥创新激励作用之外，还有一种激励，叫作劳动致富激励。

## 一、超额剩余价值及其对企业家的创新激励

社会主义市场经济条件下的超额剩余价值及其对企业家的创新激励，应该和资本主义市场经济条件下类似，至少它的作用机理是相似的。

### （一）超额剩余价值与企业创新激励机制

马克思的相对剩余价值理论，强调企业为了追求超额剩余价值，才会去采取新的生产方式、新的管理模式，或者在销售等方面去追求技术创新和管理创新，这对于资本主权型企业而言具有共性特征。有远见、有勇气、有能力的企业家会利用创新方法来追求更多的剩余价

值。这一机制不仅刺激了头部创新企业劳动生产率的提升，而且由于创新企业的超额剩余价值刺激了其他企业跟进，所以可以带动整个行业的发展。这是资本主义市场经济条件下创新激励的主要机制：虽然超额剩余价值在竞争中会逐渐消失，但正是创新者无法永远获益这一特性，保证了市场机制下源源不断的创新动力的迸发。

上述机制在社会主义市场经济条件下仍然存在，因为社会主义市场经济中存在着大量的私营企业，对于这些私营企业的企业主来说，超额剩余价值的激励机制继续有效，同时，大量的社会主义公有制企业采取了公有资本的实现形式，特别是国有企业经过公司制改造已经成为资本主权型企业，企业治理遵循盈利原则，谁投资谁决策，谁投资谁分享利润。因此，公有资本追求剩余价值的目标是存在的，竞争中追求超额剩余价值的机制是发挥作用的。在当前国企改革过程中，越来越多企业倾向于让企业高层经理人员报酬通过年薪制、股权激励及其他方式与企业绩效挂钩，使得高层管理人员能够分享企业利润。国有企业的管理者已经成为剩余价值的分享者，更加具有追求超额剩余价值的动机。所以，对于已经实现了公司制改造的公有制企业来说，超额剩余价值的创新激励也同样发挥作用。

## （二）企业家与企业家精神

企业家在企业创新中的作用很重要，这个问题经济学家熊彼特曾做出过清晰的阐述。企业家是要发挥创新功能的专业人士，在企业中主导创新、引导创新、实施创新。由于企业家的利益与剩余价值的生产和实现密切相关，因此企业家创新受到超额剩余价值的直接激励。现代市场经济中的大多数规模以上企业都是资本主权型企业，对这类企业来说，超额剩余价值的激励发挥主要作用，企业家则在这一过程中充当核心角色。企业家精神就是创新精神，企业家不仅要勇于创新，更要善于创新。对公司制企业的高层经理人员而言，他们不是资本所有者，也不是股东，但超额剩余价值激励同样发挥作用。原因在于，当代市场经济中的大部分针对高层管理人员的雇佣合约是一个剩余分享合约，规定了高层经理人员可以通过各类手段分享公司的剩余价值。高层经理人员的高工资和高报酬，用按劳分配难以解释。实际上，这种契约安排是为了激励管理人员的创新精神，鼓励他们忠诚尽职而从制度安排上让他们去分享一部分的企业盈利。

对于国有企业的企业家而言，其管理活动也具有二重性，其企业家精神应从两方面去理解：一方面，国有企业的企业家需要对企业生产过程进行管理、监督和调节以促进创新；另一方面，国有企业的企业家的管理应以增加价值为目标，助力于劳动者完全利益的提升。2017年9月，中央首次出台文件聚焦企业家精神（《中共中央 国务院关于营造企业家健康成长环境弘扬优秀企业家精神更好发挥企业家作用的意见》），尤其针对国有企业企业家队伍建设专门提出了明确的要求：国有企业家不仅要更好肩负起经营管理国有资产、实现保值增值的重要责任，做强做优做大国有企业，不断提高企业核心竞争力，还要成为奉公守法守纪、清正廉洁自律，履行政治责任、经济责任、社会责任的模范，激发国有企业高层管理者服务党、服务国家、服务人民的担当精神。

### （三）超额剩余价值的创新激励强度

无论是资本家还是资本所有者的代理人，他们的创新行为都需要一定的激励，超额剩余价值对企业家创新激励是不可缺少的。需要强调的是，市场经济中超额剩余价值的激励强度很高。特别是企业采取新技术以后，企业的产品规模有多大，激励度就有多强。卖出去的每一件产品里都有一个超额增加价值和相应的超额剩余价值，超额部分归企业家和资本所有者共有。因此，这有利于激发企业家创新的积极性。而计划经济条件下给技术革新者的奖金或者荣誉称号是依按劳分配原则制定的，总体的激励强调要低于超额剩余价值激励。

当然，激励强度会随着市场上其他企业的跟进而逐渐减弱。为了鼓励创新，国家会在制度上进行一些人为的安排去鼓励率先创新，典型的如专利制度，用法律的形式去延长超额剩余价值的获取时限，提高超额剩余价值的激励强度。但这一制度也有负面影响：专利保护对其他人跟进设置障碍，对创新成果推广有阻滞作用。那么专利制度要不要？专利制度的强度和时间安排怎么设计？这就涉及效率的权衡问题：到底是鼓励创新更重要，还是推广创新成果更重要。毫无疑问，没有创新就不可能推广，所以要鼓励创新，但是完全偏向于鼓励创新也未必是最好的制度设计。例如，美国医药行业专利制度设计就存在很不合理的一面：许多药物能够救命，但由于专利制度大幅抬高了药价，使其推广延迟，这个利弊得失需要在社会主义条件下进行重新思考。

创新激励还存在另外一个问题，即企业把许多科研成果和技术革新运用在创新产品的生产中，得到了市场的巨额奖励。但是任何创新都不能一蹴而就，没有一个重大创新是由一个人单独完成的。大量的技术进步是背后许多人创新积累的结果，甚至经历了无数的试错才取得的。企业及其管理者之所以拿到了创新带来的回报，是因为其把创新成果运用到企业生产中去，变成了消费者或其他企业所需要的商品。但是市场激励机制的一个重大缺陷是只把鼓励的重点放在最后完成者身上，即企业家，很多基础研究人员无法获得市场上的超额剩余价值作为回报，从而导致创新激励不足。单纯地依靠市场调节机制和超额剩余价值激励来推进科技进步和生产力提高存在缺陷。因此，不能单靠市场来推动创新，还要有其他机制。特别要建立国家创新体系，统筹考虑整个创新过程和研发过程的所有环节，对创新机制和创新激励机制进行科学设计，从而解决创新链条中可能出现的瓶颈。

## 二、劳动致富激励：创业与创新

社会主义条件下的创新激励存在另外一个机制，即劳动致富激励。这个激励机制作用于广大劳动者，和市场经济条件下创业创新的群众运动直接相关。社会主义创新激励机制相比资本主义私有制的优势在于：可以在一定程度上调动更多劳动群众参与创新。劳动是物质财富创造的唯一手段，劳动从劳动者主观行为上可分解为勤劳与智慧两部分。劳动首先是勤劳，必须投入大量的就业人员，要付出辛勤劳动。但是劳动不光靠手，还要靠脑，劳动的另一面是智慧，劳动效率的提高很大程度上是依靠智慧的力量。在社会主义条件下，劳动致富已经成为调动最广大人民群众积极性的主要方面。每个老百姓都具有劳动致富的积极性，他们不一定非要具备崇高的理想追求，但是每个人都可以依靠自己的双手，靠自己的劳动来致富。在公有制为主体的社会主义市场经济条件下，劳动致富的积极性就是社会主义建设的积极性。因此，劳动致富加上劳动者的主人翁精神，就是社会主义经济创新发展的取之不尽的动力源。为了要劳动致富，不仅要辛苦，而且要发挥聪明才智，要创业创新。

基层劳动群众的创新表现在两方面。一方面，因为公有制经济的劳动关系不同于私有制经济，公有制经济中的工会组织和基层的班组有更多的制度优势，可以激发基层劳动群众在日常工作中的创新积极性。这是现代企业管理的一个重要的方面，不仅是社会主义经济，包括先进的资本主义企业也强调职工参与创新。比如日本丰田生产方式中的全面质量管理，其实是从基层去调动劳动者关心企业革新的积极性，提出合理化建议等。现代管理的新趋势与社会主义制度的本质要求是契合的，也应该将之发扬光大。

另一方面，还有很多劳动者想要通过自己创业来实现劳动致富，创业者发现了在某个领域的创新机会，从而创办一个小微企业。改革开放早期，大部分创业可以称作温饱型创业，即为了解决自己的温饱问题而创业。然而市场经济发展到今天，创业的类型已经从温饱型创业为主转化为机会型创业为主。由于创业者的人员结构和文化结构正在发生变化，从温饱型创业时代低技能、低学历的创业者，到现在越来越多的高技能、高学历创业者，这些创业者可能在学习和科研中发现某一个领域的创新机会，萌发了创业的想法。鉴于此，市场机制可以通过一系列的金融手段和政策手段来鼓励高新技术的创业者和高新科技创业公司。对于大多数劳动群众来说，劳动致富是他们的动力，通过创业来创新，是创业和创新之间不可分割的内在的关系。

### 三、企业技术革新的群众运动

如果仔细观察社会主义的创新实践，可以找到一条明晰的主线——企业技术革新的群众运动。这一运动的发展过程可能有起伏，有时候高涨，有时候低落，但在总的历史过程中是清晰可辨的。在技术革新的群众运动中，创新激励的二重来源汇合到一起。从企业的创新过程可以看到，大部分企业是依靠改革开放以来对国外先进技术的引进、消化、吸收，并在这个过程中进行"干中学"，通过边际型创新，即对国外技术的消化—吸收—模仿，做出适合中国国情的边际性改进。通过这样的方式，企业的技术创新和技术革新运动从来没有停止过。在这个过程中存在两个创新渠道：一个渠道就是企业有组织的研究开发逐步增加；另外一个渠道是工人在企业技术升级的过程中从干中学，在企业技术提高的同时，工人的技术水平和创新能力也在提高。

不同的企业在研究开发和"干中学"这两个创新渠道中侧重点不同。例如，像华为、中芯等以脑力劳动者为主干的高科技企业，更多的是利用脑力劳动者的创新积极性，通过研究和开发不断推进创新发展。但是除了高科技的明星企业，还要看到随着改革开放发展起来的其他企业群体，他们都在引进、消化、吸收和边际创新的过程中调动最广大的职工群众干中学的积极性，在干的过程中学习创新。生产力提升说到底是劳动者能力的提升，只有将全体劳动者动员起来学习才是最波澜壮阔的学习运动，只有全体劳动者的能力提升才是最具有威力的能力提升，而这正是社会主义公有制条件下平等劳动创新活动的必然趋势。

中国的社会主义实践是人民群众有史以来最大规模的学习运动，亿万人从传统农业的生产方式转换到日新月异的工业化进程中，学习现代化的生产技术和组织管理，在改革开放的实践中增加知识，提高学习能力。中国劳动者的能力在实践中提升，在创新激励中发挥自己的个人才能，企业能力的提升和社会整体能力的提升与劳动者个人能力的提升结合在一起。部分学者把中国增长奇迹的根本原因归结于投资和积累率比较高的说法是非常片面的，实际上更重要的原因在于社会主义市场经济体制调动了亿万劳动者的创新积极性，利用了亿万劳动者的聪明才智，使技术与管理不断创新，使企业在国际竞争中不断提高能力，这才是中国经济最耀眼的表现。

# 第四节　社会主义相对增加价值生产方式

在《资本论》中，通过对剩余价值生产方法的分析，马克思把他的理论从商品二因素的矛盾和劳动价值论扩展到了对资本主义生产方式具体运行机制的考察。与马克思分析剩余价值生产类似，本书将增加价值生产分为绝对增加价值生产和相对增加价值生产两种主要方式。其中，社会主义相对增加价值生产是实现社会主义生产方式的核心要件。

## 一、绝对增加价值生产及其局限

绝对增加价值生产指的是在劳动生产率不变的前提下，通过增加活劳动投入的绝对量进行增加价值生产的方法。对企业而言，增加活劳动投入量主要依赖两种方式：一是雇佣更多的工人进行劳动；二是挖掘现有劳动者的潜力，如延长劳动时间、增加劳动强度[①]等。前者主要通过扩大生产规模或更有效地利用现有的生产资料，从而增加更多的工作岗位[②]；而后者则需要高效的劳动控制与激励机制。值得说明的是，延长劳动时间的绝对增加价值方法与私营企业的绝对剩余价值生产的机制是相同的。但公有制经济中工作日延长体现的生产关系与资本主义存在本质区别：公有制经济体现的并不是资产阶级对劳动者的"榨取"关系，而是劳动者为了美好生活所付出的更多努力。尤其在社会主义建设初期，为应对不利的国际环境，尽快摆脱国民经济贫穷落后的局面，全体劳动人民通过投入更多的劳动提高了积累总量，推动了工业化进程，充分体现了绝对增加价值生产在社会主义发展中不可或缺的作用。

当然，绝对增加价值生产存在一定的局限性：由于没有劳动生产率的提升，增加价值的增长与使用价值的增长比例完全一致，劳动产品的增加仅仅依赖于劳动投入量的增长。这就意味着绝对增加价值生产无法提高每个劳动单位所能带来的产出水平，单个劳动者物质财富的创造能力并没有改变。就企业而言，绝对增加价值的生产方法可能

---

① 涉及劳动强度提升的问题比较复杂：例如在技术水平不变的前提下，由于增加劳动强度，提高了单位时间内的产品产量，实际上劳动生产率得到了提升。但劳动强度的增加也确实意味着单位时间内劳动投入的增加，因此，我们依旧把提升劳动强度作为绝对增加价值生产的一种方式。

② 比如农业生产中的"轮作"与"套作"，再比如企业由原来的一班制改成两班制或三班制，这样在同样的生产资料条件下也可增加产出。

更适用于某个产业的发展初期或产品生命周期中的进入期和成长期。在这一阶段，市场需求旺盛，不存在价值"实现"困难，企业增加活劳动的投入往往会带来较好的回报。如果从社会层面考察，在生产率不变的前提下，提升劳动参与率和就业率是增加社会物质财富创造能力的基本保证。尤其在人口不断增长的背景下，增加就业至少可以保障劳动者原有的物质生活条件不被"稀释"。但由于绝对增加价值生产不能够增加劳均产出量，因此对劳动者消费生活的改善作用十分有限。

## 二、相对增加价值生产及其方法

不同于绝对增加价值生产，相对增加价值生产主要依靠劳动生产率的提升来达到生产增加价值的目的。对企业而言，提高劳动生产率的内部动力在于能够从市场获得超额的增加价值作为"奖励"。用公式表示商品的社会价值，即单位商品生产的社会平均必要劳动量为：

$$\overline{W} = \frac{\sum W_i \cdot Q_i}{\sum Q_i} \qquad （公式1）$$

其中，$W_i$ 表示第 i 个企业生产单位商品的价值，$Q_i$ 表示其产量。

那么，第 j 个企业的个别价值与社会价值的差额为：

$$Z_j = \frac{\sum W_i \cdot Q_i}{\sum Q_i} - \frac{W_j \cdot Q_j}{Q_i} = \frac{\sum W_i Q_i}{\sum Q_i} - W_j \qquad （公式2）$$

若 $Z_j > 0$ 便形成企业超额增加价值。

企业超额增加价值有两个基本来源：其一是企业生产中所消耗的生产资料价值与社会平均消耗量之间的差额；其二是企业生产中消耗的活劳动量与社会平均消耗之间的差额。两个差额相加便形成企业超额增加价值。

将 W＝C+L 代入公式 2：

$$Z_j = \frac{\sum (C_i + L_i) \cdot Q_i}{\sum Q_i} - (C_j + L_j) = \left[ \frac{\sum C_i Q_i}{\sum Q_i} - C_j \right] + \left[ \frac{\sum L_i Q_i}{\sum Q_i} - L_j \right] = Z_C + Z_L$$

$Z_C$ 是企业 j 生产单位商品所消耗生产资料价值与社会平均消耗的差额，$Z_L$ 是企业 j 生产单位商品消耗的活劳动量与社会平均消耗的差额。当然，大多数情况下企业采用新技术往往需要投入价值更多的生产资料，但只要生产资料增加额小于因此节约的活劳动量，企业的劳动生产率仍然可以提高。只要二者的代数和 $Z_j > 0$，便可形成企业超额增加价值。

就社会层面而言，在竞争较为充分的市场环境下，企业因提高劳动生产率获得的超额增加价值并不会长期存在。随着竞争对手的跟进，整个行业的劳动生产率会逐渐提高，产品的市场价值会随之下降，直到超额增加价值逐步消失。同相对剩余价值生产的机制类似，上述过程不会就此止步，超额增加价值作为市场经济中企业进行创新的内在驱动力，会不断地驱使其降低个别劳动时间。创新者刺激产生大量追随者，先进的技术以及管理模式开始在行业内扩散，促进了行业生产率的提高。在超额增加价值形成—消失—再形成这一周而复始的运动过程中，整个社会的生产力水平不断提升，增加价值可购得的物质财富即使用价值量持续增长。长期看，相对增加价值生产中价值和使用价值的变动存在背离。在舍象绝对增加价值生产的情况下，相对增加价值生产长期中并不主要是价值生产的增加[①]，也不是价值比率的增加（如相对剩余价值生产那样），而是在超额增加价值的无止境追求中物质财富的增加。从形式上看是增加价值增长，实质却是使

---

① 诚然，劳动复杂程度的提高会增加产品的价值量，但这只是劳动生产率提高的一个方面。在社会公有制条件下，这一价值量的增长同样表现为必要劳动和剩余劳动所支配的物质财富的同步增长。

用价值增长，这就是相对增加价值生产的特殊性。[1]然而，从现代信用货币以购买力锚定的币值看，相对增加价值的增长却又是真实存在的，它表现为按购买力平价（或不变价）计算的GDP增长；在这个量标上，相对增加价值的"价值"形态的数量增加与其使用价值的数量增加又是同步的。相较于绝对增加价值生产，相对增加价值生产意味着劳均产出的持续提升以及社会财富持续增长，是满足"人民日益增长的美好生活需要"的必要手段[2]。

相对增加价值生产是建立在劳动生产率提高基础上的一种增加价值生产的方法。而劳动生产率（即单位时间内生产产品的数量）通常与下述因素相关：（1）劳动者的劳动熟练程度；（2）科学技术的发展和应用程度；（3）生产资料尤其是生产工具的装备水平；（4）劳动组织和生产组织（分工协作、管理水平）的状况；（5）各种自然条件。由于生产的自然条件一般被视作外生给定，上述影响劳动生产率的因素可归纳为两大类：一类为劳动的技术条件；另一类为劳动的社会条件。马克思也曾指出：要实现劳动生产力的提升，就"必须变革劳动过程的技术条件和社会条件"[3]。不论是对企业还是社会而言，获得超额增加价值的方法正来自持续不断的技术创新和组织变革。回顾过去两个半世纪中连续发生的工业革命，可以发现人类社会进入工业化阶段以来的数次生产力大幅跃升都伴随着劳动技术与组织形态持续变革，例如：第一次工业革命中水利、蒸汽推动的工业机械化与工厂系统、企业家合伙制；第二次工业革命中工业运输的电气化与泰勒主义

① 荣兆梓、王亚玄：《增加价值生产的两种方法与社会主义创新激励的两重来源》，《当代经济研究》2021年第8期，第5—16页。

② 当然，除了工艺创新导致的劳动投入量降低、产品价格下降以外，满足人民日益增长的美好生活需要还需不断进行产品创新。但新产品上市后，企业仍然受书中所述相对增加价值生产规律的制约。由于篇幅有限，本书对产品创新导致增加价值生产的问题暂不展开叙述。

③《马克思恩格斯选集》（第二卷），北京：人民出版社，2012，第201页。

巨型企业、福特主义层级制。随着技术不断创新，新产品、新业态不断涌现，其中产生的结构性变革必然与设计、生产和分配它们的各种组织创新联系在一起，产生互动，共同推动劳动生产率的提高。①

### 三、社会主义相对增加价值生产

只要一个社会实行的是市场经济体制，就会存在相对增加价值的生产机制。即使是公有制企业，只要它参与市场竞争，就会受相对增加价值的运动规律的支配。从某种程度来说，相对增加价值生产与《资本论》所描绘的相对剩余价值生产存在相似之处：二者都受到微观企业对超额增加价值追逐的驱动；二者都依赖企业在生产过程中的创新，如采用更先进的技术、管理模式等。实际上，在资本主义条件下，企业首先是通过提高劳动率来获得超额增加价值，使商品的个别劳动时间小于社会必要劳动时间。在超额增加价值通过市场实现后，扣除必要价值即工人工资，剩下的就是超额剩余价值。然而正是在此，社会主义与资本主义发生了分野。在资本主义相对剩余价值生产规律的作用下，社会劳动生产率提高导致的结果是工人劳动力商品价值的降低与剩余价值的相对增大，这在现实中表现为严重的社会两极分化。

社会主义市场经济下的公有制企业同样需要在动态的市场竞争过程中进行增加价值的生产，但公有制企业追求的是增加价值两部分的同步增长，是长期情况下劳动者工资随劳动生产率增长而增长。虽然目前在社会主义市场经济条件下国民经济中仍有大量的私营企业存在，其生产目的仍然是剩余价值。但在公有制为主体的基本经济制度前提下，大量公有制企业追求相对增加价值的行为构成社会生产过程

---

① ［美］克里斯·弗里曼、弗朗西斯科·卢桑，沈宏亮主译：《光阴似箭：从工业革命到信息革命》，北京：中国人民大学出版社，2007，第144—146页。

的主流，不同所有制经济企业的市场竞争首先以增加价值为目标，而国家宏观调控以劳动者报酬与劳动生产率同步增长为目标，社会范围内劳动力商品价值持续下降与相对剩余价值不断增加不再具有必然性。相反，受党和政府以人民为中心发展思想以及公有制企业"取之于民，用之于民"的内在逻辑驱动，社会主义条件下相对增加价值生产所带来的是劳动者完全利益的逐步改善，是全体人民的共同富裕。

## 第五节　新技术革命背景下社会主义生产方式的实现路径

相较于绝对增加价值生产，社会主义相对增加价值生产与社会主义生产方式存在内在的一致性，相对增加价值生产建立在劳动生产率提高的基础上，这一特征为劳动者生活水平的提高提供了供给侧的可能性，但任何经济实践都并非在"真空"中发生，如何推动劳动生产率持续提升以保证相对增加价值生产？又如何在此基础上保证增加价值两部分的同步提高，实现共同富裕？面对上述问题，需结合当代生产力和生产关系的互动，对市场经济背景下相对增加价值生产的主要特征展开分析，以便明确在新技术革命背景下社会主义生产方式的实现路径。相较于绝对增加价值生产，相对增加价值生产建立在劳动生产率提高的基础上，这一特征为劳动者生活水平的提高提供了供给侧的可能性。

### 一、当代生产力条件下社会生产方式的主要特征

#### （一）市场机制并不必然推动相对增加价值生产

当代生产力的基本特征决定了市场机制仍是目前人类组织社会生

产的主要形式。①在学界关于市场经济的主流叙事中，市场机制天然地具有资源配置的静态效率与创新促进的动态效率。当市场出清并实现均衡后，它就能自然而然地带来技术创新、产业升级和经济发展。并且由于经济知识具有"默会"特征，唯有通过市场中企业家持续的创新和创业活动，新技术、新产品才会不断涌现。政府只需要持续完善产权界定、保护和合同实施以及适当监管三个方面，维持市场的秩序即可。②实际上，在《资本论》中马克思也曾勾勒出了资本主义市场经济促进社会生产力进步的核心机制：资本家受追逐利润的内部动力与强制竞争的外在压力双重驱动，在扩大剩余价值生产的过程中促进了社会生产力的进步。③

　　然而，上述机制的顺利运行需要一系列严格的约束条件作为前提，而恰恰正是由于这些约束条件的失效抑制了社会生产过程中创新的发明与扩散，同时映射出当代资本主义的结构性变化与系统性危机。目前，市场机制在促进劳动生产率提高，推动创新的过程中存在明显桎梏，简要而言主要体现在以下几个方面。第一，内生于市场竞争的资本积聚与集中造成了垄断巨头日益增多，其滥用市场支配地位的行为严重阻碍了相关技术和产品的创新。第二，创新及其必备的条件（例如：基础科学积累与基础设施）具有巨大的外部性和公共品特征，仅依赖市场供给无法满足目前创新的需要。第三，高额的利润回报诱使企业更加聚焦于扩大金融活动、房地产投机等非生产领域，或直接从事"寻租型"活动，抑制了实体经济的创新能力。第四，资本主义以"替代"和"控制"为导向的技术创新削弱了劳动者的技能和议价权，恶化了劳动收入分配状况，从而在某种程度上抑制了创新的

---

① 荣兆梓：《生产力、公有资本与中国特色社会主义——兼评资本与公有制不相容论》，《经济研究》2017年第4期，第4—16页。

② 钱颖一：《现代经济学与中国经济改革》，北京：中信出版社，2018，第63页。

③ 孟捷：《〈资本论〉的当代价值》，《光明日报》2018年6月5日第15版。

持续推进。此外，在贸易战与大国博弈的时代背景下，发达国家充分利用其在技术、贸易以及金融等领域的霸权阻滞后进国家的生产力跃升，甚至直接精准打击和削弱个别企业的价值生产能力。

### （二）物质资料的直接生产过程呈现出越来越自动化、智能化的趋势

相对增加价值生产源自绵延不断的技术创新。如果深入考察人类社会，尤其是在进入工业化阶段后的技术进步特征，会发现：工业化的技术基础建立在劳动分工之上，持续的工业化进程在不断推动社会生产力发展的同时，又进一步促进了分工的细化。在物质资料的直接生产过程中，随着分工越来越细化，大量的劳动操作就越来越适合由机器去完成。通过考察第一次产业革命的历史事实，马克思深刻理解了工业化进程中的这一特征。从简单协作到分工协作，商品生产随着工场手工业内部分工的持续演进开始向机器大工业过渡，越来越多的人类劳动开始被机器所替代，物质资料的生产过程呈现出自动化趋势。如果说马克思当年从机器大工业的生产方法看到了机器替代人类劳动的未来图景，那么目前在新一轮科技革命和产业革命的背景下，由于大数据、人工智能等技术的发展，机器替代人类劳动的边界正不断向外扩展：机器不仅可以替代体力劳动，而且还能够替代部分脑力劳动。很多程序化的、重复进行的、"可预见"的脑力劳动完全可以被机器所代替。[①]当然，上述替代过程并不是线性的，它在不同的历史时期和经济社会环境中会呈现出不同的演化特征。长期看来，机器替代人的劳动过程会一直发展，这是当代生产力发展的必然逻辑。

---

① ［美］埃里克·布林约尔松、安德鲁·麦卡菲，闾佳译：《与机器赛跑》，北京：电子工业出版社，2014，第 113 页；［美］马丁·福特，王吉美、牛筱萌译：《机器人时代：技术、工作与经济的未来》，北京：中信出版社，2015，第 101 页。

## （三）企业的劳动组织形式尚未突破"科层制"的窠臼

除了生产的技术水平，企业的劳动生产率还取决于其劳动组织形式。在工业化不断发展的条件下，企业管理的科层制适应了其发展的必然趋势，成为现代企业组织分工协作的典型结构。科层体制的优势在于：可以改善市场的低效率，克服自愿合作行动的失灵；[①]在搜集和处理市场信息的过程中，减少不完全信息带来资源浪费；其严密的组织控制能力和纪律性促进了生产效率的提升；科层制崇尚能力主义的原则，提高了分工的整体效能。当然，企业需保持合理规模，层级过多反而会降低企业自身的效率。科层的无限延伸会破坏企业内部的合理分工，导致生产有效运行出现障碍、决策所需的信息在不同层级传递时出现大量耗散以及官僚主义等问题。传统企业试图通过管理创新、组织变革、治理结构优化以及"外包"等方式来化解层级过多的弊端。此外，随着技术演进和产业变革，一些高科技公司倾向于采取更加"扁平化"的组织结构，通过赋予其高技能员工更大的劳动自主权来提高企业的生产率和市场竞争力，但即便如此，其内部组织仍然没有摆脱层级结构，依旧符合科层制的本质特征。虽然一直以来科层制终结的声音不绝于耳，但从整体来看，科层制仍是目前企业组织劳动分工协作的普遍形式。

对公有制企业而言，其企业组织形式也同样要受当代生产力的制约，公有制企业的劳动组织形式也同样呈现出科层制的特征。我国国有经济存在"自下而上"和"自上而下"的两条委托代理链条。对于自下而上的委托代理链而言，全国人民是委托人，通过自下而上的层层代理关系，最终形成国家政府以及政府的资产管理部门为代理人的国有资产管理制度。而自上而下的委托代理链则是作为国有资产的所

---

① ［美］盖瑞·J.米勒，王勇、赵莹、高笑梅等译：《管理困境：科层的政治经济学》，上海：格致出版社，2014，第45页。

有者代表通过层层的科层等级制度，把权力和责任一层一层地委托给国有经济管理的各个层级。值得关注的是，在大科层的组织形式下，对劳动的协调和管理会更加凸显出企业对劳动者的"强制"属性。在市场竞争的条件下，企业通过"控制"产生"效率"的运行逻辑会使得劳动者的自主权和企业内民主程度受到一定的抑制，削弱必要价值增加的推动力。

### （四）生产过程中资本与劳动的隶属关系具有复杂性

马克思在分析"剩余价值生产"时，指出劳动对资本经历了一个从形式隶属到实际隶属的演变过程。在形式隶属阶段，虽然传统的手工业者逐渐变成了受资本家支配的雇佣工人，但工人的技能仍在生产方式中起着重要作用，劳动仅在形式上从所有制关系上隶属于资本。随着生产力的进步，在分工深化的技术演进路径下，机器大工业的发展使得工厂的生产效率飞速提升，与此同时工人却出现了"去技能化"的趋势。资本开始完全支配工人的劳动过程，劳动在实际上隶属于资本。到目前为止，当代生产力的演化并没有摆脱上述分工深化和机器生产的路径，资本主义生产关系下资本控制生产过程的内在逻辑决定了技术进步的偏向性。虽然有学者指出在部分高科技行业出现了家庭办公等工作形式的复兴，劳动对资本的隶属有从"实际"恢复到"形式"的可能，[1]但如果观察全球占主导地位的典型劳动过程，劳动对资本的实际隶属关系仍然没有改变。

由于生产资料公有制的存在，社会主义经济制度中劳动和资本的隶属关系发生了根本反转，在公有制经济内部，资本已经隶属于劳动。公有制企业内部实行平等的劳动关系，总体上以体现劳动者完全利益的增加价值为生产目的，在强调企业盈利目标的同时，也给予劳

---

① ［美］大卫·哈维，刘英译：《跟大卫·哈维读〈资本论〉》（第一卷），上海：上海译文出版社，2014，第192页。

动者的权利与利益更多关注。如果从生产力视角考察，社会主义的技术进步路径应当是劳动者当家作主，这不仅体现在生产关系上，而且从技术上来说劳动者应当能够掌握科技含量越来越高的机器系统。与资本主义生产方式下劳动者的"去技能化"的趋势不同，社会主义生产方式中劳动者的内在素质与机器的技术含量应该同步提高。然而，在社会主义初级阶段，由于企业技术进步在很大程度上依靠引进，而这些从先进资本主义国家引进的技术总体上仍然是偏资本的，其技术进步路径仍然更多偏向于机器系统，同样会导致工人的"去技能化"趋势。因此，社会主义市场经济的技术进步路径一直到现在为止还没有摆脱劳动附属于机器的基本倾向，资本对劳动的从属只是形式上的隶属，短期内还不能完全实现实质上的隶属。公有制经济劳动关系的改善受到这一技术状况的限制，企业劳动民主的发展、工人权益的保障也会受到上述这一基本技术特征的影响。

## 二、社会主义生产方式的实现路径

社会主义生产方式以相对增加价值生产（劳动生产率的提高）为基本前提，以共同富裕为最终目标，带来的是劳动者完全利益的逐步改善。不同于资本主义相对剩余价值生产背景下的两极分化，在社会主义生产方式中，生产力进步将驱动人民生活水平的普遍提升。在此基础上，劳动者的劳动能力得到加强，从而进一步促进创新以及社会生产力的发展，依此循环，形成可持续的社会主义再生产模式。结合上述当代生产力条件下社会生产方式的主要特征，社会主义生产方式的顺利实现主要涉及以下三个层面的问题。

### （一）完善社会主义市场经济，持续推动生产力发展

生产力的持续进步是构建社会主义生产方式的必要条件。虽然市

场竞争目前仍是促进社会劳动生产率提升的有效机制，但纯粹自由主义的市场原则会对生产力的进步形成重重掣肘。在不断完善社会主义市场经济体制的过程中，应做到如下几点。第一，构建公平有序的市场竞争秩序，强化创新动能。竞争压力是企业提高劳动生产率的关键因素，并且由于在竞争环境下创新带来的市场优势不可能长期存在，企业便存在着持续创新的动力。然而，在真实的市场竞争中，上述机制可能会被扭曲和破坏，部分企业会出现假冒伪劣、商业贿赂、虚假宣传等不正当竞争行为以获取更多利润。同时，资本的扩张性特征与市场的优胜劣汰加剧了资本的集中度，垄断企业的出现及其滥用市场支配的行为严重损害了公平有序的市场竞争原则，造成了"赢者通吃"的竞争局面，严重抑制了中小企业的创新能力。①鉴于此，国家应合理高效地行使市场规制职能，严格市场监督管理执法，反对滥用市场支配地位的行为，构建公平有序的竞争秩序。需要注意的是，对垄断进行规制的目标在于形成强大的市场创新激励，具体的规制策略应结合产业的技术特征、发展阶段以及国际竞争格局等多种因素进行综合研判，例如，过于"碎片化"的市场结构可能不利于行业主导技术路线的形成，从而削弱了企业对专用性技术进行投资的动力，同时也不利于国内企业参与激烈的国际市场竞争。②第二，调节非生产活动利润，引导高质量的生产性投资。历史地看，以利润最大化为目标的市场机制的确大大提升了企业的创新积极性。然而，资本家总试图不利用生产过程作为中介便赚取利润。③现代金融业的快速扩张印证了这一事实，其高额利润吸引了大量资金和人才进入，甚至连实体经

---

① 周文、韩文龙：《平台经济发展再审视：垄断与数字税新挑战》，《中国社会科学》2021年第3期，第103—118页，第206页。

② 黄阳华、吕铁：《深化体制改革中的产业创新体系演进——以中国高铁技术赶超为例》，《中国社会科学》2020年第5期，第65—85页。

③《资本论》（第二卷），北京：人民出版社，2004，第67—68页。

济也出现了金融化的趋势。①一些制造业企业将利润大量用于金融活动的扩张（如股票回购），却较少投入研发，从而牺牲了企业未来增加价值生产的潜能。针对上述现实，国家应主动调节金融等非生产活动的利润，重塑企业对生产领域创新展开投资的激励。第三，善于发挥国家的作用，弥补市场创新供给不足。在市场经济的背景下，包含大量科研成果和技术革新的创新产品绝大多数是以"商品"的形式进入社会的。企业家的作用在于把创新链条上众多劳动者的成果打造成消费者或其他企业所接纳的产品，以获得丰厚的利润回报。但这一奖励机制的缺陷在于只鼓励创新链的最终环节，而忽视了基础性的创新研究。同时，由于企业创新具有不确定性、累积性与集体性的特点，仅仅依赖市场的力量无法实现企业创新能力的持续提升。尤其目前在大国博弈的背景下，国家应全面介入创新链的各个环节，出台精准高效的创新帮扶措施，例如：构建科技创新导向的资金支持体系，建设产学研协同创新平台；②充分发挥国有企业在创新过程中的先锋作用；③助力企业形成其技术—组织的互补能力。④

## （二）发挥社会主义制度优势，构建和谐的劳动关系

社会生产力的持续发展仅仅为社会主义生产方式的构建提供了必要的物质基础。要想实现劳动者的完全利益，满足人民群众日益增长的美好生活需要，还需聚焦技术创新、组织变革与劳动者之间的互动演化，从而发挥社会主义制度的优越性，构建和谐的劳动关系。具体

① ［英］玛丽安娜·马祖卡托，何文忠、周璐莹、李宇鑫译：《增长的悖论：全球经济中的创造者与攫取者》，北京：中信出版社，2020，第137页。
② 谢富胜、王松：《突破制造业关键核心技术：创新主体、社会条件与主攻方向》，《教学与研究》2019年第8期，第46—56页。
③ 贾根良、楚珊珊：《中国制造愿景与美国制造业创新中的政府干预》，《政治经济学评论》2019年第4期，第88—107页。
④ 宋磊：《生产主义的产业政策观》，《经济学家》2015年第8期，第13—23页。

而言，应重点关注以下几个方面。

第一，新一轮科技革命和产业变革背景下劳动者就业的新态势。大量研究表明，人工智能、工业机器人等代表性新技术会加剧劳资间的不平等以及劳动者内部的收入差距。[①]虽然学界对上述新技术集群对就业存在"替代效应"还是"创造效应"尚存在争论，但如果从长期的历史视角观察，可以明显地看到：大工业的自动化、智能化趋势客观上要求劳动者具有更高技能和素养；直接物质生产过程之外的高技能科技型劳动者比重正日益增加。此外，平台经济等新经济业态的出现使得相应劳动者就业呈现出"不稳定的就业""去劳动关系化"等特征。[②]面对新技术对劳动者就业的复杂影响，国家应充分发挥社会主义制度的优势，从就业创造能力、劳工技能培训、社会保障制度以及高等教育改革等多方面入手，形成保障充分和高质量就业的制度体系，持续提升劳动者知识技能素质和服务能力水平。

第二，国有经济主动进行内部组织变革，发挥劳动民主的引领作用。由于大规模劳动集体中民主决策的成本较高以及协调大规模生产的效率需求，国有企业目前普遍采用了"科层制"的劳动组织方式。但是当国有经济规模扩大使得其内部层级逐渐增加，从而导致代理人和初始委托人之间的距离越来越远时，自下而上的监督力度就会开始变弱，而自上而下的管理和控制活动便随之单方面突显出来，甚至导致少数人的决策权利凌驾于多数人之上。[③]因此，国有经济应主动结合新技术革命的趋势，在推动国有企业数字化转型的过程中，运用大

① 曹静、周亚林：《人工智能对经济的影响研究进展》，《经济学动态》2018年第1期，第103—115页。

② 谢富胜、吴越、王生升：《平台经济全球化的政治经济学分析》，《中国社会科学》2019年第12期，第62—81页，第200页；韩文龙、刘璐：《数字劳动过程中的"去劳动关系化"现象、本质与中国应对》，《当代经济研究》2020年第10期，第15—23页。

③ 荣兆梓、华德亚：《社会主义公有制与中国共产党领导》，《人文杂志》2021年第7期，第9—18页。

数据和人工智能等新一代信息技术，在充分发挥技术潜力以提高企业竞争效率的前提下积极探索区别于"大科层"的全新劳动组织形式，促进劳动合作，逐步推进企业的劳动民主程度。

第三，探索社会主义技术进步路径，构建中国特色社会主义技术集群。科学技术的发展和应用会与一定社会的生产关系相互作用，形成与之相应的技术进步路径。[①]资本主义生产关系下技术进步路径的重要逻辑是通过控制劳动过程，减少生产中对工人技能的依赖，从而降低工人的议价权。与之相对的，社会主义的技术进步路径应当以劳动者为本，把机器技术含量的提高与工人技能的提高放在同等重要的位置上。在马克思主义政治经济学看来，创新活动归根结底依赖于具有创新驱动能力的劳动者所付出的创新劳动。与机器不同，劳动者的劳动能力不应随着生产力的发展出现"贬损"，而是应该在创新中持续得益与壮大。[②]因此，在追逐世界技术前沿的过程中，随着创新的主要动能从"引进"转变为"自主"，我国应不断探索机器与劳动者同步发展的技术进步路径，使资本对工人的隶属关系从形式隶属转化为实质隶属，在保证技术效率的同时，思考如何构建更有利于劳动者全面发展的社会主义生产方式。[③]

### （三）消费水平提高促进劳动者全面能力提升

社会主义生产方式的构建是一个可持续的动态历史过程：由创新导致的劳动生产率提高促进了增加价值的生产，为必要价值和剩余价值的同步增长提供了空间；同时社会主义制度优势的充分发挥使得劳动者完全利益的改善成为可能。如果从再生产的视角来考察，劳动者

---

① ［加］达拉斯·斯迈思，王洪喆译：《自行车之后是什么？——技术的政治与意识形态属性》，《开放时代》2014年第4期，第95—107页。

② 裴小革：《论创新驱动——马克思主义政治经济学的分析视角》，《经济研究》2016年第6期，第17—29页。

③ 高峰：《论"生产方式"》，《政治经济学评论》2012年第2期，第3—38页。

生活水平的提高既是上一轮生产过程的终点，又是劳动力再生产的条件，同时也是下一轮生产过程的起点。要想持续推动社会主义相对增加价值生产，就必须不断提高劳动者的劳动素质和能力。然而，增加价值的扩大与劳动者生活水平的提高并不必然导致劳动者全面能力的提升，在这里至少还需要解决以下两个层面的问题：第一，树立社会主义的消费文化观。社会主义的消费文化倡导健康积极的消费观，抑制成瘾性消费、反对炫耀和奢侈性消费以及抵制无节制的物质享受等不良消费风气的影响。社会主义消费文化的核心是满足人民群众美好生活需要与劳动者能力提升的统一。在社会主义阶段的消费发展中，需要充分发扬中华优秀传统文化的作用，将之与先进的社会主义消费文化相结合。通过国家倡导和社会基层组织作用，培育中国特色的消费文化氛围，实现生产力发展、消费改善和劳动者能力提升的良性互动。第二，发挥社会公共消费的积极作用。除劳动者个人的消费以外，社会公共消费对劳动者全面能力的提升同样非常关键。社会公共消费不仅包括社会基础设施建设、管理和安全费用，还包括大量直接涉及劳动力再生产的公共支出，如社会文化、科学研究、教育医疗、社会保障等。教育和医疗卫生事业是促进劳动者能力发展、机会平等的重要手段。因此，国家应当在这方面承担更重要的责任，通过构建和不断完善社会主义的剩余分享制度，在劳动力再生产、社会保障以及生产的社会化条件等方面入手，落实共享理念，以高质量的社会公共消费来保证劳动者能力的持续提升，促进共同富裕。①

　　社会主义生产方式以劳动生产率的提升和社会生产力的进步为前提，追求的是在增加价值不断扩大的同时，必要价值和剩余价值两部分的同步提高。但也正如马克思所言，在社会主义阶段，生产力发展还不够充分，"经济、道德和精神方面都还带着它脱胎出来的那个旧

---

① 陈享光：《收入分配理论的迷思与构建——兼论剩余分享制度》，《社会科学战线》2021年第12期，第33—40页。

社会的痕迹"[1]。特别是对于当下我国的社会主义市场经济而言，多种所有制经济主体彼此合作竞争，叠加新一轮科技革命和产业变革对生产所造成的影响，使各类企业的劳动过程和价值增加过程呈现出了形色各异的演变态势。面向未来，在实现社会主义增加价值生产的过程中需牢牢把握生产力与生产关系的互动作用，既要在企业微观层面塑造出相对增加价值生产的"典型范例"，还要在社会宏观层面发挥社会主义制度的优势，努力形成"创新—生产效率提升—增加价值扩大—劳动者生活水平提升—劳动者素质提高—再创新"的社会主义再生产模式。

---

[1]《马克思恩格斯选集》(第三卷),北京:人民出版社,2012,第363页。

# 结　语

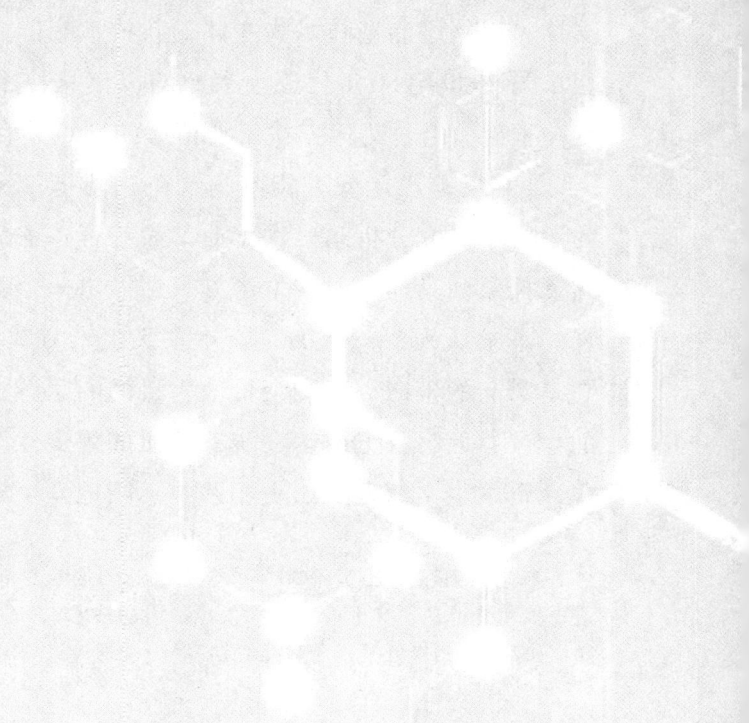

第三次工业革命与资本主义生产方式的变迁

## 一、结论

由于学者们对于工业革命史的分析视角并不相同，加之与第三次工业革命相关的各类技术创新方兴未艾，因此，理论界关于第三次工业革命实质的观点存在分歧。根据现有理论和历史事实，历史上每一次的技术变革都是由诸多新技术蜂聚形成的创新产业集群。通过分析关于第三次工业革命实质的争论，结合马克思与新熊彼特学派学者的理论框架，本书认为从技术史视角而言，学者们在2008年金融危机后所讨论的第三次工业革命实际上指的是区别于"第五次技术浪潮"（信息通信技术变革）[1]的新技术变革，即"第六次技术浪潮"。此次技术浪潮是以新型数字信息与智能技术为核心，以新能源技术为动力支撑，以新型制造技术为主体的新技术集群。把此次正在兴起的技术变革与20世纪50年代逐渐兴起的以信息技术为代表的技术革命纳入统一框架，合称为第三次工业革命的观点具有一定的合理性。

"生产方式"或"资本主义生产方式"是一个相对抽象的概念，为了便于研究分析第三次工业革命与资本主义生产方式的变迁，就必须从抽象到具体，对"生产方式"做出一个基本符合马克思原意的定义。本书认为，一方面，资本主义生产方式具有统一的质的规定性：它是商品的生产，以剩余价值为目的的生产，以雇佣劳动制度为基础的生产；但另一方面，在统一的质的规定性下，具体的生产方式本身也在资本主义演变的历史实践中不断地发生着改变。生产方式作为生

---

[1] 学界习惯把20世纪70年代逐渐兴起的技术变革称为"信息通信技术革命"，但这一技术变革从广义上看并不仅仅包括信息技术，它还应涵盖激光技术、新材料、新的制造机床（如PLC可编程逻辑控制器）等一系列先进技术。

产力和生产关系的中介，具有物质技术和社会形式二重属性。在新技术的作用下，为了充分发挥技术的潜力，新的物质生产方式，即劳动生产的组织形式会发生一定的改变，而新的生产组织形式必然要求有新的社会生产条件，即劳资关系同它相适应。不论是马克思的理论还是当代资本主义演变的历史实践，都在某种程度上印证了在技术的不断变革下，资本主义生产方式的技术条件和社会条件，即生产组织和劳资关系也同时会经历了一系列的转变。因此，从理论上看，以技术变革对生产方式的重塑为逻辑起点研究当代资本主义的演变，具有一定的合理性。

在考察第三次工业革命与生产方式的变迁之前，本书构建了一个基于马克思主义政治经济学的分析技术、企业生产组织与劳资关系演变的理论框架，并认为技术进步的动力既来源于资本家面对的外在竞争压力，也有生产组织内部控制工人以提高生产效率的动机，二者统一于资本对剩余价值的追逐，即追求超额利润是资本家采用先进技术的根本动因。通过总结关于技术与经济社会互动的争论，乐观的技术决定论者过于倚重技术本身在经济社会和生产方式变迁中的自主性，忽视了技术是在一定的历史阶段、一定的生产方式条件下产生的。技术不仅仅是一个抽象的概念，在很多场合下，现实中的技术需要资本化的客观载体。而技术的悲观主义观点则过于强调技术的霸权，同样是一种技术决定论，它忽略了技术设计者、使用者或劳工阶级的主观能动性，即把技术改造向有利于民主和劳动者的方向发展。虽然技术不过一个工具，其本身是一种达到目标的手段，但是由于技术被资本家占有便成为获取超额剩余价值的工具，其在生产中的应用将通过对劳工的控制实现生产的高效率。技术的演变会受到资本主义生产方式和生产关系的制约。但是，资本主义生产方式也是一个自我扬弃的过程，在技术演化的过程中，劳动者的斗争反抗不断地改造着技术发展的方向。在分析技术变迁时，应从生产力和生产关系的矛盾运动出发，牢牢把握历史唯物主义和唯物辩证法的科学方法。

在福特主义企业生产组织发生危机后，发达国家企业利用多种方法提高生产效率、降低生产成本，以求解决福特主义企业生产组织的内在缺陷。在此过程中，信息技术在生产中普及应用对生产组织的重塑起到了关键性的作用。随着信息技术的不断发展，原本僵化的福特主义企业使生产组织呈现出弹性化的特征，形成了网络化的社会生产组织。然而，福特主义之后的各类生产组织形式，如精益生产、弹性专业化、大规模定制以及生产组织外部的应对措施也各有其客观缺陷。从新技术革命（"第六次技术浪潮"）中技术集群的实质出发，此次技术变革是对现有生产组织进行的再次改进。新技术的应用降低了资本循环的各个阶段的成本并缩短了资本的总周转时间，从而可以通过更加快速、更低成本的大规模定制生产克服福特主义生产组织的缺陷。与有些学者认同的"社会制造"模式将成为新的主流产业组织模式，中小企业可以得到充分发展，大企业集团逐步垂直解体分化为中小型企业并逐步融入全球价值网络不同，本书认为，随着技术创新的不断深入，虽然生产组织的边界将变得越来越模糊，内部呈现出集成化和进一步的扁平化的趋势，但生产过程中的不同生产组织之间的矛盾也更加突出。由于技术的创新和扩散是一个动态的、不均衡的过程，在价值网络中，占有创新优势、信息优势，掌握技术标准的平台型企业将逐渐在产业链上进行延伸，技术领先的企业将呈现垄断性特征。在全球网络化分工中，以智能制造为特征的新型制造技术的大规模使用，将使纯粹的生产制造商的地位下降，网络化生产组织中核心企业的控制力将不断增强。

与此同时，与一些学者认为随着信息技术的不断发展，知识在经济发展中的重要性与日俱增，智能化制造将改造传统的机器体系，因此资本的力量将被削弱的观点相悖，五十年多来，信息技术在资本主义生产方式中不断被创新、设计、应用，逐渐成为资本控制劳动者的工具。在以集体谈判为特征的福特制劳资关系解体后，信息技术革命并没有改变资本相对于劳工的霸权地位。相反，新技术的不断发展却促进形成了适应于网络生产组织的劳资关系，其主要特征表现为核心工人群体与边缘工人群体的两极分化，并与核心—边缘的地理分割相对应，强化了这种地理分割，劳工的力量被大大地削弱。目前看来，全球工业发展模式正发生着巨大的变革，但是"第六次技术浪潮"的技术特征以及以剩余价值生产为目的的技术应用方式决定了资本将保持相对于劳工的强势地位。在新一轮技术革命的背景下，相对剩余人口愈发严重，就业不稳定持续增加，劳工内部的两极分化趋势也难以改变，生产过程中的智力与知识持续与普通劳动者相分离并被资本所占有，同时先进技术的使用使得资本便于对知识劳动实施更精巧的控制策略。

　　新一轮技术革命的不断深入必将促成生产工具的持续创新。但是在资本主义的生产关系条件下，科学与技术被资本所占有导致了其必然将为剩余价值的最大化获取所服务。在一定条件下，以利润为导向的资本主义生产方式和生产关系可以培育和促进以科学技术为主导的生产力的存在与发展。但是随着生产力发展到一定的阶段，广大的普通劳动者在资本主义生产关系下将无法享有生产力进步所带来的成果，出现相对或绝对的贫困。这时，资本主义生产关系便很难容纳由技术创新所促成的生产力增长，甚至对生产力的发展起到阻碍和破坏的效果。从历史唯物主义的视角出发，上述这一矛盾必将导致资本主义国家生产关系的巨大变革，推动工人阶级和其他劳动者在全球范围内团结联合起来，逐渐从自在转变为自为，进一步与资本展开斗争。①

　　在第三次工业革命背景下构建社会主义生产方式的问题应该得到

---

① 李慎明：《"互联网+"的发展必将引发西方国家生产关系的大变革》，《红旗文稿》2016年第2期，第4—9页。

重视。社会主义生产方式以社会劳动生产率的持续提升为基本前提，以共同富裕为最终目标，带来的是劳动者完全利益的逐步改善。不同于资本主义相对剩余价值生产背景下的两极分化，在社会主义生产方式中，生产力进步将使人民生活水平得到普遍提升。在新一轮技术革命背景下构建社会主义生产方式是一个历史动态过程，我国需要通过持续完善社会主义市场经济体制，推动生产力发展，同时发挥社会主义制度优势，构建和谐的劳动关系，提高消费水平，促进劳动者能力全面提升，在此基础上进一步促进创新以及社会生产力的发展，依此循环，形成可持续的社会主义再生产模式。

## 二、启示

### （一）以生产力变革为逻辑起点研究当代资本主义的演变

马克思认为，人类社会的发展是一个自然史过程，始终处于不断的变化之中，而社会的进程是由社会的生产力水平所决定的。《资本论》中对其研究对象的阐述使得我国学界在相当长的一段时间内忽视了对"生产力"及其要素的研究。马克思主义政治经济学的分析范式以历史唯物主义为基础，那么如何将生产力与生产关系的互动这一历史唯物主义的核心命题嵌入当代资本主义具体演变过程的分析当中，生产力与生产关系的相互作用这一马克思主义经济学的逻辑主线又如何在研究资本主义社会的转变中一以贯之，是需要重点研究的问题。

本书认为在马克思理论体系内，生产支配着分配、交换、消费和这些要素间的关系。因此，要研究当代资本主义就必须首先分析资本主义社会的生产。当代资本主义仍处于持续演变的过程中，而由技术创新所导致的生产力进步是其不断改变的主要动因。技术对当代资本主义的影响是通过改变其具体的"生产方式"发生的。生产方式作为生产力和生产关系的中介，具有物质技术和社会二重属性。在新技术革命的作用下，新的物质生产方式，即劳动生产的组织形式必然要求有新的社会生产方式，即劳资关系同它相适应。因此，从理论上看，以技术变革对生产方式的重塑为逻辑起点研究当代资本主义的演变具有一定的合理性。

从资本主义社会演变的具体历史实践来看，包括廉价钢、新化学工业导致的新材料的出现，内燃机、电力的发明以及可互换零部件所需要的机床设备的发明，为福特制大规模流水线生产奠定了物质技术基础。上述新技术的不断涌现使得企业为了挖掘技术和分工活动的最大潜力，必须不断扩大其生产规模，形成了大规模的生产组织形式。其组织内部特有的分工变化以及大规模的纵向一体化，又促使这一生产模式中劳资关系发生演变，产生了以集体谈判为核心的劳资关系新形式。最终，以上述技术（工业生产范式）、生产组织、劳资关系为基础，形成了福特主义的积累体制。然而，福特主义的内在缺陷在外部经济社会冲击和自身一系列变化的影响下愈发严重。为解决福特主义的危机，发达资本主义国家利用20世纪中期酝酿兴起的信息通信技术对福特制生产方式进行一场再造，产生了精益生产、弹性专业化、大规模定制、模块化与外包生产为特征的新型生产组织形式，以及与其相适应的弹性劳资关系。新自由主义积累体制的形成逻辑起点也应该落脚在资本为维护其积累能力（盈利），从而利用新技术对生产方式进行重塑上。

2008年金融危机后，关于当代资本主义走向的问题成为学界关注的焦点。同时，美欧等发达资本主义国家相继提出了"第三次工业革命"的有关理论，并实施了一系列政策以推动新技术革命的发展。根据上述理论与资本主义演变的历史实践，当代资本主义的演变方向同样应该以此次新一轮技术革命对"生产方式"可能的影响为逻辑起点。目前看来，以新能源、物联网、大数据、智能认知计算、3D打印等技术形成的新技术集群对资本主义生产组织和劳资关系产生的改造已初露端倪，例如：智能机器对劳动的替代、组织内部部门的集成化等。由于此次技术变革仍处于酝酿期至构造范式的转换阶段，因此对于新技术集群中各类技术及其对生产方式的影响应给予持续的关注。当然，以技术创新对生产方式的改造为逻辑出发点研究当代资本主义的演变，并不排斥分析技术以外的其他层面，如国家推行和构建的一系列政策和制度对资本主义生产组织形式、劳动关系等方面的影响。这些政策措施、制度结构与物质技术基础等各个方面统一于资本不断积累的内在动因。

## （二）第三次工业革命与当代中国经济

当前全球局势复杂多变，中国经济社会发展面临许多新趋势、新机遇、新矛盾和新挑战。与改革开放以来保持年均近10%的高速增长有所区别，在2008年金融危机后，中国步入了经济发展的"新常态"：经济进入了7%左右的中高速增长时期，同时经济结构不断优化，发展的动力从更多地依赖于资本、劳动的投入转变为更多依靠科技创新。在此背景下，科学稳固地推进新技术革命有助于我国加快转变经济发展方式，是秉承创新、协调、绿色、开放、共享的新发展理念，促进中国经济高质量发展的题中之义。

工业尤其是制造业是一国国民经济的根本，打造具有国际竞争力的工业体系和制造业是中国应对不断增强的竞争压力、外在遏制以及经济内生的各种风险的基础。从世界历史的发展可以看出，近代以来，资本主义国家之所以能迅速崛起并在全球保持统治力的根本原因在于它们拥有完备且强大的工业体系和创新能力。而从发达资本主义内部的霸权转移来看，近代美国对英国实现超越的原因也在于其掌握了更加先进的工业制造技术。然而，虽然中国的部分制造项目如高铁、特高压以及核电等已经达到国际较高水平，但中国仍然处于工业化过程中，与发达资本主义国家仍然存在一定的差距。因此，坚持工业在国民经济中的主导地位十分重要。此次新技术浪潮的核心是以物联网、大数据、人工智能等为代表的新型数字智能技术、以 3D 打印、可重构的制造体系为代表的新型工业生产技术以及新能源技术的互相结合，不同技术集群的彼此连接将形成新的生产方式、产业形态、商业模式和经济增长点。科学稳固地推进新技术革命有助于我国发挥后发优势，实现弯道超车，提升我国在国际分工体系中的地位。在此背景下，中国于 2015 年 8 月提出了"中国制造 2025"计划，并把其作为我国实施制造强国战略的第一个十年行动纲领。该计划提出，要始终坚持技术创新在全面发展制造业中的核心地位，建设完善培育创新的制度环境，推动各行业各产业跨领域的协同创新模式，促进工业化与信息化相结合，打造智能化、网络化、数字化的制造体系，走创新驱动的发展路径。

随着我国经济总量达到世界前列的位置，中国在发展过程中出现了资源约束越来越强、经济增长与环境保护之间的矛盾愈发激烈的现象。在目前经济新常态下，除了巩固工业制造业的关键地位之外，还应坚持节约资源和保护环境的基本国策，走可持续发展之路。在此次技术革命中，新能源技术的不断发展和应用既可以促使我国实现能源结构的转型，突破能源资源的约束，还可以形成新的产业集群和经济增长点。同时，工业互联网、智能工厂和智能电网等新技术集群的不断完善和扩散，可以大大降低工业制造中的能耗，提升资源利用效率。因此，科学稳固地推进新技术革命有助于中国推进能源革命，实现"双碳"目标，加快能源技术创新，建设清洁低碳、安全高效的现代能源体系，做到绿色、节能、高效的发展，同时提高中国在国际碳排放市场以及气候变化议题上的领导力和话语权。

### （三）社会主义生产方式的未来

除了从生产力层面出发，积极推进技术创新，争取在此次新技术革命中占据领先地位以外，在技术变迁的具体实践中，更应坚持生产力和生产关系相结合的原则，关注各类先进技术可能对社会生产关系产生的巨大影响。由于此次新技术浪潮中技术的特有属性，更加自动化、智能、高效的技术不仅仅可以带来生产力层面的大幅度飞跃，还将对经济社会产生深远的影响。在资本主义生产资料所有制的条件下，长期来看，由于智能机器逐渐替代劳工是技术发展的大趋势，加之新技术革命将进一步增强资本的灵活性和流动性，全球劳工内部的分化倾向会持续下去，知识、技术逐渐被资本所垄断变为控制劳工的工具，新技术将不断增强资本的权力。面对新技术的发展可能对劳工以至于整个经济体带来的不利影响，一些学者认为解决方案来自组织创新，即创造新的组织结构、流程和业务模式，创新企业家们将以新方式整合机器和劳工技能，不断地创造新流程和新产品，以解决就业危机。

另一些主张政府干预的学者们认为，由于机器人等智能科技造成了劳工内部的分化，并且技术进步对青年工人工资的抑制有碍于其对自身技能和物质资本进行投资，从而对经济体产生负面的代际影响。因此，他们提出应向在技术突破中获利的工人征税，用以补贴技术变革中受损的劳动者。此外，还应投资与技术互补的人力资本，提高教育质量。类似上述的解决方案仅仅针对机器排挤工人就业或劳工内部收入分化等表面现象，机械并且理想主义地认为企业家精神或政府的转移支付等手段可以适当降低技术创新给劳动者带来的负面影响。西方主流经济学方法论的局限性使这些学者很难认清上述负面效应产生的本质原因，即资本主义生产资料私人所有制所造成的资本对技术的控制。长期看来，这些干预政策的结果可能仍是资本利用技术创新攫取最大化利润，无法掌握技术的工人依然是技术变革中的失败者。

对于自动化智能化机器的不断推广应用，哈佛教授弗里曼指出，谁拥有机器人谁就会统治世界，这似乎从一个侧面揭示了决定技术究竟对资本权力有何种影响的根源在于生产资料的所有制形式。技术创新一方面可以被设计为排挤工人，使工人成为"去技能化"的工具，但也可以解放工人，为人类全面自由发展提供物质基础，使其成为协同、共享、民主的载体；另一方面，技术创新也可以成为巩固资本积累和垄断权力的手段。充分发挥技术的解放潜能关键在于农民、工人等劳动者与资本的对抗和对技术创新的自主参与和管理，并在此基础上不断提高生产力，最终变革资本主义生产资料所有制。

实际上，我国早已展开了降低技术对劳动者负面影响的实践探索。1960年3月，毛泽东主席在中共中央批转鞍山市委《关于工业战线上的技术革新和技术革命运动开展情况的报告》的批示中明确指出，对我国社会主义企业的管理应该实行民主管理，实行干部参加劳动，工人参加管理，改革不合理的规章制度，工人群众、领导干部和技术员三结合，即"两参一改三结合"的制度。以"鞍钢宪法"为基础，对于这一体制的持续探索能够帮助劳动者参与到技术创新的过程中去，充分发挥经济民主，使劳工不仅可以通过学习不断掌握与新技术有关的技能和知识，还能推动技术为劳动者的全面发展而服务。

坚持以人民为中心的发展思想要求我国政府在新技术革命中发挥更加重要的主导作用，除了在物质层面上不断推动技术创新，以实现国民经济稳定、可持续增长以外，还应坚持共享的发展理念，关注技术创新对社会层面可能产生的影响。随着新技术集群的不断演化，我国应持续推进体制机制的改革与创新，以适应并规范技术发展的方向。在此过程中，应避免由先进技术的不适当应用可能导致的社会两极分化等负面效果，最终实现马克思曾阐述的，由于技术进步所促成劳动生产率的提高和生产方式的转变，形成可持续发展的社会主义生产方式，使人从繁重的体力劳动中解放出来，使技术的进步真正能成为个人全面自由发展的坚实的物质基础。

# 主要参考文献

## 一、专著

［1］《马克思恩格斯选集》（第一卷），北京：人民出版社，2012。

［2］《马克思恩格斯选集》（第二卷），北京：人民出版社，2012。

［3］《马克思恩格斯文集》（第五卷），北京：人民出版社，2009。

［4］《马克思恩格斯全集》（第三十二卷），北京：人民出版社，1998。

［5］《马克思恩格斯全集》（第三十卷），北京：人民出版社，1995。

［6］《资本论》（第一卷），北京：人民出版社，2004，

［7］《资本论》（第二卷），北京：人民出版社，2004。

［8］《资本论》（第三卷），北京：人民出版社，2004。

［9］陈叶盛：《调节学派理论研究》，北京：中国人民大学出版社，2012。

［10］［美］加里·皮萨诺、威利·史，机械工业信息研究院战略与规划研究所译：《制造繁荣：美国为什么需要制造业复兴》，北京：

机械工业出版社，2014。

　　［11］［美］杰里米·里夫金，赛边研究院专家组译：《零边际成本社会：一个物联网、合作共赢的新经济时代》，北京：中信出版社，2014。

　　［12］［英］卡萝塔·佩蕾丝，田方萌、胡叶青、刘然等译：《技术革命与金融资本：泡沫与黄金时代的动力学》，北京：中国人民大学出版社，2007。

　　［13］［英］克利斯·弗里曼、弗朗西斯科·卢桑，沈宏亮主译：《光阴似箭：从工业革命到信息革命》，北京：中国人民大学出版社，2007。

　　［14］李泽中：《当代中国社会主义经济理论》，北京：中国社会科学出版社，1989。

　　［15］［英］玛丽安娜·马祖卡托，何文忠、周璐莹、李宇鑫译：《增长的悖论：全球经济中的创造者与攫取者》，北京：中信出版集团，2020。

　　［16］孟捷：《历史唯物论与马克思主义经济学》，北京：社会科学文献出版社，2016。

　　［17］［美］佩德罗·多明戈斯，黄芳萍译：《终极算法：机器学习和人工智能如何重塑世界》，北京：中信出版社，2017。

　　［18］［日］藤原洋，李斌瑛译：《精益制造030：第四次工业革命》，北京：东方出版社，2015。

　　［19］［美］威廉·拉让尼克，黄一义、冀书鹏译：《创新魔咒：新经济能否带来持续繁荣》，上海：上海远东出版社，2011。

　　［20］［英］维克托·迈尔-舍恩伯格，盛杨燕、周涛译：《大数据时代：生活、工作与思维的大变革》，杭州：浙江人民出版社，2013。

　　［21］［美］约拉姆·科伦，倪军、陈靖芯等译：《全球化制造革命》，北京：机械工业出版社，2015。

［22］约瑟夫·熊彼特，朱泱、孙鸿敝、李宏等译：《经济分析史》（第一卷），北京：商务印书馆，1991。

［23］张一兵等：《资本主义理解史：第六卷 当代国外马克思主义与激进话语中的资本主义观》，南京：江苏人民出版社，2009。

［24］张宇、孟捷、卢荻主编：《高级政治经济学》，北京：中国人民大学出版社，2006。

## 二、期刊

［1］冯向楠、詹婧：《人工智能时代互联网平台劳动过程研究——以平台外卖骑手为例》，《社会发展研究》2019年第3期。

［2］郭冠清：《回到马克思：对生产力—生产方式—生产关系原理再解读》，《当代经济研究》2020年第3期。

［3］黄阳华：《德国"工业4.0"计划及其对我国产业创新的启示》，《经济社会体制比较》2015年第2期。

［4］贾根良、楚珊珊：《中国制造愿景与美国制造业创新中的政府干预》，《政治经济学评论》2019年第4期。

［5］刘凤义：《劳动关系研究中的马克思主义分析框架：兼谈资本主义劳动关系的演变》，《马克思主义研究》2012年第9期。

［6］宁越：《"大数据+人工智能"能否支持计划经济？》，《汕头大学学报》（人文社会科学版）2017年第9期。

［7］荣兆梓、王亚玄：《增加价值生产的两种方法与社会主义创新激励的两重来源》，《当代经济研究》2021年第8期。

［8］荣兆梓：《生产力、公有资本与中国特色社会主义——兼评资本与公有制不相容论》，《经济研究》2017年第4期。

［9］［英］托马斯·达文波特、尼廷·米塔尔：《AI应用别再轻轻点水》，《哈佛商业评论》2023年第2期。

［10］王彬彬、李晓燕：《大数据、平台经济与市场竞争——构建信息时代计划主导型市场经济体制的初步探索》，《马克思主义研究》2017年第3期。

［11］王彬彬、李晓燕：《互联网平台组织的源起、本质、缺陷与制度重构》，《马克思主义研究》2018年第12期。

［12］王汉林：《"技术的社会形成论"与"技术决定论"之比较》，《自然辩证法研究》2010年第6期。

［13］王勇、冯骅：《平台经济的双重监管：私人监管与公共监管》，《经济学家》2017年第11期。

［14］谢富胜：《资本主义的劳动过程：从福特主义向后福特主义转变》，《中国人民大学学报》2007年第2期。

［15］谢富胜、周亚霆：《知识经济与资本主义劳动过程》，《教学与研究》2012年第3期。

［16］周文、韩文龙：《平台经济发展再审视：垄断与数字税新挑战》，《中国社会科学》2021年第3期。

# 后　记

　　本书从写作、修改、成文、增补到最终出版经历了十余年的漫长岁月。书中前四章的内容来自我在中国人民大学政治经济学专业博士就读期间（2013—2016年）完成的学位论文。当时的研究目标是试图从"生产力"的视角出发，构建一个基于马克思主义政治经济学分析技术创新、企业组织和劳资关系变迁的框架，并以此阐释第三次工业革命背景下资本主义生产方式的演变。虽然上述研究成果距今已有一段时间，但随着新一轮科技革命和产业变革从兴起到深入发展，我认为书中的一些研究结论仍然具有一定的理论和现实意义。2016年博士毕业后，我来到安徽大学经济学院任教。由于种种原因，我关注的重点逐渐从当代资本主义的演化转移到中国特色社会主义政治经济学的理论与现实问题上来，本书第五章的内容就来自这段时间相关的研究成果。近年来，"人工智能""数字经济""平台经济""新质生产力"等成为学界研究热门主题，本书的出版应该算是"起了个大早，赶了个晚集"。

　　回顾本书的写作历程，感谢导师张宇教授一直以来对我学术上的指导、鼓励和帮助，感谢荣兆梓、方福前、谢富胜、胡乐明、刘凤义、张苏、赵峰、张晨、齐昊教授以及博士班同学在相关论文修改和本书写作过程中给予的指导和宝贵意见，感谢师母和家人对我学业和生活上的关心和支持，也感谢安徽师范大学出版社编辑老师对本书的编辑出版所做的细致工作。

王亚玄

2024 年 5 月